斗数玄空系列·易学

周易象数例解

王亭之 ◎ 著

目录

自序 ··· 001
前言 ··· 001

上篇　基　本　象　数

图书与卦 ··· 003
　一、洛书与先天卦 ··· 004
　二、河图与后天卦 ··· 006
　三、源太极成立八卦 ··· 008
儒家易例 ··· 011
　一、〈说卦传〉例 ··· 011
　　甲、三才・三极 ··· 011
　　乙、乾坤六子 ··· 014
　　丙、卦德 ··· 015
　　丁、卦象 ··· 016
　　　1.〈说卦传〉卦象 ··· 016
　　　2."荀九家易"逸象 ··· 017
　　　3. 孟氏逸象 ··· 017
　　　4.《易林》逸象 ··· 019
　二、〈序卦传〉例 ··· 021
　　甲、正对 ··· 021
　　乙、反对 ··· 022
　三、〈杂卦传〉例 ··· 022

001

四、〈系辞传〉例 …… 023

甲、卦例 …… 025

1. 乾坤阴阳 …… 025
(1) 阳吉阴凶 …… 026
(2) 阳为君子,阴为小人 …… 026

2. 卦德 …… 026
(1) 八卦卦德 …… 027
(2) 乾易坤简 …… 027
(3) 卦有大小 …… 028

3. 卦变 …… 029
(1) 之卦 …… 029
(2) 升降 …… 030
(3) 旁通 …… 030
(4) 消息 …… 030
(5) 互卦 …… 031

4. 六言例卦 …… 032

乙、爻例 …… 033

1. 变化 …… 034
2. 变动 …… 034
3. 变通 …… 035

丙、辞例 …… 036

乾坤、阴阳、刚柔、大小、君子小人、男女、贵贱、尊卑、本末、动静、比应、乘承、日月、昼夜、寒暑、往来、吉凶、悔吝、无咎、得失、安危、存亡、治乱

丁、时义 …… 038

五、〈文言传〉例 …… 039

甲、爻例 …… 040

1. 乾坤会合 …… 040
2. 天地交 …… 040
3. 四时 …… 040

4. 朝夕 ·· 041

　　5. 鬼神 ·· 041

　　6. 纳甲 ·· 041

　　7. 阳伏阴中 ·· 041

乙、辞例 ·· 042

　　元、亨、利、贞、利贞、贞吉贞凶、吉凶、重刚、中·正中、上下

六、彖象辞传例 ·· 043

甲、卦例 ·· 044

　　1. 卦象 ·· 044

　　2. 卦别 ·· 044

　　　(1) 阳卦、阴卦 ····································· 044

　　　(2) 上卦、下卦 ····································· 044

　　　(3) 内卦、外卦 ····································· 045

　　　(4) 贞卦、悔卦 ····································· 045

　　　(5) 来卦、往卦 ····································· 045

　　　(6) 之卦 ··· 046

　　　(7) 消卦、息卦 ····································· 046

　　　(8) 互卦 ··· 047

乙、爻例 ·· 048

　　1. 爻位 ·· 048

　　　(1) 六爻位例 ······································· 048

　　　(2) 得位失位 ······································· 050

　　　(3) 爻德 ··· 050

　　　(4) 中·中正 ·· 051

　　2. 比应 ·· 053

　　3. 乘承 ·· 054

　　4. 往来 ·· 055

　　5. 反对 ·· 056

　　6. 天地交 ··· 056

　　7. 卦主 ·· 057

(1) 六子卦主 ·· 057
　　(2) 余卦卦主 ·· 058
　8. 用九·用六 ·· 062
丙、辞例辨别 ·· 063
　1. 元 ·· 063
　2. 亨 ·· 063
　3. 利 ·· 063
　4. 贞 ·· 064
　5. 利贞 ·· 064
　6. 贞吉、贞凶 ·· 065
　7. 贞厉、贞吝 ·· 065
　8. 元吉 ·· 065
　9. 吉·凶 ·· 065
　10. 悔吝 ··· 066
　11. 无咎 ··· 066
　12. 眚 ·· 067
　13. 疾 ·· 067

下篇　象数易例

象数易传承 ··· 071
　一、由儒家易传承说起 ··· 071
　二、西汉象数易传承 ·· 076
　三、东汉象数易传承 ·· 077
西汉象数易例 ·· 080
　一、孟喜易例 ··· 080
　　甲、卦气 ·· 082
　　乙、四正卦 ··· 085
　　丙、十二月卦 ·· 088
　　丁、月卦配候 ·· 093

戊、六日七分 ··· 095
　　己、六十卦配候 ·· 099
二、焦延寿易例 ·· 103
　　甲、占筮例 ·· 104
　　乙、值日例 ·· 106
　　丙、筮辞例 ·· 107
三、京房易例 ·· 110
　　甲、八宫篇 ·· 111
　　　1. 八宫 ·· 111
　　　2. 世应 ·· 113
　　　3. 值月 ·· 115
　　　4. 飞伏 ·· 116
　　乙、卦气篇 ·· 118
　　　1. 四监司·分至·二十四气 ······································ 119
　　　2. 十二辟卦 ·· 119
　　　3. 六日七分 ·· 120
　　丙、甲子篇 ·· 127
　　　1. 十母 ·· 127
　　　2. 十二子 ··· 128
　　　3. 二十八宿 ·· 130
　　　4. 律吕 ·· 131
　　　5. 纳甲 ·· 132
　　　6. 爻辰　六属附 ··· 133
　　丁、五行阴阳篇 ·· 136
　　　1. 五行 ·· 136
　　　2. 阴阳五行 ·· 136
　　　　(1) 纯用干支 ·· 136
　　　　(2) 五行五合 ·· 137
　　　　(3) 五行六合 ·· 137
　　　　(4) 五行三合 ·· 137

(5) 地支藏人元五行 …… 137
  (6) 六冲 …… 138
  (7) 六害 …… 138
  (8) 三刑 …… 138
  (9) 五行生克 …… 139
  (10) 五行休旺 …… 139
  (11) 天干生旺死绝 …… 139
  (12) 纳音五行 …… 139
  (13) 八卦五行 …… 140
  (14) 五行五星 …… 141
 戊、杂篇 …… 141
  1. 月建积算 …… 141
  2. 六亲 …… 142
  3. 六神 …… 143
  4. 互体 …… 144

东汉象数易例 …… 145
 一、郑玄爻辰例 …… 146
  甲、爻辰相生 …… 148
  乙、爻辰值月 …… 149
  丙、爻体 …… 150
  丁、相冲 …… 151
  戊、相合 …… 152
  己、爻序 …… 153
  庚、爻气 …… 154
  辛、值宿 …… 155
  壬、生肖 …… 157
 二、荀爽易例 …… 158
  甲、升降 …… 158
  乙、卦变 …… 162
 三、虞翻易例 …… 165

甲、卦的形态 ·················· 166
1. 旁通 ·················· 166
2. 反对 ·················· 168
3. 交卦 ·················· 170

乙、卦的结构 ·················· 171
1. 互卦 ·················· 171
   (1) 以三爻互三画卦 ·················· 171
   (2) 以四爻互六画卦 ·················· 172
   (3) 以五爻互六画卦 ·················· 172
2. 半象 ·················· 172

丙、卦的变动 ·················· 173
1. 乾坤所生卦 ·················· 173
2. 六子所生卦 ·················· 173
3. 消息所生卦 ·················· 174
4. 卦变与纳甲 ·················· 175
5. 纳甲所生卦 ·················· 178

丁、总说卦变 ·················· 181

戊、爻变例 ·················· 182
1. 变化例 ·················· 183
   (1) 以乾变坤 ·················· 183
   (2) 以阴消阳 ·················· 183
   (3) 阳陷阴中 ·················· 184
   (4) 复阳发出 ·················· 184
   (5) 弑君弑父 ·················· 185
   (6) 变化得宜 ·················· 186
2. 变动例 ·················· 187
   (1) 失位变正 ·················· 187
   (2) 得位中正 ·················· 189
   (3) 变动得宜 ·················· 190
   (4) 之应历险 ·················· 191

(5) 震巽夫妇 ··· 191
　　　(6) 上位决灭 ··· 191
　　　(7) 成既济定 ··· 192

后论 ··· 193
征引书目 ··· 201

附录Ⅰ：郑氏爻辰引例 ··· 207
　上篇 ·· 207
　　一、相生 ··· 209
　　二、爻体 ··· 211
　　三、候月 ··· 211
　　四、相冲 ··· 212
　　五、相合 ··· 213
　　六、爻序 ··· 213
　　七、爻气 ··· 214
　　八、值宿 ··· 215
　下篇 ·· 216

附录Ⅱ：周易变占法引论 ··· 220
　　一、赘说 ··· 220
　　二、《启蒙》之变占法 ·· 221
　　三、宜变之爻 ··· 222
　　四、河洛与天地数 ··· 224
　　五、《火珠林》之世爻 ·· 226
　　六、"之八"与"皆八" ··· 229
　　七、变占法例 ··· 230

自序

读《周易》须明象数。数通于象,《周易》的卦、爻辞即依象而成立,〈系辞传〉说:"圣人设卦,观象系辞焉",这已经说得很白。唯近代却有学人不信,硬说卦、爻辞与象无关,那便是"疑古"之弊,想学《周易》的人,实在不必依从这一偏之见。

所以读《易》须先明象数,再由象数来理解卦、爻辞的依据,这是最平实的读《易》方法。若想走捷径,依着今人的解释去读卦、爻辞,于是辞与象脱离,学者所能得到的便只是一段一段支离破碎的概念,无法理解全卦的主题。

〈杂卦传〉其实对卦的主题已有简括的说明,如"乾刚坤柔、比乐师忧、临观之意,或与或求,屯见而不失其居,蒙杂而著"。若将卦象跟这说法联系起来,那就非常生动。乾六爻都是阳爻,是故说为"刚";坤六爻都是阴爻,所以说为"柔"。用这概念来理解乾坤二卦的爻辞,便知道阳进、阴退的中和之道。阳进而不宜亢,阴退而不宜穷。否则便"亢龙有悔",或者"龙战于野,其血玄黄"。

这几年笔者在北京以及江南一带小住,对"蒙杂而著"便有点感受。所谓"蒙杂而著"可以比喻为四方八面的人到大城市定居("著"即是定居的意思,世居者即名为"土著"),因此蒙六四说:"困蒙,吝。"象曰:"困蒙之吝,独远实也。"一个外来人想求定居,却脱离现实,当然"吝"。比较六五,说"童蒙,吉。"象曰:"童蒙之吉,顺以巽也。"能顺,即是对现实的适应,是故为"吉"。

上面的说法实由爻象而来,蒙六四爻象是一阴爻处于两阴之中,与阳远隔；六五的爻象是跟上九阳爻相比，而且与九二阳爻相应，由是便各有不同的爻辞。

举此一例，便知道读《易》明象的重要。

不但如此，"明象"还可以帮助我们对卦、爻辞得一确解。

《周易》中的"贞"，李镜池先生开始释之为"占"，那是二十世纪三十年代的事。时至今日，人人从之。可是，虞翻却不然，凡是"利有攸往，贞吉"或"利贞"，他都解释为爻由内卦往外卦得利，如"二五之正"之例。这样，他分明是同意《子夏易传》所说："贞者，正也"，以及〈系辞传〉所说："贞固足以干事。"由内往外，立定宗旨而"干事"，便正是虞氏易例的命意。因此，"贞"未必处处可解释为"占"。

举此一例，便知道依靠易例来认识卦象、爻象的重要。

《易》象数之学实由儒家开始。在先秦，《易》落在占筮家之手，因此便由阴阳五行联系卦象、爻象而作占筮，这时《周易》没有一个中心思想。儒家吸收了占筮家的象数，用儒家的"中和"、"中正"思想来加以整理，由是便有了"儒家易象数"，在"十翼"中，便成立了许多象数易例。所谓"易例"，有如代数的公式、几何的原理，它是说《周易》象与辞的基本法则，依此法则，即可说明象与辞的关系。

所以〈系辞传〉说："圣人有以见天下之赜，而拟诸其形容，象其物宜，是故谓之象；圣人有以见天下之动，而观其会通以行其典礼，系辞焉以断其吉凶。"由见物象而成卦象爻象，再由象的变动来成立卦辞爻辞，用来占断卦爻之动宜与不宜，同时用之以行于国事（行其典礼），可见儒家对象数的重视。

儒家易既成立了象数，由是即与占筮家及阴阳家分庭抗礼。但此中亦有亲疏之别：儒家易与占筮家亲，与阴阳家疏，所以将占筮看成是圣人之道，但对阴阳灾异的占候却不一提。不料到了汉宣帝时，本来是儒家易学者的孟喜，却接受了阴阳家的学说，因而成立"卦气"，由是即成立了一个可以用来占阴阳灾异的易例系统，西汉的象数易即由此兴起。现在阴阳家的一些占候,便只见于八种《易纬》。

象数易自孟喜而后,以焦延寿及京房这两家最为重要。焦延寿唯有《易林》一书传世,以六日七分法值日,一卦演六十四变,六十四卦总为四千零九十六题,各系以占断韵语。由表面看,不见其有易例,但如果仔细研究,便可以发现其中实有易例。近人尚秉和先生一生专研《易林》,便发现了许多"焦氏逸象",同时发现焦延寿一个重要的易例:"覆象"(正反象)。如困(䷮),便有一个正、一个反的兑卦,所以可称为"正反兑",所有覆象在《周易》中都有特殊的意思。覆兑为口、为言,正反兑即是"争言",是故困卦的卦辞说为"有言不信"。

由《易林》可知,焦氏易例目的在于占筮,及至京房则成立易例用以占阴阳灾变。在现今还传世的《京氏易传》中,可以看出他不但全盘接受孟喜的所有卦气易例,而且还加以扩大,扩大到上至天文、下至地理、中及人事,真可以说是贯通三才。然而京房并未着意于用他的易例来注经,《京氏易传》可以说是于《周易》之外成立了另一个说易的系统,由是儒家、占筮家、阴阳家的易便给京房统一了起来。他成立的"积算",给"爻变"建立了由渐变到突变的依据,成为京氏易例的中心思想。所以在本书中对此亦特别介绍。

如上西汉三家的象数易都未以注经为主旨。到了东汉,出了一位大儒马融,他设绛帐授徒,门下弟子千余人,后世"设帐授徒"一语即由他而来。他重新弘扬儒家易,同时引入了一些象数家的易例,由是儒家易便得以复兴。只可惜他说《易》的书都已亡佚,今日唯留下一些零碎的资料,因此无法将他的易学整理,总结出特殊的易例。

不过马融却有一位出色的门人郑玄。郑玄亦为大儒,他以"爻辰"为主体,吸收了西汉以来的象数易,结合先秦以来的儒家易,创立了一个以爻辰为主的象数注经系统,由是开展了一些易例。他不但用这些易例来注《周易》,同时还用之于注疏《诗》、《礼》以至《易纬》。他注《易》的书虽已亡佚,但由他的各种注疏中还可以成立易例,由是可说郑氏易未全佚,他比他的老师马融幸运多了。

荀爽承继马融,治学以注经为主,可以跟郑玄分庭抗礼。他的易例重点在于"卦变"及"爻变"("升降"),这便影响了后来的虞翻。

虞翻堂庑广大,既承继儒家易的象数,亦全部吸收了孟喜以来象数易家的易例,建立起一个前所未有的复杂系统。整个系统,其实只以卦变、爻变为主题,复杂之处仅在于为卦、爻的变化与变动成立了许多法则。若不理解他成立易例的主旨,对他的易例便会横加指责,认为是随意牵合,但若能理解,便知道他的易例虽看似芜杂,其实却有系统,并非任意运用。

本书所说的象数易例,即是上述六家,因为七大家中马融的易例无法成立。于说六家时,亦各各为之建立主脉,如孟喜的"卦气";焦延寿的"值日候卦";京房的"八宫"、"飞伏"、"积算";郑玄的"爻辰";荀爽的"卦变"、"升降";虞翻的"卦变"、"爻变"。主脉既然建立,其余的易例无论怎样复杂,亦只是附从于主脉的枝节。主从分明,便易理解。这亦是笔者学习象数易时所遵从的路向。

笔者学易于童年,先父绍如公口授,那时笔者亦只能记诵。绍如公于晚饭后常跟三五朋友闲谈,笔者敬陪末座恭听,对于《周易》的零碎知识便是这样学回来。后来上中学,蒙陈复蔚老师指点,才晓得系统地读各家的易,对象数易的兴趣即由此而来。

浑浑噩噩地过了十余年,似乎对《周易》懂得不少,但实在只是诸家的皮毛。及至二十八岁时识新亚书院王道教授,由他推荐始识王子畏(震)先生,先生肯收笔者入门墙,然后才知道看卦象爻象不能呆板地看——光看那已成之象,还应该知道它由何象变来,将来还有什么变动趋势。同时还知道,变动不同于变化,动一定动,化则不须动,那即是变有动静,因此对虞氏易的了解便比前时要深。

在子畏师的鼓励下,大概由三十岁开始写了一些谈易的文章,先在台湾发表,后来得铃木由次郎教授的赏识,文章才在日本发表。台北师范大学李退敷教授读到那些文章,来函邀请笔者主持一个讲座,讲虞氏易,子畏师鼓励应约,那是笔者生平第一次登上讲席,面对着许多年纪比自己大、学术地位比自己高的人讲学。从此便跟退敷兄结兄弟盟,从他那里,又得到一点探索孟喜易例的门径。学孟氏易一定要跟《易纬》八种同时合看,比较他们的异同。

就在各位师友的指导下,笔者终于走过象数易的难关,可以在这领域中自在。那时候,笔者已年近四十。在此几年前,文章已搁笔不写,因为笔者已将心神放在汉藏佛学。

四十岁以后,连有关《周易》的书也只略为翻阅,因为那时正学如来藏思想的见修。这样便又过了三十多年。

现在提起劲来写这本关于象数易例的书,只是将自己的学易作一总结,希望能将一些浅薄的心得跟读者分享。若能因此而令他们对易的象数生兴趣,从而掌握了象数这把开启《周易》门户的钥匙,那便是笔者的心愿了。

请相信笔者的诚意。

前言

本书的作意,是想通俗地介绍《周易》象数。因为只有通过象数才能正确地解释卦、爻辞。要介绍象数,先要弄清《周易》的源流。

根据传统的说法,伏羲画八卦、文王作卦爻辞(或说周公旦作爻辞),由是成书,后来儒家再作"十翼"(或称"易传"),这就成为后世的流行本。在这里面,其实已经有象数,伏羲所画的即是象,卦辞与爻辞所演即根据象与数,这里所谓数,是指自然的数,不是后来易家自行成立的数,所以通俗来说可以说是定数。用卦象与自然之数来测度人事及自然现象,于是便成为卦辞与爻辞,也即是说,卦辞爻辞是根据象与数,用之以占筮。所以整本《周易》原来就是象数之学,其学朴素,汉代易师则加以发挥,成种种卦例。

儒家作"十翼",目的可能是不想将象数归之于阴阳家所说的象数,所以就着重象数的涵义,用来解释占辞。所谓"十翼"包含如下的内容:

〈彖传〉:卦辞又名"彖辞",根据刘瓛的说法,彖是断的意思,即是用来断卦。〈彖传〉则是根据象数对卦辞作解释,由是在〈彖传〉中立例,说六十四卦的卦辞。举个简单的例。例如屯卦的卦辞说:"屯,元亨利贞,勿用有攸往,利建侯。"〈彖传〉说(下称"彖曰"):"屯刚柔始交而难生,动乎险中,大亨贞。雷雨之动满盈,天造草昧,宜建侯而不宁。"这就是解释卦辞。刚柔始交,动乎险中,是卦象,由此卦象可推断为只利于恒久的事,而且是大事;雷雨之动亦是卦象,天造草昧就是儒家对雷雨之动的体会,由此体会,就推断卦辞的"利建侯",虽利建侯,可是却不宁静。

〈象传〉：根据李鼎祚的说法，"象者像也，取其法象卦爻之德"，因此象辞是对一卦的卦辞、一爻爻辞的解释，亦即对全经卦爻辞立例通说其象。仍以屯卦为例，屯初九曰："盘桓，利居贞，利建侯。"〈象传〉说（下称"象曰"）："虽盘桓志行正也，以贵下贱大得民也。"盘桓是不宜进取，可是因为初九爻得位，所以说是志行正；又由于初九阳爻为六二阴爻所乘，所以说以贵下贱，这就是依象而对爻辞利居贞、利建侯作出解释。

一卦的彖与象，彖用以释辞，象用以明卦象；一爻的象辞，则明依此爻之象所系的辞。卦辞的象又称为"大象"，爻辞的象又称为"小象"。

〈系辞传〉：解释整本《周易》的深奥义理，主要是根据象数来解释，其所解释就有儒家思想在内。例如说"圣人设卦观象，系辞焉而明吉凶。刚柔相推而生变化，是故吉凶者，失得之象也；悔吝者，忧虞之象也；变化者，进退之象也；刚柔者，昼夜之象也。"由此即足见系辞所据，完全是象。又如说"天数五、地数五，五位相得而各有合。天数二十有五、地数三十，凡天地之数五十有五，此所以成变化而行鬼神也"。这即是儒家所说的数，亦即自然之数。天数即是奇数，$1+3+5+7+9=25$，所以说天数二十有五，地数即是偶数，$2+4+6+8+10=30$，所以说地数三十，如是即是自然之数。

〈文言传〉：依卦爻所象，来说乾坤二卦全卦及各爻的深奥义理。分〈乾文言〉、〈坤文言〉两篇。其实六十四卦都可以有"文言"，儒家只是举乾坤二卦为例。

〈说卦传〉：总说依象建立六十四卦的原则，读《周易》非先知道这些原则不可，此如学几何，必须要知道定律，倘如不知道三角形内角和是180度，便根本无几何可学，由是知〈说卦传〉的重要。传中设立了一些象，这些象，"近取诸身，远取诸物"，建立诸卦为自然现象以及人事关系的象征，如说乾为马、坤为牛等。儒家说易即是根据这些卦象来说，由是知自然与人事的变化。

〈序卦传〉：远古的易书其卦序可能跟今时的流行本不同，长沙马王堆汉墓出土的帛书《周易》，其卦序基本上依八宫（见后说），跟流行本完全不同,此即可为证明。今流行本的卦序为儒家所订定,〈序卦传〉即是说明订定卦序的理念,由是成立了儒家易的体系,其所说实为六十四卦之用。如说"有天地然后万物生焉",又说"有天地然后有万物,有万物然后有男女,有男女然后有夫妇,有夫妇然后有父子,有父子然后有君臣,有君臣然后有上下,有上下然后礼义有所错"。这些都是说卦的功能,由功能然后成立卦德,依卦德然后排成卦序。

〈杂卦传〉:订定六十四卦的性情。〈序卦传〉是依对卦而成序(下面再说对卦),〈杂卦传〉便错杂其例而说卦的性情。〈系辞传〉说:"爻有等,故曰物,物相杂,故曰文。"这即是说,卦是由物相杂成类,既成类,便有卦的性情。〈杂卦传〉说卦的性情,主要亦由对卦来说,所以性情亦是相对,例如乾刚坤柔、比乐师忧,刚与柔、乐与忧便是相对。

由"十翼"的内容就知道儒家有摒除阴阳家说易的意思,这可能是由于易学一直为阴阳家所传,阴阳家以阴阳占验为主,寻且发展为专说灾异,甚至附会鬼神,是故儒家便想厘清阴阳家对《周易》的附会,而依儒家的思想发挥易的奥义。

儒家以前阴阳家如何说易,现在已无完整的文献可征,但从先秦阴阳家的学说,以及西汉的《易纬》,大概可以猜测得出来。他们占验时多重卦爻象,而不深究卦爻辞与卦爻象的关联。然而一旦深究象与辞的关系,则可以涵盖天、地、人,万事万物无所不包。是故儒家作"十翼"后,易学就可以分成两派,一为传统的阴阳家易,一为儒家易。

秦始皇焚书,对阴阳家的书不禁,因此儒家易也就可以保存下来,反正儒家易者亦通占筮,所以保存"十翼"并非难事。汉兴,儒家易亦同时复兴,由田何开始,传至施雠、孟喜、梁丘贺三家,经历了大概一百五十年左右,其间人才鼎盛,然而其后治易者又采阴阳家之说,用以说象数。自汉宣帝时代,象数易即崛兴,开先河者为儒家易的孟喜,孟喜改变师法,为当时的人所非难,不过,即使孟喜采取阴阳灾异之说,但他仍然在相当程度上保持儒家易的思想,所以他便与阴阳家不同。由是孟氏易不能说为阴阳家易,只宜称为象数易。

孟喜而后,象数易又发展成为派别,除孟喜外,尚有焦延寿与京房一派、费直一派、高相一派,共为四大流派。此中费直一派实在仍然是儒家易,象数的成分不多,今存世只有一篇说"分野",即是说十二宫与值二十八宿。

及至东汉至三国,著名的象数家还有马融、郑玄、荀爽、虞翻、王肃、蜀才(范长生)诸家,各自成立易例。至今只有郑玄、荀爽、虞翻三家保存的易例尚多,其余诸家便只留下零星的资料。

象数易至魏伯阳用《周易》说炼内丹,王弼扫除象数尽说义理,便可以说大为没落了,后代易家于是便有义理易的学派,由于这派说义理,人人可说,所以被人讥为"作文之体";此外还有道家易,牵涉入内丹与外丹之中而以内丹为主。

本书所说的象数,由是分为两篇:一、基本象数,这亦是儒家采用的象数,它原为《周易》本身所具,儒家只是将它发挥出来,不必再增添一些什么。二、汉易象数,这即是汉代象数家的踵事增华,根据自己的理念,成立一些象数例,用以说阴阳灾异以及作占筮之用,但后来则变成用来注经。象数易在清代复兴,但在近代又逐渐衰落,不过到了近年似乎又有复兴的趋势。

上 篇
基本象数

儒家易的象数是基本象数，以后汉易诸家虽对象数有所发明，但仍须以儒家易的象数为基础。前面我们已经说过，儒家易指的是以儒家"十翼"来解释《周易》的一门学术，所以，"十翼"就成为说象数的共通基础。

儒家用"十翼"说象数，完全是客观地介绍《周易》本身所含的象数，所以其中没有创作的易例，不像后来汉易家那样，有"半象"、"爻辰"等易例创意。本篇所介绍的象数，即完全根据"十翼"而言。

于说象数前，先说图书与八卦。

·

图书与卦

伏羲画八卦,是由河图洛书而来,〈系辞传〉言"河出图,洛出书,圣人则之"("则"是效法之意)。于先秦古籍中,提及河图洛书者不少,如《尚书·顾命》篇云:"大玉、夷玉、天球、河图在东序";《礼记·礼运》篇云:"河出马图"。《周易正义》中孔安国以为河图则八卦,洛书则九畴,刘歆有同样的说法,据《汉书·五行志》说:"刘歆以为虙羲氏继天而王,受河图,则而画之,八卦是也;禹治洪水,赐洛书,法而陈之,《洪范》是也。"这即是说汉儒大抵都同意,河图为八卦之源,洛书为《洪范》之本。

然而关于河图洛书的分别,却有不同的意见。何者为河图,何者为洛书,在古代有不同的说法,及至宋代,然后才有定论,宋人将河图洛书画出来,于是有"图十书九"的说法,即是有十数者为河图,九数者为洛书,其图形如下:

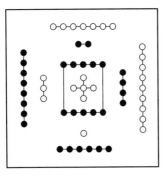 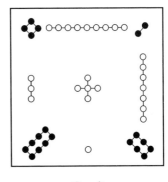

河　图　　　　　　　　　洛　书

河图有生数与成数的分别,1、2、3、4是生数,6、7、8、9是成数,例如

1是水的生数,6就是水的成数,如是分成四对(1与6;2与7;3与8;4与9),再加上5为生数,10为成数,居于中央,如是即是五行的生成。我们可以注意到,这些生数与成数必然是一个奇数与一个偶数的配合,生数是奇数,成数必然是偶数,此中奇为阳数,偶为阴数,所以这即是阴阳的配合。因此郑玄说:"阳无耦,阴无配,未得相成。"生数成数配合,是为配偶。

洛书数即是九宫数,亦即如今所说的"魔方阵",图上纵、横、斜列相加,和数都是15,此如下图:

4	9	2
3	5	7
8	1	6

这个方图,不但为阴阳家采用,而且为医家采用,《内经·灵枢》说九宫八风,即用这个图;堪舆家则用以说九宫明堂;历法家则用以定节气。

虽然宋儒说"河图则八卦",但其实"则八卦"主要用洛书。正由于此,所以前人对于河洛图形才有争论。认为如今说为河图的其实是洛书,说为洛书者实为河图,如是即所谓"图九书十"。

由洛书可以成立先天卦,用河图则成立后天卦,此于宋人以后已成定论。先天、后天是宋人的概念,所谓先天,即本来如是、自然而然、不假造作,因此说为自然现象的象。至于后天,即由自然引申而至人事,以及与人事有关的现象,既然以人事为主旨,那就当然是后天了。

一、洛书与先天卦

伏羲的先天卦位,即合洛书的图形,它的卦序图如下:

图中所列即是先天八卦。其数如下：

阳卦：乾9 震8 坎7 艮6

阴卦：坤1 巽2 离3 兑4

将数字排成九宫，中央填上5，那便是洛书九宫数，倘如再加上卦名，即如上图，是为先天卦序。这即是卦象与卦数的配合，是最基本的象数。

八卦数的求法如下：

1. 先分卦属阳属阴。三阳为阳卦，二阴一阳为阳卦，二阳一阴为阴卦，三阴为阴卦。八卦下二爻则只能有四种情形：太阳（⚌）、少阴（⚍）、少阳（⚎）、太阴（⚏），是为四象。

2. 依四象的序列得数，即太阳1，少阴2，少阳3，太阴4。如是四者即为"卦体"，依卦体始成八卦。阳为生数，所以将四象数相加而为本数，即1＋2＋3＋4＝10，故阳卦以10为本数。阴为成数，因为四对生成数配偶，每对的差都是5（例如6－1＝5，7－2＝5等），所以阴卦以5为本数。

3. 八卦数算法如下：

乾（☰）以太阳为卦体（卦体上加一阳爻即成乾），太阳序数1，阳卦成数为10，于是10－1＝9，所以9就是乾的卦数。

震（☳）以少阴为卦体（卦体上加一阴爻即成震），少阴序数2，阳卦成数为 10,于是 10－2＝8,所以 8 就是震的卦数。

坎(☵)以少阳为卦体(卦体上加一阴爻即成坎),少阳序数 3,阳卦成数为 10,于是 10－3＝7,所以 7 就是坎的卦数。

艮(☶)以太阴为卦体(卦体上加一阳爻即成艮),太阴序数 4,阳卦成数为 10,于是 10－4＝6,所以 6 就是艮的卦数。

如上为四阳卦。

坤(☷)以太阴为卦体(卦体上加一阴爻即成坤),太阴序数 4,阴卦生数为 5,于是 5－4＝1,所以 1 就是坤的卦数。

巽(☴)以少阳为卦体(卦体上加一阴爻即成巽),少阳序数 3,阴卦生数为 5,于是 5－3＝2,所以 2 就是巽的卦数。

离(☲)以少阴为卦体(卦体上加一阳爻即成离),少阴序数 2,阴卦生数为 5,于是 5－2＝3,所以 3 就是离的卦数。

兑(☱)以太阳为卦体(卦体上加一阴爻即成兑),太阳序数 1,阴卦生数为 5,于是 5－1＝4,所以 4 就是兑的卦数。

如上为四阴卦。

由此可见,先天卦序即是象与数的先天配合,所谓先天,即是自然而然、不假造作。因此古代有学者说这个洛书图形应该是河图,根据这个图形才能"则八卦",这个说法未尝不合理。

〈说卦传〉中言:"天地定位,山泽通气,雷风相薄,水火不相射,八卦相错",说的就是先天卦序。

二、河图与后天卦

河图所显示的本来只是五行,用来"则八卦"其实有点牵强,它须由河图说五行,再由五行来说卦,然后才可以画成卦图,画出来的便是所谓后天卦序。此中关系见于〈说卦传〉的一段文字:

帝出乎震,齐乎巽,相见乎离,致役乎坤,说言乎兑,战乎乾,劳乎坎,成言乎艮。万物出乎震,震,东方也。齐乎巽,巽,东南也,齐也者,言万物之洁齐也。离也者,明也,万物皆相见,南方之卦也;圣人南面而听天下,向明而治,盖取诸此也。坤也者,地也,万物皆致养焉,故曰致役乎坤。兑,正秋也,万物之所说也,故曰说言乎兑。战乎乾,乾,西北之卦也,言阴阳相薄也。坎者,水也,正北方之卦也,劳卦也,万物之所归也,故曰劳乎坎。艮,东北之卦也,万物之所成终而所成始也,故曰成言乎艮。

这一大段文字说的是方位及四时,其实即是说五行,以五行配合四时与方位,应该是古代阴阳家的思想,因此这段文字,一向被视为说明文王后天八卦的依据,亦即据河图五行而成八卦。所成的卦图,应该是这样:

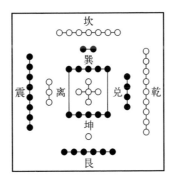

如图:1,6水居北;2,7火居南;3,8木居东;4,9金居西;5,10土居中,然后依八卦数将数目字加上卦名,即成此图。

这个图完全跟五行的生数成数配合,但八卦并非排成一个圆图,跟先天卦序图不相称,因此又须根据〈说卦传〉的说法,将图中八卦再依方位排列,则成后天八卦图——由"帝出乎震"起,依次右旋排列巽、离、坤等卦,至"成言乎艮"。

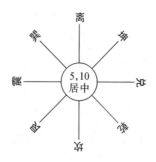

上二图比较,其实并不能完全对应,依五行,乾兑二卦属金,震巽二卦属木,二者皆比邻相连,没有问题。至于离坎二卦,分别为火、水,分居南北,也没有问题。但是艮坤二卦,二者属土,何以艮居东北,坤居西南,二者不为比邻而为相对,这就有点问题。不过,易家依坤卦卦辞:"西南得朋,东北丧朋"的说法,认为坤利西南,不利东北,于是如此配位,这似乎也说得过去。后来易家更有"二八易位"的说法,那就更加巧妙了,然而,这恐怕未必是〈说卦传〉的原意。

后天卦图各卦的数,并不用八卦数,仍根据洛书九宫配数,这样便成后天卦图的象与数。

三、源太极成立八卦

由河图洛书成立八卦,只是一个方法,此外还可以依〈系辞传〉所说来成立八卦。

〈系辞传〉说："是故易有太极，是生两仪，两仪生四象，四象生八卦。"可用图示如下：

坤	艮	坎	巽	震	离	兑	乾	八卦
⚏	☶	☵	☴	☳	☲	☱	☰	
								四象
阴				阳				两仪

此中由阴阳仪所生的四象即是太阳(⚌)，少阴(⚍)，少阳(⚎)，太阴(⚏)。以四象为体，其上再加上阳爻或阴爻，即成八卦，依次为乾(☰)、兑(☱)、离(☲)、震(☳)、巽(☴)、坎(☵)、艮(☶)、坤(☷)。这即是〈说卦传〉中所说的"观变于阴阳而立卦，发挥于刚柔而生爻"。〈系辞传〉又说："变化者，进退之象也，刚柔者，昼夜之象也。"由是知卦主进退，爻则主时，这是理解象与辞的关键。

有趣的是，由上图可以看出卦象卦数跟河图洛书的配合：

1. 由阳仪所生四卦为乾、兑、离、震；由阴仪所生四卦为巽、坎、艮、坤，倘若将阳仪四卦逆排（逆时针方向），再将阴仪四卦顺排（顺时针方向），即成由洛书而成的先天卦序图。这种排列方向，称为阳逆阴顺，这易例散见于彖象辞传。

2. 依上图八卦的序列，配上先天八卦数，则如下列：

坤	艮	坎	巽	震	离	兑	乾
1	6	7	2	8	3	4	9

很容易看出,刚好是河图 1,6 水;2,7 火;3,8 木;4,9 金的生数成数。

由此可见,依两仪、四象而生八卦的说法,实在非常自然。有些学者认为八卦卦象与两仪四象无关,是直接画出三爻而成卦象,这个说法等于否定象数的自然配合,亦同时等于推翻八卦与河图洛书的关系。

说完河洛与卦,便可以说儒家易例。

儒家易例

一、〈说卦传〉例

〈说卦传〉以说卦象为主,象为《周易》的主体,故先言〈说卦传〉例。

甲、三才·三极

在系辞中虽已说到三才,唯因说卦象故,所以归入〈说卦传〉例来说。

八卦的卦象,乾为天、坤为地、巽为风、震为雷、坎为水、离为火、艮为山、兑为泽,所说的只是自然现象与地理环境,与人事无关,所以是最原始的卦象,及至用来占筮,则不得不加入人事的因素,否则便无可占,所以便需要成立天、地、人三才。

〈说卦传〉说:"昔者圣人之作易也,将以顺性命之理,是以立天之道,曰阴与阳;立地之道,曰柔与刚;立人之道,曰仁与义。兼三才而两之,故易六画而成卦,分阴分阳,迭用柔刚,故易六位而成章。"这样就将六爻成立三才。"才"的意思是性质与现象,亦即是卦爻的内涵。

若用三画卦来说三才,十分简单,如图:

```
⚋   天   ⚊
⚋   人   ⚊
⚋   地   ⚊
```

但若在六画卦，如何分配三才，就有两种说法。象数家释易，常以初爻、二爻为地；三爻、四爻为人；五爻、上爻为天。如何妥于释〈乾文言〉九三"上不在天，下不在田"时说："上不及五，故云不在天，下已过二，故云不在田，处此之时，实为危厄也。"这就是以五为天，以二为地。更如乾九二："见龙在田，利见大人。"郑玄曰："二于三才为地道，地上即田，故称田也。"亦为同例。因此图形应该如下：

天

人

地

崔憬说："言重卦六爻，亦兼天地人道，两爻为一才，六爻为三才，则是兼三才而两之，故六六者，即三才之道也。"亦应该是这个意思。此意跟系辞的说法没有冲突。〈系辞传〉说："《易》之为书也，广大悉备：有天道焉，有人道焉，有地道焉。兼三才而两之，故六。六者非他也，三才之道也。"

可是，象数家亦有不同的说法。

陆绩的说法是："此三才极至之道也，初四下极，二五中极，三上上极。"依此则图形应该如下：

阴　　　　　天
仁　　　　　人
柔　　　　　地
阳　　　　　天
义　　　　　人
刚　　　　　地

虞翻的说法是："谓参天两地，乾坤各三爻而成六画之数也。"所说亦如上图。先师王子畏先生，对此曾有解释，兹阐述如下：先立乾坤两卦。

王子畏先生在《易学五书》第五〈易例分释〉中说:"立天之道曰阴与阳,乾上下交坤三,坤三顺承乾上,而天道极矣。"这即是说,将乾卦上九爻与坤卦六三爻互换,如是而成天道,由此上图便变成如下:

接着说:"立地之道曰柔与刚,乾四下交坤初,坤初顺承乾四,而地道极矣。"这即是说,再将乾卦九四爻与坤卦初六爻交换,如是而成地道,由此上图便变成如下:

接着又说:"立人之道曰仁与义,乾二上交坤五,坤五顺承乾二,而人道极矣。"这即是,再将乾卦的九二爻与坤卦六五爻交换,如是而成人道,由此上图便变成如下:

于是原来乾坤二卦,都变成既济卦。这便成为以上所引虞翻的图形。

这样解释三才、三极,亦很有道理,应可令人信服。而且系辞亦说:"六爻之动,三极之道也。"上面所说,乾坤二卦的阴阳爻互相交换,才可以说为"六爻之动",倘如依何妥、郑玄等所言,只是将六爻依上、中、下二爻分为三才,就不能说为六爻之动。所以这样分配三才,比他们较合乎系辞之所说。

笔者亦尝试作调和,那就是将陆绩的说法视为三才,虞翻的说法视为三极,亦即六爻于静态为三才,于动态时则为三极。如是理解,既合系辞、〈说卦传〉之所说,亦可以调和何妥、郑玄与陆绩、虞翻之说。

三极为六爻之动,是故可以配八卦,八卦于六爻各有当位之爻,名为正位，其配合如下：

☷ 初爻为震1，二爻为离2，三爻为艮3，
　　四爻为巽1，五爻为坎2，上爻为兑3。

于图中，阴阳各爻均为正位，乾以九五为正位，坤以六二为正位，其余六卦，即震以初九为正位，离以六二为正位，艮以九三为正位，余可类推。

后来象数易家又根据这些正位成立爻体：初爻阳为震体；二爻阴为离体；三爻阳为艮体；四爻阴为巽体；五爻阳为坎体；上爻阴为兑体。

若以六爻配人事，则如下所列：

宗庙　　－－
天子　　——
三公　　－－
诸侯　　——
大夫　　－－
元士　　——

知道由三极之动，可以用六爻配卦配人事，对理解系辞（即卦爻辞）很有帮助。例如大畜（䷙）上九："何天之衢，亨。"上九爻于三才为天，所以卦辞就以天为象。上九爻之下为震卦，震为大路，所以爻辞便说为衢。又如离（䷝）六五："出涕沱若，戚嗟若，吉。"然而既出涕，又兼之忧戚，何以谓之吉呢？象辞说："六五之吉，离王公也。"离，即是丽，意为附丽，六五附丽九三、九四两爻，三为诸侯、四为三公，所以说是"离王公"。由此两例，即可知由三才三极来认识六爻性质的重要性。

乙、乾坤六子

〈说卦传〉言："乾，天也，故称乎父；坤，地也，故称乎母。震一索而得男，故谓之长男；巽一索而得女，故谓之长女；坎再索而得男，故谓之中男；离再索而得女，故谓之中女；艮三索而得男，故谓之少男；兑三索

而得女,故谓之少女。"

依孔颖达的说法,索即是求的意思,以坤(☷)求乾(☰),一索即得乾的初爻,成震卦(☳);再索即得乾的二爻,成坎卦(☵);三索即得乾的上爻,成艮卦(☶)。以乾求坤,一索即得坤的初爻,成巽卦(☴);再索即得坤的二爻,成离卦(☲);三索即得坤的上爻,成兑卦(☱)。如是由乾坤相索即成六子。所以孔颖达说:"得父气者为男,得母气者为女。"

于咸卦(䷞),卦辞说"咸亨,利贞,取女吉",那就是以下卦的艮卦为少男,上卦的兑卦为少女。

又如家人(䷤),卦辞说"家人,利女贞",即以下卦的离卦为中女,上卦的巽卦为长女。

又如睽(䷥),彖辞说"二女同居,其志不同行",所谓二女,即下卦的兑为少女,上卦的离为中女。

又如革(䷰),彖辞说"二女同居,其志不相得,曰革",所谓二女,即下卦的离为中女,上卦的兑为少女。

举此数例,即知乾坤生六子的易例。

丙、卦德

〈说卦传〉说八卦卦德如下:"乾,健也;坤,顺也;震,动也;巽,入也;坎,陷也;离,丽也;艮,止也;兑,说也。"

马王堆出土的帛书《周易》,乾作键,坤作川,震作辰,巽作筭,(习)坎作习赣,离作罗,艮作根,兑作夺。键、川、辰、筭、赣、罗、根、夺等名都可以用卦德来配合。例如键,其义即与建、乾相通;又如川,川为流水,故可说为顺;又如辰,即是震,《说文解字》说"辰,震也";筭即是巽,《三苍》说"筭,选也",巽是选的本字;坎作赣,赣即是贡,见《尔雅》,贡即须历险;罗可通离,《方言》说"罗谓之离";艮根二字,双声、叠韵,故二字借用;夺本字为敓,敓与兑相通。依此可见,阴阳家所用的卦名虽与儒家不同,但其实二者相通。儒家作卦德之说,实依古义,并非创说。

于《周易》中,常有牵涉卦德,如乾象曰:"天行健,君子以自强不息。"讼彖曰:"讼,上刚下险。"这些都是说卦德的例子。

于〈系辞传〉中,更说卦德,详下。

丁、卦象

〈说卦传〉说卦象兼及天文、地理、人事,所言只是举例,读者应该举一反三。后来汉易诸家,有"荀九家逸象"、"孟氏逸象",可以作为〈说卦传〉的补充。

1.〈说卦传〉卦象

兹录〈说卦传〉的卦象如下,以备参考:

八卦本象,所谓"远取诸物"者:

乾为马,坤为牛,震为龙,巽为鸡,坎为豕,离为雉,艮为狗,兑为羊。

八卦本象,所谓"近取诸身"者:

乾为首,坤为腹,震为足,巽为股,坎为耳,离为目,艮为手,兑为口。

八卦广象分列如下:

乾为天,为圜,为君,为父,为玉,为金,为寒,为冰,为大赤,为良马,为老马,为瘠马,为驳马,为木果。

坤为地,为母,为布,为釜,为吝啬,为均,为子母牛,为大舆,为文,为众,为柄,其于地也为黑。

震为雷,为龙,为玄黄,为旉,为大涂,为长子,为决躁,为苍筤竹,为萑苇,其于马也为善鸣,为馵足,为作足,为的颡,其于稼也为反生,其究为健,为蕃鲜。

巽为木,为风,为长女,为绳直,为工,为白,为长,为高,为进退,为不果,为臭,其于人也为寡发,为广颡,为多白眼,为近利市三倍,其究为躁卦。

坎为水,为沟渎,为隐伏,为矫輮,为弓轮,其于人也为加忧,为心病,为耳痛,为血卦,为赤,其于马也为美脊,为亟心,为下首,为薄蹄,为曳,其于舆也为多眚,为通,为月,为盗,其于木也为坚多心。

离为火,为日,为电,为中女,为甲胄,为戈兵,其于人也为大腹,为乾卦,为鳖,为蟹,为蠃,为蚌,为龟,其于木也为科上槁。

艮为山,为径路,为小石,为门阙,为果蓏,为阍寺,为指,为狗,为鼠,为黔喙之属,其于木也为坚多节。

兑为泽,为少女,为巫,为口舌,为毁折,为附决,其于地也为刚卤,为妾,为羊。

2. "荀九家易"逸象

"荀九家易"逸象如下:

乾为龙,为直,为衣,为言。
坤为牝,为迷,为方,为囊,为裳,为黄,为帛,为浆。
震为玉,为鹄,为鼓。
巽为杨,为鹳。
坎为宫,为律,为可,为栋,为丛棘,为狐,为蒺藜,为桎梏。
离为牝牛。
艮为鼻,为虎,为狐。
兑为常,为辅颊。

3. 孟氏逸象

焦延寿又传"孟氏逸象",焦延寿、虞翻二家逸象即由此出。今引述如下:

乾为王,为先王,为明君,为人,为大人,为圣人,为贤人,为君子,为武人,为行人,为易,为物,为立,为直,为敬,为畏,为威,为严,为坚刚,为道,为德,为盛德,为行,为性,为精,为言,为信,为善,为扬善,为积善,为良,为仁,为爱,为忿,为生,为祥,为庆,为天休,为嘉,为福,为介福,为禄,为先,为始,为知,为大,为盈,为茂,为肥,为好,为施,为利,为清,为治,为大谋,为高,为扬,为宗,为高宗,为族,为甲,为老,为旧,为古,为大明,为远,为郊,为野,为门,为道门,为百,为岁,为顶,为朱,为衣,为圭,为著,为瓜,为龙。(虞氏增:为神,为久,为画,为大斤,为大车)

坤为臣,为顺臣,为民,为万民,为姓,为小人,为邑人,为鬼,为形,为身,为牝,为母,为躬,为我,为自,为至,为安,为康,为富,为财,为积,为聚,为萃,为重,为厚,为致,为用,为包,为寡,为徐,为营,为下,为容,为裕,为虚,为书,为迩,为近,为疆,为无疆,为思,为恶,为理,为体,为礼,为义,为事,为业,为大业,为庶政,为俗,为度,为类,为闭,为藏,为密,为默,为耻,为欲,为过,为丑,为积恶,为迷,为弑,为乱,为怨,为害,为遏恶,为终,为永终,为敝,为死,为丧,为冥,为晦,为夕,为暮夜,为暑,为乙,为年,为十年,为户,为义门,为阖户,为闭关,为盍,为土,为积土,为阶,为田,为邑,为国,为邦,为大邦,为万国,为异邦,为方,为鬼方,为裳,为绂,为车,为辇,为器,为缶,为囊,为虎,为兕,为黄牛,为牝牛。(虞氏增:为妣,为刑人,为尸,为拇,为基,为杀,为丧期,为庶政)

震为帝,为主,为诸侯,为人,为士,为兄,为夫,为元夫,为趾,为出,为行,为征,为作,为遂,为惊走,为警备,为定,为百,为言,为讲议,为问,为语,为告,为响,为声,为音,为鸣,为夜,为交,为怨,为反,为后,为后世,为从,为守,为左,为生,为尝,为缓,为宽仁,为乐,为笑,为喜笑,为笑言,为道,为陵,为祭,为鬯,为禾稼,为百谷,为草莽,为鼓,为筐,为马,为麋鹿。(虞氏增:为行人,为逐,为兴,为奔,为奔走,为应,为大笑)

巽为命,为命令,为教令,为诰,为号,为号咷,为处女,为妇,为妻,为商旅,为随,为入,为处,为入伏,为利,为齐,为同,为交,为进,为退,为舞,为谷,为长木,为苞,为杨,为果木,为茅,为白茅,为兰,为草木,为草莽,为杞,为葛藟,为薪,为庸,为林,为绳,为帛,为腰带,为绣,为蛇,为鱼,为鲋。

坎为圣,为云,为玄云,为川,为大川,为河,为心,为志,为思,为虑,为忧,为谋,为惕,为疑,为艰,为蹇,为恤,为悔,为逖,为忘,为劳,为濡,为涕洟,为生目,为疾,为疾病,为疾疠,为疑疾,为灾,为破,为罪,为悖,为欲,为淫,为寇盗,为暴,为毒,为渎,为孚,为平,为法,为罚,为狱,为则,为经,为习,为入,为内,为聚,为脊,为腰,为臀,为膏,为阴夜,为岁,为三岁,为尸,为酒,为丛木,为丛棘,为蒺藜,为棘匕,为穿木,为校,为弧,为弓弹,为木,为车,为马。(虞氏增:为失,为虚,为美,为役,为纳,为鬼)

离为女子,为妇,为孕,为恶人,为见,为飞,为爵,为日,为明,为光,为甲,为黄,为我,为折首,为刀,为斧,为资斧,为矢,为飞矢,为黄矢,为网,为罟,为瓮,为鸟,为飞鸟,为鹳,为隼,为鸿。(虞氏增:为鹤)

艮为弟,为小子,为君子,为贤人,为童,为童蒙,为僮仆,为官,为友,为阍,为时,为丰,为星,为沫,为霆,为果,为慎,为节,为待,为制,为执,为小,为多,为厚,为取,为舍,为求,为笃实,为道,为穴居,为石,为城,为宫室,为门阙,为庐,为牖,为居,为门庭,为宗庙,为社稷,为鼻,为肱,为背,为腓,为皮,为肤,为小木,为硕果,为豹,为狼,为狐,为小狐,为尾。(虞氏增:为道,为猿,为硕,为顺,为斗)

兑为妹,为妙,为妻,为朋,为友,为讲习,为刑,为刑人,为小,为少,为密,为通,为见,为右,为下,为少知,为契。(虞氏增:为折)

4.《易林》逸象

近代学者尚秉和先生精研《焦氏易林》,于中发现逸象甚多,用以解

易,时有新意。今略引如下:

乾　为日,为虎。

坤　为水,为云,为风,为心,为志,为乱。

震　为鹿,为讼,为鹤,为发,为舟,为虚,为出,为竹,为武,为子,为小子。

巽　为少妻,为鸿雁,为陨落,为豕,为病,为疑。

坎　为穿,为夫,为食,为肉,为破,为暮。

离　为巷,为肤,为鸟,为巢,为星。

艮　为火,为角,为雁,为金,为夫,为簪,为天,为邦,为鸟,为门,为观,为视。

兑　为月,为老妇,为讼,为燕。

其实卦象举不胜举,在乎触类旁通。广东易家宗虞氏易,虞翻重卦变,故广东易家即由卦变说卦象,此即触类旁通的一例。譬如:

离变为艮,即为离火焚艮山,艮为贤人,贤人败,即为谗言之象。

震变为离,火反烧木,有女嫁反害其母之象。

坎变为巽,风还吹水,有波涛之象。

由此数例,即知何谓触类旁通。

当依卦象旁推时,应知须用阴阳五行来类推,譬如说,知道阳主外、阴主内,就可以知道阳为脏、阴为腑,所以《内经》说肝、心、脾、肺、肾为脏(胆、小肠、胃、大肠、膀胱分别对应为腑),那就是根据阴阳五行来取象,肝为木、心为火、脾为土、肺为金、肾为水。如是《内经》的"取象归类"便有五时、五候、五方、五色、五味、五音,由是木即为春、风、东、青、酸、角、生;火即为夏、暑、南、赤、苦、徵、长;土即为长夏、温、中、黄、甘、宫、化;金即为秋、燥、西、白、辛、商、收;水即为冬、寒、北、黑、咸、羽、藏。这样便可以依五行来配卦了。

附五行相应表如下,以便参考,此表主要依《金匮》等编成。

五行		木	火	土	金	水
人体	五脏	肝	心	脾	肺	肾
	五腑	胆	小肠	胃	大肠	膀胱
	五官	目	舌	口	鼻	耳
	五体	筋	脉	肉	皮毛	骨
	五味	酸	苦	甘	辛	咸
	五声	呼	笑	歌	哭	呻
	五音	角	徵	宫	商	羽
	五情	怒	喜	忧	悲	恐

二、〈序卦传〉例

〈序卦传〉序六十四卦先后次序,并说明其义。卦序即使作者不是孔子,亦必为儒家所作。今出土帛书与竹书《周易》,其卦序用八宫,知其必为阴阳家所传无疑,因为用八宫然后才方便占筮。儒家的卦序,用对卦将六十四卦的次序重新整理。对卦有二,一为反对,一为正对,今分述如下。

甲、正对

六十四卦中,有八个卦仅有正对而无反对,所以在卦序中,唯有用正对为序。这八个卦是:

由图可知正对二卦,必为阴阳爻相对。

在虞氏易,将正对名为"旁通",来知德则将之称为"错卦"。

在系辞中,常见对卦之例。如临(䷒)卦辞:"至于八月有凶。"虞翻即用旁通(正对)来解释,他的说法是,临与遯(䷠)旁通,遯为六月卦,夏代的六月即是周代的八月,所以说八月有凶。据此为例,即知卦爻的系辞所说皆有象为依据。

乙、反对

将一卦颠倒,成另一卦,此两卦即名反对,亦名为复卦,复即是覆的意思。举例如下:

屯(䷂)与鼎(䷱)正对,反屯即成为蒙(䷃),所以屯、蒙为反对。

同人(䷌)与师(䷆)正对,反同人即成为大有(䷍),所以同人、大有为反对。

六十四卦中,有五十六卦既有正对,亦有反对,〈序卦传〉则用其反对以为卦序。

汉易家将反对称为"反卦",来知德则称之为"综卦"。

三、〈杂卦传〉例

〈杂卦传〉所说为卦的性情,例如"乾刚坤柔"、"比乐师忧"即是。这是于〈说卦传〉之外,再依卦象而为说。因此其给出的性情,都可以通过卦象来理解。兹举二例以明之:

于"乾刚坤柔",虞翻说:"乾刚,金坚故刚;坤阴和顺,故柔也。"

于"比乐师忧",虞翻说:"比五得位建万国,故乐;师三失位舆尸,故忧。"

由此可见,八卦性情皆与卦象有关,是故可通过〈杂卦传〉之所说,用来理解卦爻的系辞。

〈杂卦传〉起初用对卦来说,及至大过卦之后,即不用对卦,但仍有意义上的相对,例如说:"归妹,女之终也","未济,男之穷也"。归妹并非与未济为对卦,但在意义上则相对,由此可知其例。亦即,说易实以相对为主,可以是卦象的正对反对,亦可以是意义上的相对。知道这点,在读《易》时,即有所帮助。

〈杂卦传〉虽文字不多,然蕴涵的义理却非常深奥。韩康伯说:"杂卦者,杂糅众卦,错综其义,或以同相类,或以异相明矣。"即是以相同或相异来表达六十四卦的义理。对于相同、相异,非细心体会不可。若能细心体会,便会对卦象有深刻的认识。例如说:"谦轻而豫怡也。"轻与怡好像不是相对,但若知道卦象,谦(䷎)有"卑而不可踰"的意思;豫(䷏)有"刚应而志行"的意思。那就明白轻与怡实在是相对。

"咸,速也;恒,久也",在这里应该知道,速,其实即是不永恒,因为咸解为感,感当然是不永恒的情绪,能这样体会,对诸卦就能正确认识。

四、〈系辞传〉例

《周易》的卦辞和爻辞即是系辞,"十翼"中的〈系辞传〉,即在说明卦爻辞与象数的关系,那就是说,卦爻辞本来是根据卦象、爻象而成立,因此要理解这些卦爻辞,就非要从卦象、爻象来理解不可。如果光从卦爻辞的文字来理解,那便只是一己的揣测,未必跟卦爻辞的原意相合。

卦爻系辞可能是远古占筮的记录,文王(或文王与周公旦)将这些记录整理,再加以选择,辑而成篇,由是成为定本。占筮的人多依卦象来解释自己所筮得的卦爻。所以从《国语》、《左传》中所记录古代的占筮,即见依象解筮的实例。二书占筮,多引《易》而说,其中亦有所引非今本《周易》,这即是说,即使当时已有《周易》的定本,但其他筮书依然存在。此外,《左传》昭公二年韩宣子出使鲁国,于太史氏处见《易象》与《春秋》,于是说:"周礼尽在鲁矣。"出使事在儒家作"十翼"之前,此可证明卦象不是儒家所成立，同时，《易象》一书除卦象外亦当有系辞，因此，至少有一部分卦爻辞应当是由文王删定，并非完全自作。

二书筮事中，有依卦辞而说，有依卦象而说，依卦辞而说者所据亦非只是文字，于中亦其实说象，由此可知，依象解系辞是易筮所当然的事。这里可以举出两个例子。

《左传》昭公五年："初，穆子之生也，庄叔以周易筮之，遇明夷（䷣）之谦（䷎），以示卜楚丘，曰：是将行而，归为子祀，以谗人入，其名曰牛，卒以馁死。"（依毛奇龄句读）

这里有一段故事，庄叔生穆子，成公十六年，穆子避难于齐国，在庚宗这个地方，跟一妇人发生关系。到襄公三年，穆子被召归国为卿，那时，庚宗妇带着小孩来找穆子，并且献上雉鸡，穆子问："我跟你生的小孩呢？"庚宗妇答："已经能够献雉鸡了。"穆子便跟那小孩相认，名之为牛。牛后来当政，以谗言杀长兄，又以谮言放逐众兄，及至穆子病重，牛不给他饮食，于是穆子饿死。及至昭子即位，杀牛。这里是追述穆子出生时的占筮，预言穆子的一生。

在这里，筮人没有用卦爻辞，只对卦象作出解释，文繁不录。这是一个不用辞而只用象来占筮的例。

再举一个例。僖公二十五年："秦伯师于河上，将纳王，狐偃言于晋侯曰：求诸侯莫如勤王。使卜偃卜之，曰吉。筮之遇大有（䷍）之睽（䷥）曰吉。遇'公用享于天子'之卦也。战克而王飨，吉孰大焉。"

这里是说周襄王逃到郑国避乱的故事。其时秦穆公决定迎请襄王，狐偃劝晋文公抢先迎请。晋文公让卜偃先用骨卜，卜之曰吉，再用筮占，即是此事。筮占所引，是大有九三爻辞："公用享于天子，小人弗克。"本来根据这爻辞，已经明白显示迎请襄王吉利，可是卜偃还用卦象来解释说："且是卦也，天为泽，以当日，天子降心以逆公，不亦可乎。大有去睽而复，亦其所也。"在这里，大有的下卦乾变为兑，乾象天、兑象泽，所以说"天为泽"。大有上卦为离，不变，离象日，所以说："以当日"。

由天变为泽,而为日所照,便可以解释为"天子降心以逆公",第三爻为诸侯,天变为泽是第三爻变,即是天子要讨好诸侯。

这个例,便是虽用爻辞,可是却仍须用卦象来详说,若不用卦象,就无法说出天子的态度,亦无法证实得到好处的是晋文公。

后来,晋侯出兵,将作乱者杀死,然后朝觐襄王,襄王设醴酒款待,并赐之以币帛,晋国的地位因此提高。

〈系辞传〉说象,跟〈说卦传〉、〈序卦传〉、〈杂卦传〉的说象不同,〈说卦传〉立本象(如天地定位,山泽通气),从而说三才,立卦德,然后演绎卦象;〈序卦传〉由正对、反对以明卦象,从而说六十四卦的次第及联系;〈杂卦传〉又由对卦说诸卦的性情,所说虽然为象的基本,但三者的涵盖面都不广,〈系辞传〉则广。

〈系辞传〉不但说卦象,而且说爻,这是以上三传所未说的事。因此在〈系辞传〉中,实说卦、爻、辞三者。所以说"八卦成列,象在其中矣",此即说卦象;"因而重之,爻在其中矣",此即说爻象;"刚柔相推,变在其中矣",此即说由爻变而成卦变之象;"系辞焉而命之,动在其中矣",此即说依象系辞。三者虽然分别来说,但却有很强的联系,因此三事又可以看为一事。所以〈系辞传〉是以象为主来联系卦爻辞,在说爻辞时,又根据象的变动来说,大致上说卦辞时用象的静态,说爻辞时则用象的动态,所以有"刚柔相摩,八卦相荡"、"通变之谓事"、"刚柔相推,变在其中矣"等说法。这些便大抵是〈系辞传〉所说的易例,这些易例可以补充〈说卦传〉等三传之所未说。据说,费直说易只用"十翼",相信〈系辞传〉即是他用力之所在,因为只有〈系辞传〉才能涵盖卦象、爻象、系辞。

兹分别说〈系辞传〉例如下。

甲、卦例

1. 乾坤阴阳

以乾坤二卦为本,乾为阳,坤为阴,此乃自然之理,由此厘定:尊卑、贵贱、上下、动静、刚柔等。故说"天尊地卑,乾坤定矣;卑高以陈,贵贱位矣;动静有常,刚柔断矣"。

由乾坤衍生阴阳卦聚,所以说"方以类聚,物以群分",前者说阳卦聚,后者说坤卦聚。

由是成立易例:

(1) 阳吉阴凶

于说"方以类聚,物以群分"后,紧接着说"吉凶生矣",此即以阳为吉,以阴为凶。虞翻的解释是"物三称群,坤方道静,故以类聚;乾物动行,故以群分。乾生,故吉;坤杀,故凶,则吉凶生矣"。

(2) 阳为君子,阴为小人

〈系辞传〉说:"阳卦多阴,阴卦多阳,其故何也?阳卦奇,阴卦偶,其德行何也?阳一君而二民,君子之道也;阴二君而一民,小人之道也。"这是说,由乾而衍生的阳卦,如震、坎、艮等,皆为一阳爻二阴爻所成。是以其德行即象如一君二民,所以为君子;由坤而衍生的阴卦,如巽、离、兑等,皆为二阳爻一阴爻所成。是以其德行即象如二君一民,所以为小人。

至于说"阳数奇,阴数偶",则为〈系辞传〉所说的天地数,"天一、地二、天三、地四、天五、地六、天七、地八、天九、地十"。

以阳卦乾、震、坎、艮配数,阳爻之数为3,阴爻之数为2,乾有三阳爻,所以配数9,震、坎、艮三卦,都是二阴一阳,所以配数7。于阴卦,坤、巽、离、兑,坤三阴,配数6,巽、离、兑三卦都是二阳一阴,所以配数8。这样的配数,亦是阳卦为奇数,阴卦为偶数。因此,阳奇阴偶亦可以视为易例。

2. 卦德

卦象为外,卦德为内,所以系辞的吉凶虽由卦象而定,但其实亦关系到卦德,卦德所说的是"情伪",卦象所兆的是"吉凶"。

〈系辞传〉说:"是故刚柔相摩,八卦相荡,鼓之以雷霆,润之以风雨,日月运行,一寒一暑。乾道成男,坤道成女。"即是说乾坤与六子的卦德。这段话跟〈说卦传〉的"雷以动之,风以散之,雨以润之,日以烜之,艮以止之,兑以说之,乾以君之,坤以藏之"相应。所以乾刚健而为君,坤柔顺而为藏,震为雷主乎动,艮为霆主动后之止,巽为风主乎散(散的动不同于雷的动),兑为雨主乎说(悦)。如是即为卦德。

(1) 八卦卦德

兹综合〈系辞传〉、〈说卦传〉等传,将八卦卦德列表如下,此表依王子畏先生所作。

☰	乾,健也,动也	乾以君之	乾刚	乾父
☷	坤,顺也,静也	坤以藏之	坤柔	坤母
☳	震,动也,行也	雷以动之	震起	震长男
☴	巽,入也,齐也	风以散之	巽伏	巽长女
☵	坎,陷也,险也	雨以润之	坎下	坎中男
☲	离,丽也,明也	日以烜之	离上	离中女
☶	艮,止也,成也	艮以止之	艮止	艮少男
☱	兑,说也,决也	兑以说之	兑见	兑少女

(2) 乾易坤简

易、简亦为卦德,〈系辞传〉说:"乾知大始,坤化成物;乾以易知,坤以简能;易则易知,简则易从;易知则有亲,易从则有功;有亲则可久,有功则可大;可久则贤人之德,可大则贤人之业。"其实所说并不只乾坤两卦,阳卦阴卦都同此例,甚至八卦以外的卦,当卦爻变动时、当爻位变动时,亦可以依阴阳来看易简。

所谓易,依虞翻的解释,即是"阳见(现)",因为"乾息昭物,天下文明,故以易知"。这即是说,阳主显露,而且能令万物显露(昭物),为"天下文明"之象,既然显露,所以易知。

所谓简,虞翻的说法是"坤阅藏物,故以简能"。大地承载万物,即是简能。大地只是一,万物则为多,以一载多,是为简;一能载多,是为能。

由于易知,所以有亲,故说"易知则有亲"。为什么呢？虞翻的解释是:"阳道成乾,乾为天,凡本乎天者必亲上(因为天在上),是以有亲。"这即是说以阳为本的卦爻,很少会孤立,所以其德可久。

由于易从,所以有功,故说"易从则有功"。为什么呢？阴卦是二阳从一阴,这象征"万物生息,种类繁滋",因为阳即是生机,二阳一阴所以生机旺盛,由是有功。这即是说,以阴为本的卦爻,自然具有事业,所以其德可大。

由"易简"二德,即知其例为:阳卦主易,主德,主久(利永恒),主明快;阴卦主简,主事业,主大,主知机。

由易简而说处世,〈系辞传〉说:"夫乾,天下之至健也,德行恒易以知险;夫坤,天下之至顺也,德行恒简以知阻。"这就是说,至健者行事须开明,否则便有险;至顺者行事须简捷,否则便有阻。这样就是乾易、坤简之德。

如节(䷻)初九:"不出门庭,无咎。"象曰:"不出门庭,知通塞也。"这就是说初九阳爻知道前路不通,所以"不出门庭",不强求,所以为德,是故能久。

又如讼(䷅)初六:"不永所事,小有言,终吉。"官司不继续打下去,即是"不永所事",此即说坤行事简捷,临事知变,不会拖泥带水。

(3) 卦有大小

〈系辞传〉说:"列贵贱者存乎位,齐大小者存乎卦,辨吉凶者存乎辞",这是说成立爻、卦、辞的依据,今只说卦的大小。王肃的解释是:"齐"即是正,阳卦大、阴卦小,"卦列则大小分"。这即是说,当以阴阳卦成列时,即依大小而分。

又说:"夫乾,其静也专,其动也直,是以大生焉;夫坤,其静也翕,其动也辟,是以广生焉。"这是对乾坤作比较,坤虽广,但乾却大,大应该是指立体,广应该是指平面,这适合古人"天圆地方"的说法。因此,天可以包地,地就不可以包天,这样便成立阳大阴小了。如上所言,此亦说动静,阳动阴静。

以此例卦,譬如颐(䷚)与大过(䷛)。颐卦辞是:"观颐,自求口实";大过的卦辞是:"大过栋桡"。前者实,后者虚,这就是以阳包阴,胜于以阴包阳。

譬如中孚(䷼)与小过(䷽)。中孚的卦辞是:"豚鱼吉,利涉大川";小过的卦辞是:"可小事,不可大事"。这亦是阳包阴胜于阴包阳。

3. 卦变

如〈系辞传〉言:"刚柔相推,而生变化。"变化有五:一、之卦;二、升降;三、旁通;四、消息;五、互卦。看起来这些好像是象数家的易例,其实不是,这些变化其实都由爻变而来,爻有种种变动,于是卦即随之而变。然而亦可以只说卦变,这就是将卦变看成是总体,爻变只是这总体中的动态,因此在这里便依卦变而说爻的种种变动,详见下文。

(1) 之卦

〈系辞传〉说:"是故卦有小大,辞有险易,辞也者,各指其所之。"之就是到、往的意思,这是指爻动。爻之所动,卦即有所变化,系辞即根据其所动而成立,但亦可以说是根据卦象的变动而成立,因为卦与爻的变动,二者同一。所以〈系辞传〉又说:"天地设位,而易行乎其中矣。"行,就是往。有天位地位成立,而爻于中有上下往来的动态,那就是行乎其中。

之卦的例,如乾的九二、九四、上九爻去到(往)坤卦的二、四、六位,成为六二、六四、上六爻,那就成为既济(䷾)。术语就说为"乾之坤成既济"或"成既济定"。其余各卦可以此类推。

之卦又有正与不正之分,如上例,乾之坤,所之的三爻都得到正位(详下说),因此名为"之正"。虞翻说之卦,只说之正。倘若所之的爻得位不正,则仅称为之而不说其义,那就是只重视之正。

之卦是由原来一卦变为另卦,因此占筮家称之为"卦变",任何一卦都可以变为其余六十三卦,这就是《焦氏易林》的体例,其中当然包括正与不正的之。

之卦包含"往来",由内卦到外卦称为往;由外卦到内卦称为来。此于说爻例时详言。

(2) 升降

〈系辞传〉说:"是故阖户谓之坤,辟户谓之乾,一阖一辟谓之变,往来不穷谓之通。"这是说变通的例,变通其实便是升降。凡阳爻之坤五,阴爻之阳爻所遗之位,名为升降,实亦可以说为之卦。由此即知,升降的阴阳交替便是爻的一阖一辟,是谓之变;二、五两爻往来是即升降,是谓之通。由此可知象数家所说的升降其实是〈系辞传〉的例。

象数家的升降例,当于下面详说,在此不赘。

(3) 旁通

〈系辞传〉说:"精气为物,游魂为变,是故知鬼神之情状;与天地相似,故不违;知周乎万物,而道济天下,故不过;旁行而不流,乐天知命,故不忧。"这即是说旁通。虞翻说:"魂阳物,谓乾神也,变谓坤鬼,乾纯粹精,故主为物;乾流坤体,变成万物,故游魂为变也。"即是说乾与坤旁通,亦即乾的六阳爻与坤的六阴爻相对,故说为"乾流坤体","旁行而不流"。又说:"圣人有以见天下之动而观其会通。"此中的通,易家解为"乾坤交通",张璠曰:"通者,乾坤交通,既济是也。"这即是旁通的一例。下面于说虞翻卦例时,当再细说。

六十四卦都有旁通,两卦相对,爻的阴阳相对,此为阳爻则彼为阴爻,此为阴爻则彼为阳爻,就是名旁通。如比(䷇)与大有(䷍)旁通;小畜(䷈)与豫(䷏)旁通。〈系辞传〉说:"上下无常,周流六虚",虽并非专说旁通,但亦合旁通之例。

离卦的卦辞说:"离,利贞,亨。"虞翻解释为:"坤二五之乾,与坎旁通,于爻,遯(䷠)初之五,柔丽中正,故利贞,亨。"这是用旁通解卦辞的例,中正即言与坎旁通。

(4) 消息

〈系辞传〉说:"变化者,进退之象也。"荀爽解释说:"春夏为变,秋冬为化,息卦为进,消卦为退也。"这即是说消息。阳息坤为息,阴消乾为消。从表面来看,似乎"阳息"是阳生、"阴消"是阴生。此如复(䷗),初爻阳息坤,是故初位生起阳爻;又如姤(䷫),初爻阴消乾,是初位生起阴爻。但这样理解时,便只得一边,因为当一个阳爻显现时,必同时有一阴爻隐藏,由是才称为"阳息坤",而不说为阳生;同理,当一个阴爻显现时,必同时有一阳爻潜伏,由是才称为阴消乾,而不说阴生。

所以,由上引〈系辞传〉,便知消息是阴阳进退之象,由进退而有四时、有昼夜,是之谓变化,〈系辞传〉又说:"成变化而行鬼神。"更说:"知变化之道者,其知神之所为乎。"

正因〈系辞传〉对阳息阴消的进退之象一赞三叹,所以消息才成为重要的易例。

象数易始于孟喜,孟喜说十二消息卦,反对象数的学者便对此多所非难,此实不知于〈系辞传〉中实已有说消息之例。即如〈系辞传〉说:"刚柔相推,变在其中矣",若不用消息为例来解说"刚柔相推",那么,"刚柔"又如何"相推",总不能凭空用一个阳爻去推掉一个阴爻,而且,即使如此亦不能说为"相推",必须如前所说,阳显阴藏、阴显阳伏,然后才能说是"相推"。"相"也者,是两方面的事;"推"也者,并非是将对方消灭。

更者,〈系辞传〉复说:"变通配四时",那分明就是十二消息。由是〈系辞传〉说:"往来不穷谓之通。"荀爽解释说:"谓一冬一夏,阴阳相变易也,十二消息,阴阳往来无穷已,故通也。"这即是对消息卦的基本解释。由消息便可以说卦的时义,《周易》中有许多卦都说时义,一卦可配四时,其例甚多,下面即有举例。

(5) 互卦

〈系辞传〉说:"六爻相杂,唯其时物也;其初难知,其上易知,本末也;初辞拟之,卒成之终。"这是说六爻相杂,表达时与物,然而本则难知,末则易知,在一卦,本末可以看成是初爻与上爻。因此〈系辞传〉接着说:"若夫杂物撰德,辨是与非,则非其中爻不备。噫,亦要存亡吉凶,则居可知矣。"这就是说,存亡吉凶都应该从中爻来观察,因为只有从中爻，才能从六爻错杂的卦象中，由卦所象之物、由卦的性情，清楚地辨是与非。

说中爻，便即是互卦，简单地来说，即是二、三、四、五等四爻，将二、三、四爻成为下卦，又将三、四、五爻成为上卦，那么就相互而成为一个六画卦。例如小畜（䷈），二、三、四爻成兑卦，三、四、五爻成离卦，分为贞、悔，便成睽（䷥），睽即是小畜的互卦。崔憬说："中四爻杂合所主之事，撰集所陈之德，能辨其是非，备在中四爻也。"即是说此。

于说象数易例时，当更详说互卦。

4. 六言例卦

在〈系辞传〉，有用六种言辞态度作为卦例，说者甚少，今试言之。其言曰："将叛者其辞惭，中心疑者其辞枝，吉人之辞寡，躁人之辞多，诬善之人其辞游，失其守者其辞诎（屈）。"

一者，将叛者其辞惭。虞翻说为："坎人之辞也，近而不相得，故叛。坎为隐伏，将叛。坎为心，故惭也。"所以，坎（䷜）即为叛之例。坎卦二阴包一阳，阳虽居二五中正，亦陷于阴中，所以阴叛阳。

例如小过（䷽），象曰："飞鸟遗之音，不宜上，宜下。"即依卦象说二阳陷于阴中，所以处事宜下，即今之所谓低调。九三："弗过，防之，从或戕之，凶。"这就是须防小人，更不宜跟随小人从事。九四："无咎，弗过遇之，往厉必戒，勿用永贞。"这亦是警戒之辞，对小人不可过分从顺（弗过遇之），更不宜随小人从事。

二者，中心疑者其辞枝。虞翻说："离人之辞也，火性枝分，故枝疑也。"这是以离为火之象而言。

例如蹇（䷦）六四："往蹇，来连。"既往又来，是即有疑，往不利，来则事情复杂，所以有疑惧，由此例，知离象有疑例，亦有枝例。

三者，吉人之辞寡。虞翻未说何卦，当是艮人之辞，艮为止，所以辞寡。

如涣（䷺）九五："涣汗其大号。"因大号故有涣汗，这是不宜于言之象。九五互卦得艮，故宜止。

四者,躁人之辞多。虞翻说:"震人之辞也,震为决躁,恐惧虩虩,笑言哑哑,故多辞。"

虞翻已举例,如震(☳)卦辞说:"震,亨,震来虩虩,笑言哑哑,震惊百里。"即是。

五者,诬善之人其辞游。虞翻说:"兑人之辞也,兑为口舌,诬乾,乾为善人也。"

此如履(☲)六三:"眇而视,跛而履,履虎尾,咥人凶,武人为于大君。"所谓武人为于大君,即是武人对大君有所欲为,是即成诬;又跛而履,不是说跛脚之人,而是说因受刑而跛者,此亦有诬象。

六者,失其守者其辞屈。虞翻说:"巽人之辞也,巽诘屈,阳在初守巽,初阳入伏阴下,故其辞屈。"

即如巽(☴)九三:"频巽,吝。"象曰:"频巽之吝,志穷也。"荀爽解释说:"乘阳无据,为阴所乘,号令不行,故志穷也。"志穷即是失其守,频巽即是皱眉,亦是失其守之象。

乙、爻例

〈系辞传〉说:"刚柔相摩,八卦相荡。"即是说爻,由阴阳爻的交错变动而成八卦,便是爻的功能。又说:"道有变动,故曰爻;爻有等,故曰物;物相杂,故曰文;文不当,故吉凶生焉。"即是说,变动而成爻,众形万类都可以藉爻而表其象,由象便有文,所以虞翻说:"成六十四(卦之)爻,乃有文章。"

〈系辞传〉说:"八卦以象告,爻象以情言。"情见乎辞,便成系辞(卦、爻辞)。又说:"刚柔杂居而吉凶可见矣,变动以利言,吉凶以情迁。"所以由爻便可以见到吉凶。

〈系辞传〉说:"爻者,言乎变者也。"又说:"唯变所适。"这就是说,所以有爻,原因在于有变。因此才可以说,无爻变则无卦变,全经所说变动都由爻变而来,爻的变动,略说则有位、有时、有主、有应。由是可说爻例。此于说象、象辞时再详。

这里只略谈变动的形态：

1. 变化

由变而化成一象，即是变化。〈系辞传〉说："刚柔相推，而生变化。"即是由爻的变而化成象。所以又说："变化者，进退之象也。"因为爻的进退就是变化。此即如以阴消阳，便是变化的一例。坤（☷）六三"含章可贞"，虞翻说为："以阴包阳，故含章。"这是认为六三失位，应变为阳，若这样变化时，便成阴包阳。以阳为文章，所以说为含章。

又如剥（☶），象辞说："剥，不利有攸往。"虞翻说为以阴消乾、以柔变刚。这是说原来是乾卦，阴爻由初位消阳至五位，所以是以阴消乾、以柔变刚，是即为剥。荀爽说："谓阴外变五，五者至尊，为阴所变，故曰剥也。"阴一直由内卦变至外卦，变到至尊五位，阳气剥甚，所以说为剥。这亦便是变化。

又，剥六四："剥床以肤，凶。"虞翻说："以阴变阳，至四乾毁。"即是说以阴消阳已到四爻，乾卦尽行消失，因此"剥床以肤"，那就是床已剥尽，即将剥及人身。

遯（䷠），卦辞："遯，亨，小利贞。"虞翻说："小、阴，谓二，得位浸长，以柔变刚，故小利贞。"侯果说："此本乾卦，阴长刚殒，君子遯避，遯则通也。"这即是说阴消阳至二位。原来的乾卦，初变为姤（䷫），再变为遯，即是卦象由爻变而成变化。

凡阴阳交替、消长，都可以说是变化。有些变化即是消息，但如何而成消息，假如认为只是阴生阳灭、阳生阴灭的现象，那就未得消息的本义。消息只是隐藏与显露的问题，气的功能显现为阴，便可以说是阴消阳，气的功能显现为阳，便可以说是阳息阴，千万不可认为当阳显现时阴即消灭，当阴显现时阳即消灭，这样就是生灭，而不是消息。

2. 变动

〈系辞传〉说："道有变动，故曰爻。"那即是说，由道的变动而得爻变之象。这变动，〈系辞传〉说为："变动不居，周流六虚。"这即是说，由乾坤相交而成既济（䷾），但既济六爻不显现，只成六个虚位，然后跟着道的变动,六爻随之变动而无定位(不居),于是分居六个虚位而成一卦,这就是变动的义理。所以〈系辞传〉说:"爻也,效天下之动者也。"所谓"天下之动",即是"道有变动"。道的变动不出三才(天、人、地),所以又说:"六爻之动,三极之道也。"

因此,凡变动便不是阴阳的变化,而是阴阳易位,这才是"周流六虚",变动与变化在本质上有所不同。

今举变动的例如下:

蒙(䷃)六三:"勿用娶女,见金夫,不有躬,无攸利。"虞翻曰:"三逆乘二阳(二位的阳爻),所行不顺,为二所淫,上来之三,陟阴,故曰勿用娶女,见金夫矣。"这是说上九来三位,同时六三往上位,如是即成升(䷭)象,升三至五为震象,震为夫,阳为金,所以说是"金夫",当上九来三位时,要经历两个阴爻而来,所以说是"陟阴"。

由此可见这是变动而不是变化,从表象来看,似乎是上九变化为阴,六三变化为阳,但这其实是上、二两爻交替而动,所以是变动。

经中用变动而系卦爻辞的例子甚多,此处略举一例,于说虞翻易例时详言。

3. 变通

〈系辞传〉说:"变通莫大乎四时。"又说:"变通者,趣时者也。"于《周易》中,时义甚大,此须专说。现在这里,只需理解于爻变动时,须与时配合,变与时合,即是变通。例如大有(䷍),卦辞说:"大有,元亨。"〈象传〉解释说:"其德刚健而文明,应乎天而时行,是以元亨。"依虞翻的解释,大有与比(䷇)旁通,由是"比初动成震为春,至二,兑为秋,至三,离为夏,坎为冬,故曰时行。"这即是变通的例子。

此外,亦有阴阳交通的例。如豫(䷏),卦辞:"豫,利建侯行师。"豫卦依时顺动,所以象曰:"圣人以顺动,则刑罚清而民服。"虞翻说:"坤为民,乾为清,以乾乘坤,故民服。"这就是依"顺动"而说,如下卦的坤,顺动则成乾,坤显现而阳伏未现,所以是"以乾乘坤"(乾为坤所乘),以尊而下卑,是故民服。这即是用阴阳交通而说变通。

又如震(☳),象曰:"洊雷震,君子以恐惧修省。"虞翻解释说:"二之四,以阳照坤,故以恐惧修省。"这即是说,原来是临卦(☳),临九二往四位(四位的六四则来二位),所以成为震卦,这就是"二之四",二四两爻往来之后,有离卦之象,所以可以说为"以阳照坤"。这亦是阴阳交通的变化。

又如艮(☶)初六:"艮其趾,无咎,利永贞。"虞翻的解释是,震为趾,艮的初六失位、失比、失应(比应下面即说),所以应当变为阳爻,若能变,则得位、得比、得应,如是即为变通。艮初六若变时,成为初九,初九名为震爻,所以若初位阴阳爻变通,便有"艮其趾"之象。

解(☷),卦辞说:"解,利西南。无所往,其来复吉。有攸往,夙吉。"虞翻解释"其来复吉"说:"谓四本从初之四,失位于外,而无所应,故无所往。宜来反初,复得正位,故其来复吉也。"这即是说,四与初应,所以"从初",可是九四本身既不得位,又因"从初"而无所应(从,就不能说是应,如仆从不能与主人应),所以就应该反回初位。若四来之初,则由外反内,所以说是"来复吉"。

这里顺便说一说,"无所往"是无目的而往,"有攸往"则是有所为而往,二者不同。如本例,有攸往是说九二,九二往五位,则九五得位中正,所以是有所为。这亦是变通的例,二五位因变而皆通。

以上变化、变动、变通三例,于说彖象辞例时即有补充。

丙、辞例

〈系辞传〉说:"易简而天下之理得矣,天下之理得,而易成位乎其中矣。圣人设卦,观象系辞焉,而明吉凶,刚柔相推而生变化。是故吉凶者,失得之象也;悔吝者,忧虞之象也;变化者,进退之象也。六爻之动,三极之道也。是故君子所居而安者,易之象也;所变而玩者,爻之辞也,是故君子居则观其象而翫其辞,动则观其变而翫其占。"

这即是说,易是自然而然存在的天下之道,这天下之道,由阳易知、阴简能而来,亦即是由自然现象的显露,以及大地的功能而来。天地之间早已蕴藏了易,圣人只是依易理而设卦,再观其卦象,然后系辞,由是以明吉凶悔吝,这就是卦辞。

至于爻辞,前已说由卦中六爻有变动,既变动,便有变动的象,所以就有爻辞。

辞的功能,在辨吉凶悔吝,因此可以作为行事的准则,所以说:"辨吉凶者存乎辞,忧悔吝者存乎介",又说:"是故卦有小大,辞有险易"。这即是说,当君子"观其象而翫其辞"时,那便是从卦的大小、辞的险易来处事,当君子"观其变而翫其占"时,那便是从卦的大小、辞的险易来临事。处事有常则,临事重机变,所以人依易道处事,是终生的事,依易道临事,则有预测的意思,由是便有占筮,这就是"极数知来之谓占"。

〈系辞传〉又说:"圣人有以见天下之赜,而拟诸其形容,象其物宜,是故谓之象,圣人有以见天下之动,而观其会通,以行其典礼,系辞焉以断其吉凶,是故谓之爻。"这即是说,由象见爻的会通,由会通而知典礼之得失,由此得失而定吉凶。会,是阴阳的合会,如蒙(䷃)九二,既与六三相比,又与六五相应,而且都是阳与阴比应得宜,是故为吉;通,是阴阳相交,如既济(䷾)由阴阳相交而成象,这即是厘定吉凶的准则。

依此而言即可定辞例。以下所定仅依〈系辞传〉而说,其余详见象象传例。

乾坤:乾通指为阳,坤通指为阴。

阴阳:奇数爻称阳,偶数爻称阴。

刚柔:阳为刚,阴为柔(阴又为顺,柔顺同义)。

大小:阳为大,阴为小。

君子小人:阳为君子,阴为小人。

男女:阳为男,阴为女。

贵贱:阳为贵,阴为贱。

尊卑:阳为尊,阴为卑。又五为尊,无论阴阳爻,居于五位皆是。

本末:初爻为本,上爻为末,此为全经通例。本末含藏二、三、四、五爻的互卦。

动静：爻不变，无往来升降，曰静；反之，凡有变即为动，由动而生吉凶悔吝。

比应：广义的比，即是邻爻关系，如二与初比，又与三比。狭义的比则为初二、三四、五上的比。应又名与，或相与。初与四、二与五、三与上即为相应。也即是上卦三爻与下卦三爻分别对应。

乘承：下爻为上爻所乘，而下爻则承上爻。乘有时又说为据。

日月：离象为日，坎象为月。

昼夜：阳为昼，阴为夜。又，刚为昼，柔为夜。

寒暑：乾为寒，坤为暑。此义由消息来，于详说消息时再谈。

往来：由内卦之外卦为往，由外卦之内卦为来。

吉凶：得为吉，失为凶；比为吉，失比为凶；应为吉，失应为凶。

悔吝：悔则象忧，吝则象虞（虑）。比吉凶为轻，所以说为小疵。

无咎：咎为小疵，所以可以补过，能补过则无咎。若不修身补过，则宜有咎。

得失：阳爻变动而居于阳位，阴爻变动而居于阴位为得。反之为失。

安危：得位为安，失位为危。

存亡：能保不失为存；不能保存为亡。所以有比应者多存，无者多亡。

治乱：刚乘柔则治，柔乘刚则乱。得比为治，失比为乱。往来爻得位为治，失位为乱。

丁、时义

〈系辞传〉说："变通莫大乎四时"，又说："变通者，趣时者也"。即是说，天地由变通而成四时，因此卦变爻变，都须趣时，然后始通。六爻变动而成象，即是阴阳错居而成物，所以〈系辞传〉说："六爻相杂，唯其时物也。"因此，爻的变动，须适于时，虞翻说："时阳则阳，时阴则阴，故唯其时物。"

卦有卦主,即以一爻为卦之主,这就是从时物的意义而来。干宝说:"一卦六爻,则皆杂有八卦之气,若初九为震爻,九二为坎爻也。"所以震卦以初九爻为卦主,坎卦以九二爻为卦主,其余可以类推。卦主即是时物,亦可说为适时的物象,所以由卦主可以明卦时。既称为卦主,即是一卦六爻之所宗。〈系辞传〉说:"天下之动,贞夫一者也。"六爻都宗一爻为卦主,便是"贞夫一"的意思。所以卦主亦可以称为首。

《周易》中,有阴阳相同,爻位相似,然而吉凶大异者,即由于卦的时义不同。

如乾(☰)初九:"潜龙勿用";屯(䷂)初九:"盘桓,利居贞,利建侯。"二者同居初位,同为阳爻,何以辞意完全不同,这即是因为时义。乾初九是十一月之时,是故"潜龙",屯初九居于震位,万物始动,以时不同,即有"居贞"、"建侯"之利。

又如坤(☷)初六:"履霜坚冰至";蒙(䷃)初六:"发蒙,利用刑人,用说桎梏,以往吝。"二者同居初位,同为阴爻,辞意亦不同,亦是因为时不同之故。坤初六为五月,五月盛夏,不应有霜,若有霜时,阴气过盛,于是于冬季时即有坚冰。蒙的初六与九二阳爻相比,是为得比,所以阴气远不如坤卦初六之盛,而且若变为阳,则成兑象,兑为说,所以有"说桎梏"之象。

这是说时义的例子。

但有些卦,一卦可以兼四时,例如归妹(䷵)九四,虞翻说:"震春兑秋,坎冬离夏,四时体正,故归有时也。"

又如恒(䷟),象辞说:"四时变化而能久成。"虞翻解释说:"春夏为变,秋冬为化,变至二,离夏至,三,兑秋至,四,震春至,五,坎冬至,故四时变化而能久成,谓乾坤成物也。"

五、〈文言传〉例

〈文言传〉说乾坤二卦之爻,乾卦爻纯阳,坤卦爻纯阴,用此以为全经三百八十四爻之例。由爻变系辞而成占筮,所以爻辞中都有断吉凶、悔吝的辞,此如元亨利贞、无咎、悔亡等语,这些都是〈文言传〉例。因此,便有爻例和辞例的分别。

凡〈文言传〉说乾坤,亦依全《易》之例,说乾即是说阳,说坤即是说阴,或反之,说阳即是说乾,说阴即是说坤。

甲、爻例

1. 乾坤会合

〈坤文言〉:"君子黄中通理,正位居体。"虞翻说:"坤为理,以乾通坤,故称通理,五正阳位,故曰正位。"以乾通坤称为通理,就是通天地之道。这是乾坤会合的基本例子。

〈文言传〉说乾九四爻曰:"君子进德修业,欲及时也,故无咎。"这是以乾坤会合说人事的一个例。

〈坤文言〉说:"天地变化,草木蕃。"虞翻说:"谓阳息坤成泰,天地反,以乾变坤,坤化升,乾万物出震,故天地变化,草木蕃矣。"这是以乾坤会合说地德的一个例。

〈乾文言〉说:"乾元者,始而亨者也。"虞翻释为:"乾始开通,以阳通阴,故始通。"这是说乾坤会合通天道的例子。

2. 天地交

虞翻释"天地变化",曰:"谓阳息坤成泰,天地反"。泰(䷊),坤卦在上,乾卦在下,所以说"天地反",然而实为乾坤两卦相交(注意:这里是两卦相交,不是阴阳爻交)。

荀爽释坤彖辞"品物咸亨",曰:"天地交,万物生,故咸亨。"〈文言传〉说天地交,虽只上引一例,但在彖辞中,则如本例者繁多。于说彖辞例时再引,下同。

3. 四时

〈乾文言〉:"后天而奉天时",虞翻说:"奉,承行。乾四之坤初,成震,震为后也。震春、兑秋、坎冬、离夏,四时象具,故后天而奉天时,谓承天时行顺也。"这是说大人处事之德。即是乾坤会合而有四时之象,具德的大人即奉四时来应天。后世天人感应之说,即由此而来。

〈乾文言〉又说:"故乾乾因其时而惕,虽危无咎矣。"这是说乾九三的"君子终日乾乾",说君子临事之德。荀爽释"终日乾乾"为"修辞",这即是说,君子慎于言,尤其是对下施教化时,还须"修辞立其诚",令民敬而从。此即为"君子进德修业"。

4. 朝夕

〈坤文言〉:"刚爻为朝,柔爻为夕",此例可通全经。

5. 鬼神

〈乾文言〉:"乾神合吉,坤鬼合凶",这是以乾为神,坤为鬼,此例亦可通全经。

6. 纳甲

〈坤文言〉:"君子敬以直内,义以方外,敬义立而德不孤。"虞翻解释说:"阳息在二,故敬以直内,坤位在外,故义以方外,谓阳见兑丁。"这即是依纳甲而言。

又如泰(䷊)六五:"帝乙归妹,以祉元吉。"九家易曰:"五者,帝位,震象称乙,是为帝乙。"此亦纳甲例。震纳庚,但震象依坤而来,坤纳乙,所以说"震象称乙"。

7. 阳伏阴中

〈坤文言〉:"天地闭,贤人隐",虞翻解释说:"谓四,泰反成否,乾称贤人,隐藏坤中,以俭德避难,不荣以禄,故贤人隐矣。"此说坤卦,初、二、三爻变,成泰(䷊)。反泰即成否(䷋),于泰六四爻阳伏、阴现,所以说是"贤人隐",贤人指阳。于反成否卦时,泰六四爻一反即成否六三,亦为阳伏阴现,同样是"贤人隐"之象。

此例阳伏阴中,未用"飞伏"来说,下面说"飞伏"时再详。

另有"阳陷阴中"之例,〈文言传〉未说,于说虞翻易例时再详。

乙、辞例

元：〈文言传〉："元者，善之长也。""荀九家易"释为"始而大通，君德会合"。这个解释即是说元为始。元可释为原，二字相通，亦即是本然。所以〈文言传〉又说："乾元者，始而亨者也"，"乾始而以美利利天下"。今人或释元为大，只是引申义。

全经中的元，大致都可以释为始，所以"元吉"即是本然为吉，不可解为大吉。元吉有时义，大吉则无。

亨：〈文言传〉："亨者，嘉之会也。""荀九家易"释亨为通，惠栋《周易述》说："经凡言亨者，皆谓乾坤交也。"此言甚韪，泰、蛊、噬嗑、贲、坎、鼎、震、归妹、丰、涣、节、未济诸卦，说为元吉。亨，元亨，元吉亨，通，都有亨义。所以今人将亨解为享，释为享祀，此须再加观察。

利：〈文言传〉："利者，义之和也。""荀九家易"释为"阴阳相和，各得其宜，然后利矣"，这是以宜为利。

惠栋说："凡卦辞爻辞言利者，系下云：变动以利言"，是故乾坤变动得宜，皆言利也。此说亦确。如贲，贲六五、剥六五、大畜、鼎六五、兑、涣诸卦，系辞皆言利，因为爻的变动得宜。

贞：〈文言传〉："贞者，事之干也。"荀爽释贞为"可以干举万事"，然而，此实未说贞义。

先师王子畏先生说："贞有三义，一者，以变化言，不正而之正，为贞，大壮利贞之例也；二者，以各正言，正且常比，元永贞之例也；三者，以保合言，贞而固，〈乾文言〉：贞固足以干事之例也。"这个解释可通全经。

利贞：利贞不同于利。〈文言传〉："利贞者，性情也"，又言"不言所利，大矣哉"。此即利贞有所利，利则不言所利，亦即利贞为得其所利，利，则由不言所利而得利。

惠栋曰："经，凡言利贞者，皆爻当位，或变之正，或刚柔相易。"此于说彖象传时再说,下同。

贞吉贞凶:即干举于事,有得有失。惠栋言:"易凡言贞吉者,皆得位或变之正,故吉,其言贞凶者,皆谓不正而凶。"

吉凶:说〈系辞传〉辞例时,已说得为吉,失为凶。此义见于〈系辞传〉,〈文言传〉未说,但应同此例。惠栋曰:"乾吉坤凶,故凡爻辞言吉者,皆变之阳也",又言:"阳生故吉,阴杀故凶"。此说同〈系辞传〉。

重刚:〈文言传〉:"九三重刚而不中。"虞翻说:"以乾接乾,故重刚,位非二五,故不中也。"这是说,乾九三接九二,所以是以乾接乾,是为重刚。九四例,同。

中·正中:二五为中,余位则不中,如前乾九三、九四例,居三、四位,是故都说为不中,干二、五皆说为中,如〈乾文言〉:"九二曰:见龙在田,利见大人。何谓也?子曰:龙德而正中者也。"所以,无论阴阳爻,居二、五都说为正中。

上下:以初爻为下。〈文言传〉:"潜龙勿用,下也。"即说初爻。上九为上,如〈文言传〉说"亢龙有悔",即是因为他居于爻位的最上。

上爻又说为穷,如说:"亢龙有悔,穷之灾也。"又说为极,如说:"亢龙有悔,与时偕极。"

此中辞例因限于依〈文言传〉而说,故未尽其意。于下面说彖象辞传的辞例时,另说辞例辨别,再详。

六、彖象辞传例

《周易》卦有卦辞、爻有爻辞,称为系辞,所以说圣人系辞以见吉凶。儒家释卦辞,名为〈彖传〉,那就是经中的"彖曰";释卦的象,则名为〈象传〉,在经中名为"象曰"。儒家释爻辞,名为爻辞传,在经中亦名为"象曰"。为了分别二者，后人即将说卦象者名为"大象"，说爻象者名为"小象"。

〈象传〉说卦，但难免牵涉到爻；〈象传〉说爻，亦难免牵涉到卦，尤其是说小象时，更容易牵涉到大象，所以很难将二者分开来说。这里即将二者合说，总名之为象象辞传例。这里的易例，虽然有些上面已经说过，若因需要亦不避重复，如不需要者，则不再说。

甲、卦例

1. 卦象

综合来说，卦象可分为三种：

一、大象，这即是八卦自然之象，即乾为天、坤为地、震为雷、巽为风、坎为水、离为火、艮为山、兑为泽。

二、本象，这即是八卦象物之象，物有其本，本有其象，这即是"远取诸物、近取诸身"。远取诸物者：乾为马、坤为牛、震为龙、巽为鸡、坎为豕、离为雉、艮为狗、兑为羊。至于近取诸身的本象则为：乾为首、坤为腹、震为足、巽为股、坎为耳、离为目、艮为手、兑为口。

三、广象，这即是〈说卦传〉中除上述者外所说的诸象，包括前引的逸象。这些象基本上都由大象及本象引申而来，所以称之为广。

2. 卦别

(1) 阳卦、阴卦

阳卦多阴，阴卦多阳，全经皆同此例，不过有时又改称为刚柔等。

如需（☰），象曰："刚健而不陷，其义不困穷矣"，即以需的下卦为阳卦乾，阳为"刚健"，其上坎为险，故象辞如是说。又如讼（☰），象曰："上刚下险，险而健，讼"，这亦是乾刚、坎险为说。此例为全经的大例。

(2) 上卦、下卦

六画卦由两个三画卦组成，亦即分为上卦与下卦，分别称为上体与下体。下体即初、二、三爻，上体即四、五、上爻。

(3) 内卦、外卦

下体称为内卦,上体称为外卦。

如泰(䷊),下体为乾,上体为坤,所以彖辞说:"内阳而外阴、内健而外顺、内君子而外小人。"此即由上下体分内外之例。

又如否(䷋),下体为坤,上体为乾,所以彖辞说:"内阴而外阳、内柔而外刚、内小人而外君子。"即与上同例。

(4) 贞卦、悔卦

贞、悔之义有二:

一者,于占筮时,卦有动静,即由其动静名之为贞、悔,贞为静,悔为动。所以占得一卦,此卦即名为贞,变出一卦,此卦即名为悔。如《左传》占例:晋献公筮嫁伯姬于秦,遇归妹(䷵)之睽(䷥)。此即占得归妹,上六爻变而成睽,因此归妹为贞,睽为悔。

二者,下卦(内卦)为贞,上卦(外卦)为悔。《周易》一开首便说贞悔,说明很重视贞悔之例,因为《周易》本来就是筮书,所以开首即须对占筮的人示例。此即乾上九的"亢龙有悔",以及坤六三的"含章可贞",上九即位于悔,六三则位于贞。

(5) 来卦、往卦

凡由内到外,称为往;凡由外到内,称为来。卦与爻皆同此例。

卦的来往,如泰(䷊),由坤卦来(依虞翻的易例,一卦本于另一卦,如泰即本于坤)。若坤的内卦往外,代之以乾卦为内,便成泰。坤阴为小,所以"小往";乾阳为大,所以"大来"。此即说坤往乾来。又如否(䷋),本于乾卦,若乾的内卦往外,代之以坤为内,仍依大小之例,说为大往小来,此即说乾往坤来。如是便是来卦、往卦的例。

爻亦有来往,由爻来往亦成卦的来往。解(䷧),彖辞曰:"无所往,其来复吉;有攸往,夙吉。"这便是卦辞自说"来往"的卦例。此例仅为爻的来往。

卦辞的意思,据虞翻的说法是,解卦由临(䷒)来,临初爻是阳爻,现往四位,成为九四,由是变为解卦,可是,九四为阳爻居阴位,是失位;初与四应,二者都为阳爻,是失应,由于九四的"往"不当,所以说为"无所往"。假如归为原位,便吉,所以说"其来复吉"。至于"有攸往,夙吉"是为九二,若九二往五位,成九五,便是阳居阳位,而且得与补上九二的阴爻相应,得位相应,是为吉,所以往便有利。

许多卦爻的吉凶,都须由"来往"解释,所以此例相当重要。

(6) 之卦

之卦即是爻往,一爻由此往彼,便说为"之",或说为"所之"。之卦的本义,是由不当位变为当位,所以乾二、四、上爻之坤,于是成为既济(䷾);坤初、三、五爻之乾,如是亦成为既济,这是之卦的例。

后来占筮家,筮得一卦,变为另卦,亦说为之。如《左传》的筮例,说"遇观(䷓)之否(䷋)"(观为贞,否为悔),那就是观卦的六四爻变为九四(由阴变阳),这时上卦巽变为乾,于是观卦变为否卦,那便叫做"遇观之否"。这样的之卦,其实只是"爻之"。

(7) 消卦、息卦

消、息即是说阴阳消长。

易曰:"变通趣时",〈彖传〉亦多说阴阳消长。例如临(䷒),彖曰:"刚浸而长",即是说临卦下二阳爻相连,有渐长之象,此即说阳息(阳生长)。与之相反的是遯(䷠),彖曰:"小利贞,浸而长也",即是说遯卦下二爻相连,有渐长之象,此即说阴消(以阴爻消阳爻)。

这样的例子很多,如泰(䷊),说为"阳息坤反否"。即是,本来是坤卦,乾三爻之坤,成泰卦,是为"阳息坤",泰卦亦可反为否卦。

又如否(䷋),说为"阴消乾,又反泰"。此如上例,本来是乾卦,阴三爻之乾,成否卦,是为"阴消乾"。

又如临(䷒),说为"阳息至二",这即是说,阳爻生长到二位。

又如观(䷓),说为"阳息临二,观反临也",这即是说,临下卦的两个阳爻往上卦生长,于是成为观卦,所以观卦可反为临卦。

又如剥(䷖),说为"阴消乾也",这即是说,本来是乾卦,阴由初爻起"消乾"(将阳爻消去),一直消到五爻。

又如复(䷗),说为"阳息坤",这即是说,本来是坤卦,阳初爻"息坤"(阳爻生长,是以坤爻消去)。

又如大壮(䷡),说为"阳息泰也",这就是泰卦的六四,阳息阴消,变为九四,如是成为大壮卦。

又如夬(䷪),说为"阳决阴,息卦也",这即是说,阳息一直由初爻到五爻,所以说是息卦,这是用阳来"决阴"。决即是消的意思,不过习惯上只说"阳息"、"阴消",所以说为决,不说为消。

至于另有"十二消息",此处暂且不说。

(8) 互卦

互卦前已说。《周易》杂物撰德,辨是与非,非其中爻则不备,所以成立互卦,本无可置疑。《左传》庄公二十二年,敬仲将生,适周史以《周易》见陈侯,陈侯命周史筮之,遇观(䷀)之否(䷋)。周史说:是之谓"观国之光,利用宾于王"。他将代有陈国,不过,不在此,在异国;非其身,在其子孙。为什么会这样占断呢?周史依卦象而说,观下卦为坤,坤为土,上卦为巽,巽为风,变为否卦,上卦为天,是"风为天于土上"。观互卦的上体(三、四、五爻所成)为艮,艮为山;观上卦为巽,巽为木,所以由上卦与互卦的上体而言,便是有山之材。否的上卦既为天,是即山之材可照之以天光,于是乎居土上(两卦的下卦都是坤,坤为土),所以象辞说"观国之光,利用宾于王"。说到这里,已经知道周人占筮已用互卦。周史继续说,"利用宾于王犹有观焉",所以推断为非其身,在其子孙。他的意思是,观虽然变为否,但否的互卦(初、二、三、四爻所成),仍然是观卦,所以说"犹有观焉",即是卦虽变,原卦仍然在变卦的互体之中,所以断为应在后人。又因为"风行而著于土",所以说"其在异国"。在这里周史用互卦,不但用到四爻之互,而且还用到五爻之互,是故对于互卦,今人不应有疑。至于有人说:《左传》用互卦的例亦不合,那就是强词夺理了。

前面说的互卦,只是二、三、四、五这四个中爻之互,周史所说五爻之互,即是:初、二、三爻成下卦,三、四、五爻成上卦;此外还有二、

三、四爻成下卦，四、五、上爻成上卦。这样的互卦，为京房、虞翻所常用。

乙、爻例

1. 爻位

为说爻象，须先说爻位。爻位其实亦有象，其下有"六虚"，阳爻现，其虚则必为阴爻隐；阴爻现，其虚则必为阳爻隐。所以"六虚"等于是与显现六爻阴阳相反的六个虚爻，是故，爻位亦可说为有爻象。下面说到"飞伏"时，即知虚爻象的作用。

六爻由初至上而排，阴阳交错，所以初、三、五为阳位，二、四、上为阴位，如图：

依此爻位，可说爻位之例如下。

（1）六爻位例

初爻居全卦最下位，所以说为下、说为卑、说为穷。此如乾初九，象曰："阳在下也。"大过（䷛）初六，象曰："柔在下也。"井（䷯）初六，象曰："下也。"谦（䷎）初六，象曰："卑以自牧也。"大壮（䷡）初九，象曰："其孚穷也。"

因为初爻是一卦的开始，所以又说为始，亦说为本。此如坤（䷁）初六，象曰："阴始凝也。"恒（䷟）初六，象曰："始求深也。"大过（䷛），象曰："本末弱也。"

二五爻,二为下卦的中爻,五为上卦的中爻,所以都有中的意思。此例甚多,今略举数例。

如需(䷄)九二,象曰:"衍在中也。"小畜(䷈)九二,象曰:"牵复在中,不自失也。"谦(䷎)六二,象曰:"鸣谦贞吉,中心得也。"

又如坤(䷁)六五,象曰:"黄裳元吉,文在中也。"师(䷆)六五,象曰:"以中行也。"蹇(䷦)九五,象曰:"大蹇朋来,以中节也。"

三四爻居一卦的中位,卦象以反对为主,当反对时,三变四,四变三,二者有不定之象,所以说之为"疑"、说之为"或",举例如下。

贲(䷕)六四,象曰:"六四,当位疑也。"

损(䷨)六三,象曰:"一人行,三则疑也。"

既济(䷾)六四,象曰:"终日戒,有所疑也。"

乾(䷀)九四:"或跃在渊,无咎。"或,疑词。所以崔憬说:"疑而处渊。"

坤(䷁)六三:"含章可贞。或从王事,无成有终。"

师(䷆)六三:"师或舆尸,凶。"

亦有未说疑、未说或,而辞意有疑、有或。例如:

晋(䷢)九四:"晋如鼫鼠",鼠性多疑。

既济(䷾)六四:"繻有衣袽,终日戒。"象曰:"终日戒,有所疑也。"

三四亦有忧惧之象,举例如下:

乾(䷀)九三:"君子终日乾乾,夕惕若厉,无咎。"干宝说为:"故君子以之忧深思远,朝夕匪懈,仰忧嘉会之不序,俯惧义和之不逮。"

临(䷒)六三:"甘临,无攸利,既忧之,无咎。"象曰:"甘临,位不当也,既忧之,咎不长也。"

有时亦说为进退,例如:

观(䷓)六三:"观我生,进退。"进退即是不定。荀爽说:"我,谓五也,生者、教化生也。三欲进观于五,四既在前,而三故退,未失道也。"这即是说,欲进,又反而退,是即不定。

(2) 得位失位

凡阳爻居阳位,阴爻居阴位,名为得位。此如小畜(䷈),象曰:"柔得位而上下应之。"这是说六四阴爻居阴位。又如渐(䷴),象曰:"进得位。"这是说九五阳爻得阳位。

得位亦名当位。如蹇(䷦),象曰:"当位贞吉。"这是说六二、九五,两个中爻都当位。又如贲(䷕)六四,象曰:"当位疑也。"这是说六四阴爻得阴位。

有时又名为正位、或正当。如家人(䷤),象曰:"女正位乎内,男正位乎外。"这是说内卦六二、外卦九五。又如中孚(䷼)九五,象曰:"位正当也。"这即是说九五得位。

反之,若阳爻居二、四、上位,阴爻居初、三、五位,则名为位不当。此如豫(䷏)六三,象曰:"位不当也。"这是说六三阴爻居阳位。

位不当亦名为不当位,如未济(䷿),象曰:"虽不当位,刚柔应也。"未济六爻都不当位,阳爻居阴位,阴爻居阳位。然而六爻都阴阳相应,故〈象传〉如是说。

位不当亦说为失位,如小过(䷽),象曰:"刚失位而不中。"这是说九四阳爻居阴位。

有时又说为未得位,如旅(䷷)九四,象曰:"未得位也。"这是说九四阳爻居阴位。

有时又说为非其位,如恒(䷟)九四,象曰:"久非其位。"这是说九四阳爻居阴位,同时九二阳爻亦居阴位,六五阴爻则居阳位,依时义而言,即说为"久"。

爻当位则吉,不当位则凶,这是基本的卦例。

(3) 爻德

爻有爻德,譬如贵贱,这有两种不同的说法。

如乾上九:"亢龙有悔",儒家解释为"贵而无位"。虞翻说:"天尊故贵,以阳居阴故无位。"这里是以五、上两位为天;但亦可以说是以乾阳为天,由是而说贵贱。

然而〈系辞传〉说:"是故列贵贱者存乎位",侯果解释说:"二五为功誉位,三四为凶惧位,凡爻得位则贵,失位则贱,故曰列贵贱者存乎位矣。"这便不是以阴阳来说贵贱,而是用爻位来说。

此说爻位的贵贱,是依爻居上位下位来说。系辞说:"卑高以陈,贵贱位矣。"卑即在下位,高即在上位,所以"列贵贱者存乎位"。如前引上九:"亢龙有悔"。子曰:"贵而无位",便是因为上九爻最高,所以说为贵,但上九为阳爻居于阴位,所以说为无位,无位即是位不当。这样解释,才是基本的爻象,虞翻的说法则侧重阴阳。

爻德的例尚有:阳为上、阴为下;阳为男、阴为女;阳为尊、阴为卑;阳为大、阴为小;阳为易、阴为简;阳为伸、阴为屈;阳为君子、阴为小人。这是用阴阳来说,似与爻位无关。然而,阳利于居上卦,阴则宜居下卦,所以当解释系辞时,便等于与爻位有关。此外,亦说尊位(五位)、大中(阳居中爻)等,更与爻位有关。

(4) 中·中正

前说以二、三、四、五为中,是说一卦之中,若以爻位的中来说,则二、五两位为中,二是下卦的中,五是上卦的中。例如师(䷆)九二,象辞:"刚中而应",那就是因为阳爻居于二位。又如噬嗑(䷔)六五,象辞:"柔得中而上行",那就是因为阴爻居于五位。在卦爻辞中,这样的例子俯拾即是,数不胜数。(关于比应,下面即说。)

至于中正,则必须是阳爻居五位,阴爻居二位,与上面所举的例子不同,因为不但得中位,而且是阳爻居阳位,阴爻居阴位,因此便不但中,而且正了,是故名为中正。例如需(䷄)九五的象辞说:"酒食贞吉,以中正也",那便是因为阳爻居于五位,不但得位,而且居中。又如晋(䷢)六二的象辞:"受兹介福,以中正也",那便是阴爻得中而且得位。有时候中正又称为中直,如同人(䷌)九五的象辞:"同人之先,以中直也",有时候又称为正中,如比(䷇)九五的象辞:"显比之吉,位正中也"。

这个爻例非常重要,所以再举一些例子如下。

讼（䷅），彖曰："讼有孚，窒惕，中吉，刚来而得中也。"讼以九二为卦主，阳爻居二位，所以说为"刚来得中"，是故虽"窒惕"而"中吉"。

小畜（䷈），彖曰："刚中而自行，乃亨。"这是说九五爻得中正；九二爻本来亦可以说为刚中，但是失位，所以不能说为中正。

同人（䷌），彖曰："柔得位得中而应乎乾，曰同人。"同人的卦主是六二，所以全卦即依六二而说，六二为"柔得位"，应九五（应乎乾）。此为下奉于上，是故同人，即如以民侍君。

睽（䷥），彖曰："说而丽乎明，柔进而上行，得中而应乎刚，是以小事吉。"说即是兑，下卦兑，附着于离，离为"明"，所以说"说而丽乎明"。至于"柔进"，即说六五。睽与家人（䷤）反对，家人六二，成睽六五，所以说"柔进而上行"。六五君位，九二臣位，现在是君阴而应臣阳，所以只利于小事。

再者，睽整个卦象都不调和，上卦离为火，火动必向上；下卦兑为泽，泽动必向下，上下卦之动其向相反，所以说为睽。上来所说，只依爻象而说，此处即依卦象说。

鼎（䷱），彖曰："柔进而上行，得中而应乎刚，是以元亨。""柔"位六五，得中，与九二应，所以虽然失位，仍说"元亨"。元亨者，本然而亨。卦象虽得元亨，但吉凶仍在乎处事，所以由诸爻变动而见吉凶。

九二："鼎有实，我仇有疾，不我能即，吉。"这即因为九二虽失位，但得中，且有正比正应，（与初六相比、与六五相应，是为阳与阴比应，即为正比正应）所以吉。

九四："鼎折足，覆公𫗧，其刑渥，凶。"这即因为九四失位，与九三失比（阳比阳为失比），又失中，所以凶。（象数家还有很复杂的解释，此处不赘。）

又有特例，凡六二、六五皆说为"黄"，如离（䷝）六二，彖曰："黄离元吉，得中道也。"坤六五，彖曰："黄裳元吉，文在中也。"这都是二五称中之例，与〈坤文言〉相合。〈坤文言〉说："君子黄中通理，正位居体，美在其中，而畅于四支，发于事业，美之至也。"可谓极为赞美。

由以上所说的例子，就已经可以体会到爻的变化、变动、变通。下面说的爻例，亦与此有关。

2. 比应

比为亲，应为同，近为比，远为应。

比为两爻相比，所以亦即是乘、承。乘、承于下面即说。比、应、乘、承四者，比与乘、承皆为两爻相邻，如初与二，可以说初二相比，亦可以说初承二，二乘初，应则不同，一定是初与四应、二与五应、三与上应，因此才说近为比，远为应。

现在先说应，一阴一阳相应，称为应，亦称为与。若阳应阳，阴应阴，则称为敌应，亦称为不相与。在这里可以说几句闲话：广府话五度由中原移民带来许多中原口语，由《诗经》时代以至明代。所以"相与"一词即如是传入。若人善于应酬，和蔼可亲，广府人即说之为"好相与"，反之，若其人难亲，便称为"难相与"或"恶相与"。由此可知许多《周易》的专有名词，至迟于晋代已成口语，此仅为一例，可供谈象数易时作为谈佐。

今略举数例。

大有（䷍），彖曰："柔得尊位，大中而上下应之。"柔是说六五，五为尊位，大中是说九二，阳为大，二是下卦的中位。九二应六五，是上卦与下卦的中爻相应，所以说"上下应之"。

困（䷮）九四："来徐徐，困于金车，吝，有终。"象曰："虽不当位，有与也。""与"即是应，此即为九四与初六相应，由于相应，所以虽"吝"亦"有终"。

艮（䷳）："艮其背"。象曰："上下敌应，不相与也。"那就是初与四、二与五都是以阴应阴；三与上是以阳应阳，所以都是"敌应"。而且艮卦还可以看成是上下两体敌应，虞翻将此象说为"两象相背"，此即如人之以背靠背，所以"艮其背"。

这三个例中，或强调阳之为大，或说敌应，都是说应的特例。

现在说比，阳比阳，阴比阴，皆不吉，阴阳相比则吉。

下面举一些例子。

如随(䷐)六三:"系丈夫,失小子,随有求得,利居贞。"丈夫谓九四,三与四比,所以系。六二为小子,与三不比,所以失小子。

如比(䷇)六四,爻辞说:"外比之,贞吉。"象曰:"外比于贤,以从上也"。这就是说六四爻跟九五爻相比,九五为贤,又在外卦,六四在内卦,因此说"外比于贤"。

如颐(䷚)六五:"拂经,居贞吉,不可涉大川。"象曰:"居贞之吉,顺以从上也。"这是说,由于六五与上九相比,即是"顺以从上"。所以不动则吉,若动(涉大川)则不宜。

但在颐六二:"颠颐,拂经,于丘颐,征凶。"象曰:"六二征凶,行失类也。"试看六二爻,虽与初九相比,但往上时,三、四、五皆阴爻,上九阳爻相距甚远,而且六四与六三又为敌比,往前得敌,是即"行失类"(阴不遇阳),所以征凶。

3. 乘承

凡爻在上,便乘下面的爻;爻在下,便承上面的爻,这就叫做乘承。

凡是乘,阴乘阳多凶,阳乘阴多吉。阴乘阳又曰"柔乘刚";阳乘阴又曰"刚乘柔"、"刚柔接"、"刚柔之际"、"柔遇刚",或又称为"据"。

凡是乘、承,其实皆须看比与不比,亦即须阴阳相遇始吉。只是阴乘阳则必有所不宜。以乘言,凡刚乘柔多吉,柔乘刚多凶。刚乘柔有许多别称,或曰"柔遇刚",或曰"刚柔接"。至于说"刚柔际",则是特例,仅指乾坤相会而言,今先举此例。

坎(䷜)六四:"樽酒,簋贰用缶,纳约自牖,终无咎。"象曰:"樽酒簋贰,刚柔际也。"六三、六四二阴往上,遇九五而承之,而九五又承上六,所以六四不但与九五相比,而且有阴阳交会之意,特别说为阴阳交会,即是彼此交承之故,所以象传说为"刚柔际"。

至于颐(䷚)六三:"拂颐,贞凶,十年勿用,无攸利。"象曰:"十年勿用,道大悖也。"六三乘六二,为阴乘阴;承六四,则为阴承阴,上下乘承皆与为敌,所以为凶。至于象辞说"道大悖",这是一个特例,颐上下卦互相颠倒,称为覆象(☶与☳相覆),所以称为大悖,悖即是逆的意思。覆象又叫做正反复或正反象。如此例,则可称为"正反震"。

乘承更有特例,如一阳五阴,一阴五阳之类,此如夬(䷪),卦辞说:"扬于王庭,孚号有厉,告自邑,不利即戎,利有攸往。"象曰:"扬于王庭,柔乘五刚也。"此以上六一爻而乘五刚,故其恶上闻于王庭,〈象传〉就是解释这个意思。

又如讼(䷅)六三:"食旧德,贞厉,终吉。或从王事,无成。"象曰:"食旧德,从上吉也。"六三上承三阳爻,所以虽"贞厉"而"终吉",此即象辞所谓"从上吉也。"上指上卦三阳。此例以阴承阳为吉,与上来说夬上六乘阳为凶,可以对比。

又,〈系辞传〉说:"负且乘,致寇至;负也者,小人之事也,乘也者,君子之器也;小人而乘君子之器,盗思夺之矣。"这是引解(䷧)六三的爻辞。王子畏先生对此的解释是:六三负(承)九四、又乘九二,所以说是负且乘。由负且乘得到两个坎卦(初二三为坎,三四五亦为坎),坎为盗,所以说致寇至。这里的乘承因另成坎象而贞吝,所以只能视为特例。

4. 往来

〈系辞传〉说:"神以知来,知以藏往",虞翻的解释是:"乾神知来,坤知藏往,来,谓出见,往,谓藏密也。"前于说之卦时曾说:"由内卦到外卦称为往;由外卦到内卦称为来",这是以一卦来说往来,此处〈系辞传〉所说,是阴爻阳爻的往来,虞翻说的"乾"通指阳爻,"坤"通指阴爻,凡阳爻来,便成显现,所以说是出见;凡阴爻往,便成隐藏,所以说是藏密。因此〈系辞传〉接着说:"是故阖户谓之坤,辟户谓之乾,一阖一辟谓之变,往来不穷谓之通。"这就是以显现喻为"辟户"(有如开门),以藏密喻为"阖户"(有如关门)。这里说的乾坤,依然是通指阴阳。

5. 反对

由〈序卦传〉知道，经中五十六卦由反对而成，是以爻象亦成相反，因此亦可以说，爻位的变动即令卦象颠倒。所以，反对成卦，即成为一重要的爻例。

此如讼（䷅），〈彖传〉说："刚来而得中也。"即是说，由需（䷄）反对而成讼，于是需的九五成为讼的九二。此即是爻位反对同于卦的反对。

下面还可以举一些例子。

复（䷗），〈彖传〉说："刚反动而以顺行。"这是说，复与剥（䷖）反对，剥上九变为复初，这是一个重要的例子，由此引出汉象数易家以卦配日的易例，此于下面当说。

蹇（䷦），〈彖传〉说："往得中也。"解（䷧），〈彖传〉说："其来复吉，乃得中也。"这是因为蹇解二卦反对，所以蹇九五爻即是解九二爻。当解卦反为蹇卦时，有如由二往五，所以说"往得中也"。若视由蹇反为解，那么便是九五来九二，所以说为"来复"。

渐（䷴），〈彖传〉说："渐之进也，女归吉也。"如果光看渐卦的卦象及爻象，看不出"渐之进"的意思，而且亦找不到"女归"的意思。所以虞翻要用"反成归妹"来解释，归妹就有女象，下卦兑为少女。至于渐之进，亦由反卦而说，归妹（䷵）中的九二，反卦即成九五，所以说为"进"。

反对是易的本然，有一象即有一反对之象，由于人生概念的成立即基于相对，有美即有丑、有多即有少，这些相对的概念亦出于本然，因此在彖象辞及彖象传中，多见反对的例。有些人认为，说一卦不应用另一卦来说，那是不明白天道、地道、人道皆由相对而成立，天道的阴晴、地道的高低、人道的善恶，是皆自然而然而成有。若不许用反对解卦，就等于只准说阴天，不准说晴天来比对，由此令人容易明白何谓阴天，这当然不合理。

6. 天地交

前于说〈文言传〉例时略说"天地交"，今说彖象传例，便多可补充。

如泰（䷊），卦辞："泰，小往大来亨。"虞翻说："天地交，万物通，故吉亨。"这是用"天地交"来释系辞典型的例。

又如蛊(䷑),卦辞:"蛊,元亨。"虞翻说:"泰初之上而与随旁通,刚上柔下,乾坤交故元亨也。"这是以爻的变动而说,泰初爻往上位(上爻便同时来下位)而成蛊卦,所以说"刚上柔下,乾坤交",这里说的"乾坤交"是指阳气上升、阴气下降而言。

于贲(䷕),卦辞说:"贲,亨。"虞翻说为"泰上之乾二,乾二之坤上,柔来文刚,阴阳交,故亨也。"这是说泰上九的变动,上九之下卦乾的二位,乾九二则之上卦坤的上位,由是成贲卦,是即阴阳交。(至于"柔来文刚"则谓贲的下卦离,郑玄说:"离为日,天文也。")

于鼎(䷱),卦辞说:"元吉,亨。"虞翻说:"大壮(䷡)上之初,与屯(䷂)旁通,天地交,柔进上行,得中应乾五刚,故元亨,吉也。"这是说大壮上六之初位,成初六,同时原来的初九则之上位而成上九,如是而成鼎卦,因此亦是阴阳交的例。

这些例子并非虞翻自创,如泰卦例,彖曰:"泰小往大来,吉、亨,则是天地交而万物通也。"虞翻完全引用彖传。又如蛊卦例,彖曰:"蛊,刚上而柔下",这便是乾坤交的意思。更如贲卦,彖曰:"贲亨,柔来而文刚,故亨。"虞翻只是解释何谓"柔来文刚"。以其立例实据彖象传而来,故于此处立"天地交"例,以补充〈文言传〉所说。

7. 卦主

王弼说易,尽扫象数,但却不废卦主,他在《周易略例·明彖》篇说:"少者,多之所贵也;寡者,众之所宗也。一卦五阳而一阴,则一阴为之主矣;五阴而一阳,则一阳为之主矣。夫阴之所求者阳也,阳之所求者阴也。阳,苟一也,五阴何得不同而归之?阴,苟只焉,五阳何得不同而从之?故阴爻虽贱,而为一卦之主者,处其至少之地也。"他的说法比较简单,只是说五阳以一阴为主,五阴以一阳为主,余例则未说。

卦主其实有二:一、六子之卦主;二、余卦之卦主。今分说如下。

(1) 六子卦主

乾坤生六子,可分为三对:一、震(䷲)巽(䷸),以下爻为主;

二、坎(☵)离(☲)，以中爻为主；三、艮(☶)兑(☱)，以上爻为主。若六画卦，震巽初四、坎离二五、艮兑三上，都可以为主，由象辞即可分别何者应为主。

如震(☳)，象辞曰："震，亨，震来虩虩，笑言哑哑，震惊百里，不丧匕鬯。"初九爻辞："初九，震来虩虩，后笑言哑哑，吉。"几乎全用象辞，当然应该以之为卦主。若九四："震遂泥。"则与象辞无关。

又如巽(☴)，象辞曰："巽，小亨，利有攸往，利见大人。"初六爻辞："进退，利武人之贞。"六四爻辞："悔亡，田获三品。"二者比较，亦应以初六为卦主，因为"进退"与"攸往"相合，"田"则无"攸往"义。

如坎(☵)，象辞曰："习坎，有孚，维心，亨，行有尚。"九二爻辞："坎有险，求小得。"九五爻辞："坎不盈，祗既平，无咎。"二者比较，当然是以九二为卦主，因为都说到坎险，九五则指坎陷。

又如离(☲)，象辞曰："离，利贞，亨，畜牝牛吉。"六二爻辞："黄离，元吉。"六五爻辞："出涕沱若。"二者比较，以象辞、六二皆说离，故六二当为卦主。

如艮(☶)，象辞曰："艮其背，不获其身；行其庭，不见其人，无咎。"九三爻辞："艮其限，裂其夤，厉阍心。"上九爻辞："敦艮，吉。"二者比较，当以九三为卦主。因为都说到"厉"象。

又如兑(☱)，象辞曰："兑亨，利贞。"九三爻辞："孚兑，吉，悔亡。"上六爻辞："引兑。"此应以九三为卦主，因为"引兑"与象辞的"兑亨"不合。

(2) 余卦卦主

余卦卦主亦应依象辞而定，象辞说全卦之象，卦主统全卦之爻，所以二者关系密切。

但亦有以一阳统五阴，一阴统五阳而定卦主之例，如王弼所说。于是，即有如下之例：

一者，**一阳五阴**，以一阳为卦主。

如师(䷆)九二，爻辞曰："在师中，吉，无咎，王三锡命。"象曰："师，众也，贞，正也，能以众正，可以王矣。"二者意思符合，所以九二为主。

如谦(☷☶)九三,爻辞曰:"劳谦君子,有终,吉。"与彖辞"谦,亨,君子有终"合,所以九三为卦主。

二者,**一阴五阳之卦**,以一阴为卦主。

如履(☰☱)六三,爻辞曰:"眇而视,跛而履,履虎尾,咥人凶。"彖辞则曰:"履虎尾,不咥人,亨,利贞。"二者都以履虎尾为象,是以六三为卦主。

又如小畜(☴☰)六四,爻辞曰:"有孚,血去惕出,无咎。"象曰:"有孚惕出,上合志也。"彖辞曰:"小畜,亨,密云不雨,自我西郊。"彖曰:"健而巽,刚中而志行,乃亨。"于爻辞与彖辞,文字似二者不合,一曰"血去惕出",一则曰"密云不雨",二者毫无关联。但如果看象辞与彖辞,便知道二者皆以"志"言,一说"上合志",一说"刚中而志行",所以小畜性情主乎志,是以六四为卦主。

三者,**二阳四阴**。

如蹇(☵☶),阳在三、五,五位中正,所以当为卦主。以爻辞言:"大蹇,朋来。"再看彖辞,曰:"蹇,利西南,不利东北,利见大人,贞吉。"虞翻说为:"谓西南得朋也。"此即依卦象来说,所以"利西南"是因为"西南得朋"。这就跟爻辞"朋来"符合。由是知九五为卦主,当确。

四者,**二阴四阳**。

如无妄(☰☳),此卦不应以阴爻为卦主,九五中正,又得应,宜为卦主。爻辞曰:"无妄之疾,勿药,有喜。"比较彖辞:"无妄,元亨利贞,其匪正有眚,不利有攸往。"辞义似有不合,但细寻辞义,勿药即为正,所以九五的象曰:"无妄之药,不可试也。""匪正"则"有眚",今既勿药而得正。所以二者辞义其实关联。

五者,**三阴三阳**。

如噬嗑(☲☳)六五,爻辞:"噬干肉,得黄金,贞厉,无咎。"六五亦为中正。再看彖辞:"噬嗑,亨,利用狱。"象曰:"颐中有物,曰噬嗑。"二辞相较,"噬干肉"即是"颐中有物","贞厉"与"利用狱"亦相合,所以六五为卦主无疑。

又如归妹(䷵)九四,爻辞:"归妹愆期,迟归有时。"与彖辞比较,彖辞说:"归妹,征凶,无攸利。"此卦以时义为大,虞翻说:"六十四卦,此象最备四时正卦。"彖辞说"征凶",即说九四。虞翻曰:"谓四也,震为征,三之四不当位,故征凶。"由此可知必以九四为卦主,虽然失位、无应,又非正中,但依卦义而言,非九四不可。

彖辞用以断卦,依何而断,实依卦主而断,因为卦主是一卦六爻之所宗,所以彖辞非依卦主不可,否则便六爻散乱。卦主是依象寻辞的基础,有基础,便不散乱。

前者说卦主时,说应与彖辞关联而寻卦主,似乎以彖辞为主,其实不是,彖辞依卦主而立,所以寻卦主时,便反求之于彖辞。由此可知卦主的重要,下面举出一些依卦主通看全卦的例子。

如夬(䷪)以上六为卦主。先看彖辞:"夬,扬于王庭,孚号有厉,告自邑,不利即戎,利有攸往。"此卦一阴居于五阳之上,称为"五阳决一阴",又说为"一阴履五阳",由前者得"夬"之名,夬即是决,由后者有"号"义。上卦兑为夬,亦为号,由此即可以寻得卦主。

现在通观全卦六爻。

初九:"壮于前趾,往不胜为咎。"不能号,所以咎。

九二:"惕号,莫夜(暮夜)有戎,勿恤。"这是因有所警惕而号,所以能惊惧则吉。

九三:"壮于頄,有凶,君子夬夬独行遇雨,若濡,有愠无咎。"面颊受伤,所以不能号,是故凶。然而独行遇雨而愠,虽然未号,但能愠,是故亦无咎。

九四:"臀无肤,其行次且,牵羊悔亡,闻言不信。"此未说号,而且九四为疑惧之爻,次且而行,即疑惧而行,羊被牵走,又闻言不信,其人不聪不明,此即不思为号,亦不敢为号,爻辞虽未言吉凶,凶可知矣。

九五:"苋陆夬夬,中行无咎。"苋为细角山羊,所以《孟喜章句》说:"苋陆,兽名。""夬夬"即苋独行之状,然而九五中正,又与上六相比,所以无咎。

上六:"无号,终有凶。"上六有兑象(☱),兑为口舌,所以说为号,然而一阴在上而乘五阳,故兑象不能恒久,以上六终必为阳所息,由是无号而终有凶。此即与彖辞的"孚号有厉"相应。所以上六应为卦主。

又如革(䷰),以九五为卦主,九五说"大人虎变",彖辞说:"巳日乃孚,元亨利贞,悔亡。"象曰:"二女同居,其志不相得,曰革。"这即是说,志不相得,便须变革。所以与大人虎变的意思相合。或者会怀疑,上六说"君子豹变,小人革面,征凶,居贞吉"。何以"豹变"不能成为卦主呢?因为上六的"君子豹变"与"小人革面",实因"大人虎变"而变,此如一国之主(大人),变更政策,因而威德昭显,于是属下诸侯(君子),亦文蔚尊显,是谓"豹变";老百姓(小人)亦因而对国家改观。革面,依尚秉和说,面应解为向。此义甚确,即犹如面南而坐,即向南而坐也。所以"革面"可以解为改观。二爻比较,当然卦主应为九五,况且九五中正、得比、得应。由九五辞义,便知道大人虎变而得志,为一卦的主旨。

再看全卦,初九:"巩用黄牛之革。"此即不能有所变革,是故无所利。因此象曰:"巩用黄牛,不可以有为也。"

六二:"巳日乃革之,征吉,无咎。"因为能革,所以征吉。

六三:"征凶,贞厉,革言三就,有孚。"这是说,未能顿然变革,只能口说变革,所以征凶,若保持这种态度(贞),是则为厉。

九四:"悔亡,有孚,改命,吉。"一望爻辞,即知为吉,因为"改命",所以象曰:"改命之吉,信志也。"由此即知,亦以变革之志为重,非只言变革。

九五:"大人虎变,未占,有孚。"马融说:"虎变,威德折冲万里,望风而信。"如是,即为变革之极矣。变革而有威德,虽未言吉,其实吉矣。

上六:"君子豹变,小人革面,征凶,居贞吉。"豹变及革面已如上说,因承五而变,所以征凶,而居则贞吉。六爻比较,当然以"威德折冲万里"之九五为卦主。

上举二例,前者先由彖辞寻卦主,后者,先定一爻为卦主,然后以彖辞定其当否,由此二例,即可定何爻为卦主。明一卦的主旨,然后才能解释卦辞以及六爻的爻辞,凡与卦主、彖辞的意义相合者,多为吉,不合者,多为凶,由此便知何以为吉,何以为凶。若意义合而有小疵,则为悔吝,便须警惕;若意义合而尚未足,则为无咎,便须改过。倘不由卦主寻求彖辞,复寻求卦的主旨,而逐爻依言取义,则不明其深义,此即不足以为易。

8. 用九·用六

乾用九:"见群龙无首,吉。"坤用六:"利永贞。"对于用九、用六,不宜用私意揣测。

乾彖曰:"云行雨施,品物流形,大明终始,六位时成,时乘六龙以御天。"这就是以六爻为六龙,依时义而分居六位,由是即知用九,必须依全体之义而明之。象曰:"用九天德,不可为首也。"何以称为天德,亦必须统全卦六爻而言。乾为天,即唯乾一卦整体始象为天,无单独一爻可以用天为象。由是即知用九为总义,为卦义,非别义,非爻义。所谓总义,即是明乾占遇九则变(坤占用六则变同理)。此为天地变化之义,是故为卦之整体变象。

而且六十四卦中唯乾坤二卦不别立卦主,实以全体为卦主,其余杂卦若无卦主则生惑乱,六爻相杂而无一爻为首,则不能称为物(爻有等故曰物,即爻义为群体,等即是群),而爻象亦乱,所以杂卦不必用全体然后成象,一卦主即可以表出全卦之象。所以卦主的辞,常与彖辞合,此即乾坤与杂卦之不同。

汉人对于用九实甚明了。刘瓛说:"总六爻纯九之义,故曰用九也。"此说可为典要。然宋衷说:"用九,六位皆九,故曰见群龙。纯阳则天德也。"此说六爻皆变则未必然,能总六爻之义,则一爻变而用九亦可,以变仍然未离全卦之故。

所以"群龙无首",即六爻无一可以当全卦之德,是即无首。是故筮得何爻为老阳(九),虽用爻辞,而用九之总义不废,天德之时义更不废,是即为说用九的意思。

用九既明,用六同例,亦总六爻而说坤为地之义。侯果用"长正"释"永贞",故其言曰:"用六,妻道也、臣道也,利在长正矣,不长正则不能大终阳事也。"此即〈坤文言〉:"坤道其顺乎,乘天而时行。"由此亦知乾坤二卦皆重时义,用九用六,亦应依时义而占。

丙、辞例辨别

1. 元

元,本义为"首",可引申为"始"。象传曰:"大哉乾元,万物资始,乃统天。"这是说本然的天理,亦即原来就存在的自然法则,非由人定立。又曰:"至哉坤元,万物资生,乃顺承天。"所谓"坤元"便是地的自然法则,亦是本然,并不由创立。所以子夏传即说:"元,始也。"可见这是确解,今人的别解仅能参考。

由"首"、由"始",亦可引申为"大",此引申初见于《诗经》及《尚书》,如说"元戎十乘""今我即命于元龟","元"字皆应解为"大"义。这样的引申,是以自然法则为大,所以《易经》中的"元"字,有时可训为"始",有时可训为"大"。

2. 亨

当解为"通",依子夏传。〈文言传〉:"亨者,嘉之令也。"似未将亨解为通,其实不然。亨说人事,人事则无本然的法则,所以便须人为,若会而能美,则人事自然通达。

惠栋于《周易述》中说:"经凡言亨者,皆谓乾坤交也。"此以爻象言,乾坤交而亨,当然即是通的象。

今人多将"亨"解为"享",即是祭祀,那亦可视为引申义,祭祀即是人神交通。

3. 利

利便是利,不须别解。子夏传所说利为和,那是依〈文言传〉"利物足以和义"，并不是解释何者为利，而是说利的功能。

惠栋引〈系辞传〉"变动以利言"，说"故乾坤变动皆言利也"。其实乾坤变动实求通，因通而有利，此如同人(䷌)，卦辞说："同人于野，亨。利涉大川，利君子贞。"先亨然后有利，而且是动静皆有利(涉大川为动，君子贞为静)，可见同人之亨，其德甚大。所以彖辞说为"唯君子为能通天下之志"。

4. 贞

〈文言传〉说："贞者，事之干也。"何谓"事之干"？今广府话中尚保存"事干"一词，为日常口语，说人多滋生事端，连鸡毛蒜皮的事都看成是大事，即称之为"多事干"。这必定是中原移民带来的口语，犹存古义。所以"事干"便是原则性的事，非家常日用的小事。所以《左传》说"贞，事之干也"，又说"贞固足以干事"。

子夏传释之为"正"，即以"正"是为人处事的根本，处事须有原则，亦即由"正"以干事。

在爻象、爻变之正，彖辞皆说为"贞"。如颐(䷚)，虞翻说为"三爻之正"，所以卦辞说为"贞吉"，此即一例。所以贞必解为正。

正又须坚持，这即是〈文言传〉所说的"贞固"，守正可以处事，故曰"贞固足以干事"。

5. 利贞

〈文言传〉："利贞者，性情也。"性情是人先天的禀赋，但亦可以用后天人事来转移，所以在经中凡言"利贞"，一就是爻本来当位得正，一就是爻变而当位得正。前者即是先天，后者即是后天。二者皆利于守正，然而前者为性情，后者为行为，能守正则皆吉，不能守正不吉。

此如观(䷓)六二："窥观，利女贞。"六二当位，又处下卦中爻，且与九五应，所以利贞，阴象，故利女贞。这爻辞的意思是说，从门缝来窥看是羞人的事(象曰：亦可丑也)，所以此爻只利于守正(不会偷窥)的女子(利女贞)，是即说利贞为性情。

又如随(䷐)六三，爻辞曰："系丈夫，失小子。随有求得，利居贞。"

此处"随有求得",虞翻说是"谓求之正",爻变为阳则得位有应,如是即堪上承九四(随九四)。所以利居贞,不改变环境(居),只改变自己令能守正。

凡卦二五阴阳相交则利贞,如遯(䷠):"亨,小利贞。";大壮(䷡):"利贞。"此二者皆为二五阴阳相交。

又有以上下卦相交之例,如中孚(䷼):"豚鱼吉,利涉大川,利贞。"小过(䷽):"亨,利贞。"此二者皆为卦体相交。中孚是两个兑卦正反相对;小过是两个震卦正反相背,所以说为上下卦相交。

6. 贞吉、贞凶

贞吉是说守正吉,贞凶则是所守之正已非正,故凶。

大壮(䷡)九二:"贞吉。"象曰:"九二贞吉,以中也。"以二爻为下卦中位而言。

贞凶的例,如巽(䷸)上九:"巽在床下,丧其资斧,贞凶。"象曰:"巽在床下,上穷也,丧其资斧,正乎凶也。"阳居上位而穷,且失位无应,又与阳爻(九五)敌比,此即所守正者实非正,所以说正乎凶。

7. 贞厉、贞吝

贞厉是说正而有危,这不是否定正,只是提出警惕。

如革(䷰)九三:"征凶,贞厉",九三得位有应,但上承二刚(九四、九五),所以贞而厉。由此例可知以刚承刚为厉。

贞吝不是说因贞而吝,实说虽贞亦吝。此多见于上六,上爻为穷位。此如泰(䷊)上六:"城复于隍,勿用师,自邑告命,贞吝。"便是以处于穷位的阴爻欺凌下卦的三阳爻,故说为"命逆不顺,阴道先迷",是虽当位得应而应贞正,但由是亦吝。

8. 元吉

其始即吉,以为本来就吉。如坤(䷁)六五:"黄裳,元吉。"即以六五居中而吉,居中为本分之事,不左右偏袒始为居中。所以干宝说:"当总己之任,处疑僭之间,而能终元吉之福者,由文德在中也。"这即是说,当人处事时,即使受人疑惑或受人谮谤,仍然可以得到本来就吉利的福泽，那便是由于人于处事时尽到本分，守中守正。

所以，元吉不能解为大吉。

9. 吉·凶

乾吉、坤凶。爻辞以变动言，故阴不当位变为阳则吉，阳不当位而不变则凶。蒙（䷃）六五："童蒙，吉。"虞翻曰："艮为童蒙，处贵承上（居五位而上承上九阳爻），有应于二。动而成巽，故吉也。"其所以为吉，因若六五变时，上卦成巽，是阴变为阳而始言吉。

讼（䷅）："讼有孚，窒惕，中吉，终凶。"讼以二爻为卦主，今九二失位，但与初六相比，故有孚中吉（荀爽曰：阳来居二而孚于初，故曰讼有孚矣）。至于终凶，虞翻曰：二失位，终止不变则入于渊（下卦坎为渊），故终凶也。又，师（䷆）六三，阴失位乘刚无应且不能变，亦曰"师或舆尸，凶"。

所以断一爻的吉凶，须观其阴阳变动，变动之正多吉，若宜动而不能动，或不宜动而动者，多凶。

10. 悔吝

易以悔吝为小疵。〈系辞传〉说："爱恶相攻而吉凶生，远近相取而悔吝生。"对一事物，爱好者与厌恶者相攻，由是而有吉凶，对这事物而言，以爱攻恶故生吉，以恶攻爱故生凶。悔吝则不同，虞翻说："阳取阴生悔，阴取阳生吝"，这里说"取"，是欲取、宜取之意。

此如蛊（䷑）九三："乾父之蛊，小有悔，无大咎。"九三当位而无应，若取阴则有应，故即阳取阴生悔，又，六四："裕父之蛊，往见吝。"同九三、六四得位无应，若初爻为阳则得正应，所以阴宜取阳，由是生吝。悔吝之例可通全经。

11. 无咎

〈系辞传〉说无咎为善补过。通途言：本来有咎，补过则无咎，然此说尚未精审。

王子畏先生说无咎义甚详，兹转述如次：

一者，本有咎，先事而防，咎因以无。此如乾九三："君子终日乾乾，夕惕若厉,无咎。"

二者,事本吉,故免于咎。此如师(䷆):"师贞,丈人吉,无咎。"

三者,先免于咎然后吉从之。此如比(䷇)初六:"有孚,比之,无咎。有孚,盈缶,终来有它吉。"

四者,事虽凶而不可咎。此如大过(䷛)上六:"过涉灭顶,凶,无咎。"

五者,由于处事得时,故虽有小疵亦无咎。王先生于此用需(䷄)九二为例,愚意以为不如用需初九:"需于郊,利用恒,无咎。"王弼曰:"居需之时,最远于险,能抑其进,不犯难行,虽不应几,可以保常(用恒),故无咎。"是也。

六者,咎由自取,无所怨尤。如节(䷻)六三:"不节若,则嗟若,无咎。"象曰:"不节之嗟,又谁咎也。"即无所怨尤之意。

12. 眚

眚的意思是灾,《子夏易传》说眚是灾祥。凡阴阳爻不当位,即有灾,故说为眚。

如无妄(䷘):"无妄,元亨利贞,其匪正有眚,不利有攸往。"匪正有眚是说六三与上九,此二爻皆不当位。

至于讼(䷅)九二:"不克讼,归而逋,其邑人三百户。无眚。"这爻辞应该解为:因不克讼而逃,逃至有三百户人家之邑,得以无眚。九二不当位,本来有眚,然因居九二之故,与初六相比,所以无眚。至于九二与九五敌应,则已说为"不克讼",与眚无关。

13. 疾

凡爻在卦中遇坎,即称为疾。

如豫(䷏)六五:"贞疾,恒不死。"象曰:"六五贞疾,乘刚也,恒不死,中未亡也。"象辞已经说得很清楚,六五乘刚,且三、四、五为坎卦,是故"贞疾",因为六五虽失位而居中,所以说"恒不死"。

又如鼎(䷱)九二:"鼎有实,我仇有疾,不我能即,吉。"九二为二阳爻所乘,阳遇阳为敌,是故九三、九四为阻隔,由是九二不能往应六五,因此以三、四为仇。又初至五爻，互卦象为大坎，是故九三、九四有疾，以其处于大坎之中。九二不宜往，但三、四亦不能来，以四为二、三所隔，三又为二所隔故。是故我不能往，仇亦不我能即，因此象曰："鼎有实，慎所之也。"慎所之的意思是，来往（之）应当谨慎，这即是以二、三、四等三阳爻而言。象又曰："我仇有疾，终无尤也。"这是说三、四虽然阻隔，但二、五终必能应，是故无尤。这爻象是应该待时之义，待时即说为慎。

上面辨别辞例，即对占断所用的辞例择要明其辨别，其余彖象传的辞例，既已散见各处，不再重复。

下 篇
象 数 易 例

象数易传承

本篇介绍两汉的象数易例。在介绍前,须得先说两个问题,一为象数易的传承,一为阴阳家易跟象数易的关系。今说前者。

谈象数易的传承,须由儒家易传承谈起。儒家易的传承非常清楚,《史记》与《汉书》都有记载,所记只有小异,可是象数易的传承就相当复杂。其源头可以回推到儒家易,但其间实在发生了很大的变化,这些情形,有兴趣知道象数易的人都应该先行了解。

一、由儒家易传承说起

据《史记》记载,孔子传易给商瞿。商瞿是鲁国人,字子木,少孔子二十九岁。商瞿传易给玕臂子弘;弘传易给江东人桥子庸庇[①];庇传燕人周子家竖;竖传易给淳于人光子乘羽;羽传易给齐人田子庄何;何传易给东武人王子中同;同传易给菑川人杨何。

司马迁的父亲司马谈就是杨何的弟子,他叙述父亲的传承,应当正确。可是《汉书·儒林传》的记载却略有不同。不同的是:商瞿传易是给桥庇子庸,子庸传易给玕臂子弓,二人名字稍异于《史记》,而且辈分刚好颠倒。这点相异,已无法考证谁对谁错,但田何是孔子的第六代传人这一点,则可以肯定。

---

① 作者注:《史记》原文作"矫子庸疵"。《史记》正义云:"《汉书》作桥庇,颜师古云:桥庇字子庸。"后代易家皆据此作"桥子庸庇",即以《史记》为误刊,无甚异说。

在上述传承中,最重要的人是商瞿,孔门弟子中实未见商瞿的名字,如何忽然成为孔子授易的传人,令人觉得有点突兀,然而司马迁的记载应无可疑,此说且为《汉书》所采,只稍加改动而商瞿的地位不变,由是可说"易传商瞿"的说法不可动摇。

儒家易有一本易传,名《子夏易传》,子夏在孔门弟子中当然大有名堂,但只说他长于文学,如今忽然竟有一篇易传,亦令人觉得有点突兀。若作调和,唯一的办法就是将商瞿与子夏合而为一。

《史记·仲尼弟子列传》记子夏为"卜商",子夏名商见于《论语》,孔子曾称其名,如果子夏善卜,那么称为"卜商"便没有问题,但是,"卜商"也不等于就是"商瞿",而且《汉书·儒林传》说:"鲁商瞿子木受易孔子。"注云"商瞿,为姓",那么,"商瞿"跟子夏名"商"便没有什么关系了。

更有一个疑问。《韩非子·显学篇》记孔子之后,儒分为八,其一为"公孙氏",《圣贤群辅录》说:"公孙氏传易,为洁静精微之儒。"此书托名陶潜(渊明)虽不足采,但亦可证明,在晋代的确流传有公孙氏传易的说法。那么,这公孙氏又是谁呢?

若暂置这些不理,那么,可以研究一下《子夏易传》。此书《汉书·艺文志》未载,始见于《隋书·经籍志》,说为:"周易二卷,魏文侯师卜子夏传,梁六卷,残缺。"刘向《七略》言:"易传,子夏韩氏婴也。"若刘向所说无误,那么,《子夏易传》的作者便应归于韩婴子夏。

到此为止,可归结如下:儒家易的源流由第二代起便有疑问,孔子的传人有子夏与商瞿之疑;接着,《子夏易传》的作者则有子夏与韩婴之疑(另有说作者为馯臂子弓或丁宽,恐无据,故不论)。这两个疑问实难以互相调和。今姑且先论后者。

韩婴通易见于《汉书·儒林传》,说"韩生亦以易授人,推易意而为之传",即韩婴确曾作易传。又言:"其孙商为博士,孝宣时涿郡韩生其后也。以易征,待诏殿中,曰:所受易即先太傅所传也,尝受韩诗,不如韩氏易深,太傅故专传之。"以此,刘向将《子夏易传》归于韩婴实不为无据,他校书于秘阁,当曾见此书,书当时尚未流传,故《汉书》未载,但至少可以证明,书在刘向校书时,即成帝时必在。说为子夏韩婴所作,刘向当有所据。且刘向素喜阴阳五行,此书说易虽不涉阴阳五行之术,但以相类故,向必留意,没什么理由会有错记。所以,笔者相信刘向的说法,且韩婴所传的易虽不出于田何一系,但亦不能说儒家易除田何一系外,即无别的传承。

关于韩氏易还有一个故事,前引《儒林传》提到的"孝宣时涿郡韩生"亦授易,《儒林传》接着说:"司隶校尉盖宽饶本受易于孟喜,见涿韩生说易而好之,即更从受易焉。"这即可能是韩孟二家比较,韩氏易于儒家义尤纯之故。于清人马国翰《玉函山房辑佚书》之《韩氏易传》中,所引韩婴各条多引用《子夏易传》,否则便说为"孔子曰",由此可见韩婴是纯粹的儒家易。

倘以上所说不误,那么文学子夏跟易便没有什么关系了,这样,孔子传易便唯是商瞿子木。司马迁正因为他不见于《论语》,才特笔记载,说他少孔子二十九岁,是小弟子。

易传至田何,田何是汉兴以后第一位儒家易大师,他广传易学,《汉书·儒林传》记载他传易给四位弟子,他们是东武王同子中,洛阳周王孙、丁宽、齐服生。他们都有《易传》传世。其中的丁宽原来是梁人项生的仆从,陪着项生学易,学得比项生好,由是田何收他为弟子,到了学成,丁宽东归,田何对门人说:"易以东矣",那就是承认他得到自己的衣钵。丁宽到洛阳,又从同门周王孙受古义,这一点,也是一个疑案。丁宽所学已为田何许可,那么,周王孙的"古义"又到底是什么一回事呢?是田何所传犹非古义,抑或是田何只将古义传给周王孙而未传丁宽?史传记丁宽有《易说》三万余言,训诂举大义,不言阴阳灾异,这即是只依"十翼"说易,是儒家易纯粹的传承,这其间,又有什么的古义?

《玉函山房辑佚书》之《周易丁氏传》多训诂,但亦有说象数,例如比(䷇):"终来有它,吉。"注云:"非应称它也。"这里说的就是敌应,敌应即称为"它"。中孚(☱)六四："得敌。"注云："三与四为敌。"此即以六三比六四为敌比,由此可知丁宽有说比应例。

又如比六三："比之匪人。"注云："非处其位,非人道也。"此即不以爻之三位为人道,而且六三失位。又如鼎(☲)："我仇有疾。"注云："仇谓四也。"由此可见丁宽亦说当位不当位。至于说九四位于外卦为仇,这倒是儒家易例。

照这样来看,所谓古义,应非儒家所说的易义。儒家所传当时应说为"今义",孔子以前的才能称为"古义",那就是占筮家易及阴阳家易。《左传》所记,即是占筮家易,《汉书》所记夏侯始昌预言柏梁台灾,至期日果灾,时为太初元年(公元前104年)事,早于孟喜。夏侯始昌通易,但亦说五行、四正,所以应该即是阴阳家易。儒家有取于前者,而未取后者。这样说,是因为儒家只重占筮,而不重阴阳灾异,此于书有明文。例如:

〈系辞传〉说圣人之道言:"卜筮者尚其占。"

又《论语·子路》:"子曰:南人有言曰,人而无恒,不可以作巫医。善夫,'不恒其德,或承之羞'。子曰,不占而已矣。"

又,《礼记·缁衣》:"龟筮犹不能知也,而况于人乎。"

由此可知儒家实在接受占筮易,因为占筮易的风格与阴阳家易绝对不同。

由是而言,丁宽从周王孙所受的古义,便理应是占筮家易,上面所引丁氏易例数则,便很有占筮家的意味,正由于是采占筮家易,这才不背于师法,否则即如孟喜之受排斥(下文即有提及)。

田何所传四位门人,王同弟子最多,重要的有一位杨何(字叔元),杨何传司马谈,然而其后的传承也就寂寂无闻了。反而丁宽传易给砀人田王孙,田传易给施雠、孟喜、梁丘贺,这三家,后来都成为重要的经师,儒家易到此时大盛,其时已经是汉宣帝年代(宣帝本始元年是公元前73年)。

不过,儒家易虽盛,但却同时催生了象数易,那是因为孟喜(字长卿,东海兰陵人),他既从田王孙受易,可是又另从隐士得传《候阴阳灾变书》,由是说卦气,言十二月卦以及六日七分之说。他说这些是田生于死前枕在他膝上传给他的,梁丘贺说,老师田生死时是施雠侍候他,而且那时孟喜已归东海,因此证明孟喜是说谎。然而孟喜虽因此不得立于官学,可是他却成为两汉象数易的源头。

现在,应该说一说阴阳家易跟象数易的关系。

阴阳家地位的提高可以说始于战国时代的邹衍。他提出"五德始终说",见于《吕氏春秋》。其言曰:

> 凡帝王者之将兴也,天必先见祥乎下民。黄帝之时,天先见大螾大蝼,黄帝曰:"土气胜"。土气胜,故其色尚黄,其事则土。

> 及禹之时,天先见草木秋冬不杀。禹曰:"金气胜"。金气胜,故其色尚白,其事则金。

> 及文王之时,天先见火。赤乌衔丹书集于周社。文王曰:"火气胜"。火气胜,故其色尚赤,其事则火。

> 伐火者必将水,天且先见水气胜。水气胜,故其色尚黑,其事则水。

"五德始终说"提出帝王将兴必先见天兆,这便即是占阴阳灾异的理论依据,因为天可以兆兴,当然亦可以用灾异来预兆帝王之败亡,以至帝王德行之不修,由此,阴阳家就想到《周易》所说的"气"。

《国语·周语》一书,成于春秋时期,它就已经将气的运行跟月份及音律关联起来,其言曰:

> 律所以立均出度也。古之神瞽考中声而量之以制,度律均钟,百官轨仪,纪之以三,平之以六,成乎十二,天之道也。

由是应气而立黄钟、太簇、姑洗、蕤宾、夷则、无射。更立六间:大吕、夹钟、中吕、林钟、南吕、应钟。此十二者名为"律吕",说为:"律吕不易,无奸物也。"何以作用如此之大?则因为律吕可以宣养六气九德:"大昭小鸣,和之道也。和平则久,久固则纯,纯明则终,终则复乐,所以成政也。"

按着又说岁、月、日以及星宿、分野,说为"数合声和然后可同也,故以七同其数,而以律和声,于是乎又有七律。"

这样一来,五音、六律、十二律吕、岁时(包括物候)、分野以及星宿,便同和成一个合乎天道的系统,周王以此宣王德,"布宪施舍予于百姓"。

这样以气为主,上应天道而成王事,便成为阴阳家的主旨。由天道人事,阴阳家便有各种方向的发展。刘向将战国以来的阴阳家(术数家)分为六种,见于《七略》的《术数略》:一、天文;二、历谱;三、五行;四、蓍龟;五、杂占;六、形法。此中当然以蓍龟跟《周易》的关系最密切,因为易筮即以蓍而筮,其次是五行,因为战国时代阴阳其实已与五行合流,凡说阴阳术数,无不说五行。这当然是受邹衍"五德始终说"的影响。由是即建立"阴阳消长、五行推移",易的乾坤交会、卦爻消息,可以说即由此而来。儒家易固然依此立论,象数易实亦由此衍生。

二、西汉象数易传承

孟喜所传易学已入象数易的范围,然而真正把象数易建立起来的,却是焦延寿和京房。

焦延寿名赣,梁人,尝从孟喜问易,但他所得之传却来自一位佚名的隐士,这跟孟喜得隐士传《候阴阳灾变书》相同,所以学者揣测,孟焦二人可能是同门。同门问易亦是常事。

焦延寿传易给京房,房字君明,东郡顿邱人,官至魏郡太守,任上受石显所潜,说他与淮阳宪王舅张博合谋,诽谤政治,归恶天子,诖误诸侯王,于是与张博同弃市。这时,京房才年四十一岁,时为元帝建昭二年

（公元前37年）。他享年虽短，可是在象数易上的成就却大，许多易例都出其手，仍为今时卜易家所用。

《汉书·艺文志》及《隋书·经籍志》载《孟氏京房》十一篇，《灾异孟氏京房》六十六篇，《京氏段嘉》十二篇，《章句》十卷，《占候》十种七十三卷，今皆佚，唯《京易积算易传》三卷今时犹见。

诸书中，称"孟氏京房"，可能是京房撰述，说孟喜之学；至于"京房段嘉"，则当是段嘉所撰，传京房之学，段嘉是京房弟子，立博士。

到了京房时代（汉元帝时代），立博士的有施雠、孟喜、梁丘贺、京房四家，而民间则有费直、高相两家，共为六家。至于并世的易家，则为孟喜、焦延寿、京房、费直、高相五人。其中费直当不属于象数易，因为《汉书·儒林传》说他"长于卦筮，亡章句，徒以彖、象、系辞十篇之言解说经上下"。那就是用"十翼"来解经，说"长于卦筮"，并不等于就是象数家，因为儒家易者与占筮家合流已久，儒家在《系辞传》中并且说出"一十八变而成卦"的卦筮法。至于说费直有《周易分野》一卷，那只是说黄道十二宫的分野，属于历谱，并未用以说阴阳灾异。

高相则不同。《汉书·儒林传》说他"与费公同时，其学亦无章句，专说阴阳灾异，自言出于丁将军"。然而说是丁宽所传，却无确证。

这几家易学，施雠、梁丘贺、高相三家亡于西晋，孟氏易与焦氏易，给京房光大了门楣，费氏易则传陈元、郑众，后来扶风马融又承继其学，传给郑玄，荀爽亦据费氏学作《易传》，由是成为东汉易家的主流，那时候，京氏易衰，成为费氏传承的天下。

三、东汉象数易传承

东汉象数易家不专主象数，不专说阴阳灾异，他们只是于"十翼"之外，还用象数注经，因此影响到后来的王弼。王弼尽扫象数，唯说义理，由此开展了义理之学。这样做，失诸偏激，易之卦爻辞都本之于象数，废象数便是废弃了本源。

东汉易家首推马融,他字季长,扶风人。设帐授徒千余人,许多弟子不是他亲教,而是由高业弟子代传。例如,郑玄来学,三年不得见,后来因马融集合诸生共论图纬,郑玄善算,马融才召见于楼上。马融讲学时,坐高堂上,设绛帐,帐后陈女乐,可谓骄贵极矣。他治易虽说以费氏易为主,但亦采用象数,尤其是用卦气。他在易学上的主要传人是郑玄。

东汉易学以郑玄(127—200年)为大家,他字康成,北海高密人。他初从第五元先学京氏易,后来又从大儒马融学费氏易,他主"爻辰"说易,可能跟第五元先有关,因此他的治易,可以说是儒家易与象数易的合流。郑玄博学,不专治易,且通《公羊春秋》《左氏春秋》《韩诗》《礼记》,又通《周官》,旁及《三统历》《九章算术》,所以著作甚多。

因为他通乐律,所以由十二律相生而发挥"爻辰"大义,取代京房的六十律相生,又由爻辰引申出许多易例。笔者于1972年为日本东京大学铃木由次郎教授古稀纪念文集《东洋学论丛》撰《郑氏爻辰引例》一文,即有详述。自写此文之后,笔者专注于藏传佛学,自此便再不写关于易学的文字,今将此文附录于本书之后,以便读者参考。

郑玄传孙炎(字叔然,乐安人),当时称为东海大儒,作《周易例》,其学亡佚已久,亦未见有可名世的传人。

郑氏而外,唯荀爽与虞翻为大家。

荀爽字慈明,他是汉献帝时人,只少于郑玄一岁,说易,主"升降"之说,那是用中和之道来说阴阳变动,成一家言。

虞翻是三国时的会稽余姚人,字仲翔,家传孟氏易,至他为五世。他对自己的治易非常自负,少有许可,自言其郡吏陈桃在梦中见一道士,放发披鹿裘,在地上布易六爻,挠其三爻以饮虞翻,虞翻请尽吞六爻,道士说:"易道在天,三爻足矣。"三爻已足的道理,下面当说。

然而虞翻虽自负易学,为人却正直诚挚,他于象数极尽发挥,立易例之多无人可与相比,诸如十二月卦、六日七分、八宫、旁通、飞伏、互卦、爻辰、纳甲、升降、卦变等，极尽象数之大观。其中虽有为前人所说，但虞氏多有自己的发明，尤其是由乾坤二卦纳六十四卦的"卦变图"（宋人俞琰依其说画出），可以说是解释乾坤会通、阴阳交合的一大体系。此说虽多人诟病，以为是随意牵合，而且嫌其烦琐，但其中实在亦不乏精微之处。

虞翻之外，尚有治易名家，则为荆州刘表、刘表幕下的宋忠（宋衷），以及王朗子王肃、怀橘奉母的陆绩和蜀地的蜀才（范长生），都师承象数易，其中的范长生更以术数驰名蜀地，据说当时蜀民奉之如神。

象数易至干宝，他虽是晋时人，但实为一大结穴。他字令升，新蔡人，私淑孟喜、京房两家。然而用史注易却由他首创，他将爻象比附历史，说文王、武王、周公、成王之事。后来有用史说易者，应当是受到干宝的影响。

象数易家除上述等大家外，尚有多人见于唐李鼎祚编的《周易集解》，本书时时采用他们的说法，他们的著作已佚，但由《集解》所引，可知道他们大多以象数易例为说易之宗。

东汉的魏伯阳援易入道家丹法，三国魏的管辂又一变象数易而为专主术数，这可以看作是象数易的旁支发展。

西汉象数易例

一、孟喜易例

孟喜易以占筮为主,所重在于"值日候卦"的占验,因而说易即有"卦气"、"十二月卦"、"六日七分"等例,此实同属于一用卦配时的系统。然而孟喜虽以卦气开象数易,但卦气的源头则必不在孟喜。前文已说,阴阳家在战国时代已跟五行家合流,两家都说气,一旦合流,气的体用便被推置于天道与王道之中,这就必然影响占筮家(《七略》所说的蓍龟),由是自然就会以卦配时,以时消息,这样就形成卦气之学。

今人刘大钧先生有《"卦气"溯源》一文,对卦气起源论述精详。他提出七点证据,证明卦气说起于先秦,可推至殷商。今简撮其说如下。

一者,魏相上书言事,说及"八风之序",所说与卦气的"四正"合。魏相早于孟喜。

二者,夏侯始昌说"四正五行",他预言柏梁台灾日,至期日果灾。柏梁台灾为太初元年(公元前104年)的事,所以"四正五行"之说必亦早于孟喜。

三者,《子夏易传》有以卦应候之说,且用卦值日来说"七日来复",此亦早于孟喜说卦气。

四者,"十翼"中其实亦说卦气,如"君子尚消息盈虚","天地盈虚,与时消息"等。

如上四点,首二条说阴阳家,次二条则说儒家,两家皆说及卦气的元素。于是再引史事为说——

五者,昭公二年韩宣子使鲁,见《易象》与《鲁春秋》,于是说:"周礼尽在鲁矣。"这样说,即可推论《易象》应同于今本之大象,《礼记·月令》、《吕氏春秋》亦实与《易象》有关,周公《时训》则为七十二候之源,兼且〈系辞传〉"帝出乎震"一节似京房八卦之气,由是知卦气之说必非独出孟喜。

六者,晋太康二年(公元281年)魏襄王墓被盗,盗者得竹书数十车,其中有《易经》二篇,与《周易》上下经同;有《易繇阴阳卦》二篇,与《周易》略同。由此可将卦气的源头推至魏襄王以前。

按,上说竹书,其《易经》二篇当为占筮家易;其《易繇阴阳卦》二篇,则应为阴阳家易,各自传承不同,但与卦气有关之元素则可能大同小异。

七者,更引殷虚文字,证明武丁时已说"四方风",其"四方"同于后天八卦之四正卦,所以后天八卦至迟亦起于商代。更引《尚书·尧典》及《山海经·大荒经》,四正四方之说来源古远。

由这七点论证,卦气源头古远已成确论,这对象数易的研究影响甚大。笔者认为,由此可得出三点结论:

一者,孟喜卦气并非一人自创,同时亦非一时即完成全体系统,实在是由殷商以来阴阳家、五行家、占筮家长期发展而成,至孟喜,始归纳而成一大系统。

二者,易纬诸书即源此而来。因此要研究象数易,实应同时研究易纬。

三者,由此源流,知象数易不可废,因为他实在是数千年文化传统的结晶。今时虽以义理说为主流,但说者至少不可废却儒家易的象数,尤其是"阴阳相摩"以及与时义有关的"消息"。

今说孟喜易例,先说卦气的大略。

甲、卦气

说卦气，今只说其结构系统，是为总说，其详，于下面再说。

卦气之说用意在于以六十四卦配合四时、十二月、二十四节气、七十二候、三百六十五日有奇。所以要如此配合，阴阳家的目的当然是为了占验，说阴阳灾异，由易纬诸书的内容即可知。儒家易则是为了"时义"，在〈系辞传〉中时义甚大，此前已说，加上儒家易的学者亦作占筮，所以便亦须占验。孟喜既学阴阳灾异，自然容易将儒家易与阴阳家易合流。这样一来，儒家先前已与占筮家合流，今再与阴阳家合流，于是便成为创新，象数易的源头即由于此。

孟喜的占筮，今已不得其详，但由焦延寿的《易林》，尚可略知"值日候卦"的大概。亦即是说，于占筮时，在那一日占筮，便须看那日的卦气，然后依筮得的卦来占断。孟喜的占筮应该跟他大同小异，不过他所以说卦气的目的，似乎却不只候卦，而是想将"值日候卦"扩大成为一个包含时、月、气、候、日的系统，用以作为一年的循环。这样，除了候卦之外，还便于说阴阳灾异占验。他也用卦气来注易，如注坎，即用"卦气起中孚"之说。见马国翰《玉函山房辑佚书》。

要参考时、月、气、候、日的值卦，用为占筮的依据。它的理论根据可以说是重视时义，但其实已经跟传统的筮法有所差别。这种占筮之法已经不同于《左传》中记载的春秋战国时的占筮记录，完全与值卦无关。但在传统的占卜术中，却有一种术数与此类似，那就是"六壬"。

六壬起源甚古，《隋书·经籍志》即载有六壬之书，相传为九天玄女以此术教黄帝，因而大破蚩尤，后世术家更说，诸葛亮袖占一课即是占六壬。

六壬共有六十四课，恰配六十四卦，占时由月躔起课，如雨水至春分，月躔为亥；春分至谷雨，月躔为戌等。由月躔与占得之时相加起天盘，再由占卜时的本日干支，会同天地盘而得四课，然后再求三传，如是即可断卦。

由六壬的占法，可知术数家实有由易配月、日、节、时的占卜法，这就可以说，易占有卦气的施设，并非毫无根据，候卦的本质虽不同于六壬，但占断时之所依，则跟六壬占卜实异曲同工。虽然，六壬的占法亦可能是受"值日候卦"的影响，因而每日所占仅得十二课，并非六十四课，这就有值日的意味，是故二者主旨相同。这占筮的原则能被人接受，那就证明占筮的方法可行。

如果要为卦气找易例，则有"七日来复"的系辞为佐证，加上物候、值月等可以跟卦爻系辞关合，因此便亦自成一易例系统。更加上不少易纬书亦援引卦气以说易与阴阳占验，由是卦气之说便自然成为开展象数易的先河。

再说，由后汉开始陆续而成的易纬诸书亦多说卦气，如《稽览图》所说的卦气，模式上与孟喜全同；又如《通卦验》、《是类谋》说十二月卦亦同孟喜；《乾凿度》的六日七分亦即孟喜之所说。这些易纬实际在什么年代写成，已无可考，一般的说法，以《乾凿度》最早成书，在班固《白虎通义》中已有《乾凿度》的引文。《白虎通义》成于汉章帝时，章帝建初元年为公元 76 年，上距孟喜所处的宣帝时代约为一百二十年至一百四十年，粗看起来会觉得时间相隔很远，其实不然，古代简书传抄不易，一书的行世实在事隔多年。因此我们不能说这些纬书一定是师法孟喜，甚至不能说一定是受到孟喜影响，卦气之说既源流甚远，所以更大的可能是二者同一源头而彼此发展。而且，前已说〈系辞传〉着重"变通配四时"，是故着重阳息阴消的进退，说为"成变化而行鬼神"，"知变化之道者，其知神之所为乎"。这些赞叹之言，若传入阴阳家处，很可能就激发起他们研究如何由消息以值日候卦，这样一来就与孟喜的卦气合拍了。因此易纬中亦有一些说卦气而不同孟喜的例子，例如《乾凿度》即是一例，它以先天卦为主，自然不同孟喜之用后天。

焦延寿学易于孟喜，到了新莽时才成《易林》一书，其书用六十卦值日，这可能是对孟喜卦气的改造。依占筮的方便来说，焦延寿的卦气值日优于孟喜，但若严格遵从历法、物候，则焦远不如孟，可见《易林》实在是只求方便，故将卦气简化。它的成书大约上距孟喜五六十年。焦氏除了师事孟喜之外，还独得隐士之说，这隐士之说亦极可能跟孟喜同源。

这样一来，孟喜、焦延寿和《稽览图》的卦气，应该便都是当时阴阳占筮家之所传。三者所得，不必同出于一人，但却可以说同一体系。这说法如果成立，那么，便可证明盛行于后汉的象数易即是儒家易跟阴阳家易的合流。儒家作"十翼"原有自立门户，摒除阴阳家易的用意，不图儒家易却会跟他所不齿的阴阳家易合流，成为象数易。

然而事情的发展却亦不坏，后汉郑玄、荀爽、虞翻，又将象数易例用来注经，这就反回儒家易的传统，同时还增加了用以注经的新元素。

今略说孟喜卦气系统如下。

卦气是以六十四卦，三百八十四爻的卦象、爻象配合四时、十二月、二十四气、七十二候、三百六十五日又四分日之一。因此俨然就是一个历法系统，所以后来许多历法家都引用《孟氏章句》来议论历法，唐代僧一行在他的《大衍历议·卦议》中即说卦气，魏正光术亦用卦气，并因而给我们留下了一些关于孟喜卦气的资料。

整个卦气的组织，是将坎、离、震、兑四正卦分配四时，每卦六爻，每爻主一气，由是共主二十四气，四卦的初爻分别主二分二至，即震初九春分、离初九夏至、兑初九秋分、坎初六冬至。

又创十二消息月卦，每卦分主一月，依象而言，便是以阴阳进退为准则。十二月卦每卦六爻，共七十二爻，用以分配七十二候。

六十四卦中，除四正卦外，尚余六十卦，分配十二月，每月得五卦，于是将此五卦分为君臣，然后用以值日。

以上所说的值时（季）、值月、值气、值候都不困难，但值日便有点难度了。六十卦只得三百六十爻，无法配合历法的"岁实"。孟喜之前相传六历，即黄帝历、颛顼历、夏历、殷历、周历、鲁历，六历的"岁实"（即今年冬至至明年冬至的实有日数）都定为三百六十五日又四分日之一，很难分配入六十卦之中，不过创立卦气的人很聪明，他将一日定为八十分，如是六十卦每卦值六日，已经是三百六十日，余下五又四分一日，以每日八十分算，为四百二十分，再分配给六十卦，于是每卦得七分，共计每卦即值六日七分，这就是卦气中最重要的施设。

主要的施设既已完成，剩下来的便只是增益，因此每月的五卦，便分为五爵，分别称为公、辟、侯、大夫、卿，以十二消息月为辟，即是君，余四杂卦为臣。至于配四时的四正卦，则称为方伯，各统一季。

到此为止，卦气的系统已经完成，下面将依其施设分别细说。

乙、四正卦

前引刘大钧先生说，已知四正的源流甚远，可以溯至商代，盛行于战国时期，今再引易纬而说。

《易纬·乾凿度》言：

> 孔子曰：易始于太极，太极分而为二，故生天地，天地有春秋冬夏之节，故生四时，四时各有阴阳刚柔之分，故生八卦。八卦成列，天地之道立，雷风水火山泽之象定矣。其布散用事也，震生物于东方，位在二月。巽散之于东南，位在四月。离长之于南方，位在五月。坤养之于西南方，位在六月。兑收之于西方，位在八月。乾制之于西北方，位在十月。坎藏之于北方，位在十一月。艮终始之于东北方，位在十二月。八卦之气终，则四正四维之分明，生长收藏之道备；阴阳之体定，神明之德通，而万物各以其类成矣。

在这里，已将八卦配八月，其中震、离、兑、坎即四正卦，分配二、五、八、十一月。所余四月则为四隅卦所渐，说为：

> 故艮渐正月，巽渐三月，坤渐七月，乾渐九月，而各以卦之所言为月也。

这里说"以卦之所言为月"，已说及爻辰。郑玄注："乾御戌亥，在于十月，而渐九月也。"这即是说，戌为九月，亥为十月。这种以卦值月的

085

配合,跟孟喜不同。

《乾坤凿度》亦有"立坎离震兑四正"一节,其说为:月为坎;日为离;雷为震,是日月出入门;泽为兑,是日月往来门。这样的安立,用意即跟孟喜的卦气不同。又"立乾坤巽艮四门",以乾为天门;坤为人门;巽为风门;艮为鬼冥门。立这四门的用意,说为:"庖犧氏画四象,立四隅,以定群物,发生门,而后立四正。四正者:定气一,日月出没二,阴阳交争三,天地德正四。"成立四门四正配卦,实以四门配天、地、人、鬼以合三才,以四正配日、月出入往来以合四时,于是三才四时皆归于八卦,这就跟卦气的范围完全不同。它重于配数,用来作为岁时吉凶的占验,而非用于占筮。

《稽览图》说"四时卦",郑注:"四时卦者,为四正卦,坎、离、震、兑四时方伯之卦也。"又说推轨之术,定冬至日在坎,春分日在震,夏至日在离,秋分日在兑。此即同于孟喜之以四正卦初爻分配二分二至。其后更大段说卦气,兹引述其要如下:

> 卦气者中孚,故离、坎、震、兑各主其一方,其余六十卦,卦有六爻,爻别主一日,凡主三百六十日,余有五日四分日之一者,每日分为八十分,五日分为四百分日之一,又为二十分,是四百二十分,六十卦分之六,六七四十二,卦别各得七分,是每卦得六日七分也。

同为易纬,三者用意不同,所以同样涉及卦气而说法却不相同。《乾凿度》的用意是候一月、一气、一候的阴晴风雨;《乾坤凿度》的用意是预言未来年岁的吉凶;《稽览图》则是用卦爻值月、日,以候寒暑风雨,并用为值日候卦之占验,所以只有《稽览图》才跟孟喜的卦气相同。

孟喜四正卦之说,唯见于僧一行《大衍历议·卦议》所引孟氏章句。大意是说,坎、离、震、兑四卦不但分主四时,还分主一年的二十四气,四卦共二十四爻,是故每爻可主一气,他的分配是,四正卦的初爻分主二

分二至,依此排列其余的卦以主其余二十气。宋朱震《汉上易传》刊李溉所绘的卦气图,简图如下:

图一:四正卦气图

孟喜的原理是:一、"阳七之静始于坎",阳七指少阳,坎卦象为☵,二阴包一阳,所以阳静,由是初爻主冬至。二、"阳九之动始于震",阳九指老阳,震卦象为☳,一阳动于下,所以阳动,由是初爻主春分。三、"阴八之静始于离",阴八指少阴,离卦象为☲,二阳包一阴,所以阴静,由是初爻主夏至。四、"阴六之动始于兑",阴六指老阴,兑卦象为☱,一阴动于上,所以阴动,由是初爻主秋分。

然而孟喜虽然说出用四正卦值二十四气的易理,但这样的配合,亦见于易纬《通卦验》。郑玄注云:

冬至坎始用事,而主六气,初六爻也。小寒于坎,直九二。大寒于坎,直六三。立春于坎,直六四。雨水于坎,直九五。惊蛰于坎,直上六。

春分于震,直初九。清明于震,直六二。谷雨于震,直六三。

立夏于震，直九四。小满于震，直六五。芒种于震，直上六。

夏至于离，直初九。小暑于离，直六二。大暑于离，直九三。立秋于离，直九四。处暑于离，直六五。白露于离，直上九。

秋分于兑，直初九。寒露于兑，直九二。霜降于兑，直六三。立冬于兑，直九四。小雪于兑，直九五。大雪于兑，直上六。

若寻此说之源，见于《汉书·魏相传》，魏相上封事说四方四神，其言曰："东方之神太昊乘震，执规司春；南方之神炎帝乘离，执衡司夏；西方之神少昊乘兑，执矩司秋；北方之神颛顼乘坎，执权司冬。"此已将四正卦配四时，但未配二十四气。孟喜与《通卦验》的配法相同，未知二者关系如何。由于孟喜通儒家易，所以他可说出一个配合的理由而《通卦验》则未说，这就是儒家与阴阳家的分别。

这样的配合，相当巧妙，而且说来既合易理，因此象数易家便用此为例以注经。如大有(䷍)卦辞："大有，元亨。"象曰："大有，柔得尊位，大中而上下应之，曰大有，其德刚健而文明，应乎天而时行，是以元亨。"虞翻解"应乎天而时行"曰："谓五，以日应乾而行于天也，时谓四时也，大有亨，比初动成震为春；至二兑，为秋；至三离，为夏；坎为冬，故曰时行。"这就是用孟喜四正卦为卦例。

至于郑玄注随(䷐)初九："官有渝，贞吉，出门交有功。"象曰："官有渝，从正吉也；出门交有功，不失也。"说为："震为大涂，又为日门，当春分，阴阳之所交也，是臣出君门，与四方贤人交，有成功之象也。"由此即知郑玄不但用四正卦值二十四气为说，而且用到易纬《乾坤凿度》所说的震为日月出入门。

丙、十二月卦

十二月卦即十二消息，表示一年的阴阳进退变化。消息这个概念来源甚早，如《淮南子·兵略训》言："深哉瞒瞒，远哉悠悠，且冬且夏，且春且秋，上穷至高之末，下测至深之底，变化消息，无所凝滞。"这就是说岁时的消息。如《庄子·盗跖》言:"若枉若直,相而天极,面观四方,与时消息。"这是说时空的变化。至于《六韬·五音》:"武王问太公曰:律音之声,可以知三军之消息、胜负之决乎?"这里说的消息,就等于我们口语所说的消息,这亦是由消息的原意变化而来。我们说有什么消息,就如问事情有何新的变化,这即由"变化消息"的概念而来。

《周易》中本已有消息之说,如剥卦,象传说:"君子尚消息盈虚",即其一例。至于说消息的定义,则如说"刚决柔"、"柔变刚"。于刚决柔,即是以阳息阴,所以阳生阴灭;于柔变刚,即是生起阴爻以改变阳爻,是即阴消阳,所以阴生阳灭。前者称为"息卦",后者称为"消卦"。此亦成为卦例。如夬(䷪),虞翻即说为"阳决阴,息卦也。"又如姤(䷫),虞翻说"消卦也"。

后来象数易家将消息的意义扩大,变成阳爻用事称为息,阴爻用事称为消,这原不是象传的本义,但亦成为通例。

唐僧一行《大衍历议·卦义》说:"十二月卦,出于孟氏章句,其说易本于气,而后以人事明之。"这是说十二月卦源于孟喜,其实未必然。据尚秉和先生说,干宝《周礼注》引《归藏》云:"复子、临丑、泰寅、大壮卯、夬辰、乾巳、姤午、遯未、否申、观酉、剥戌、坤亥。"是则十二月卦的说法比《周易》还要早。

在易纬诸书中,如《乾凿度》亦多处说消息,如言:"孔子曰:阳消阴言夬,阴消阳言剥者,万物之祖也。"这其实等于说十二消息。所谓消息,亦可以看成是阴阳进退,当阳进时,见到阳爻现,阴爻藏,这便是阳息坤,反之,当阴进时,见到阴爻现,阳爻藏,这便是阴消乾,现谓之进,藏谓之退。

因此十二消息可以这样理解,由坤卦(䷁)开始,到十一月冬至时,一阳来复,成为复卦(䷗),是即阳进,如是便开始消息了。兹将十二消息表列如下,并附上虞翻的注解。

䷗ 复	十一月	子	阳息坤
䷒ 临	十二月	丑	阳息至二
䷊ 泰	正 月	寅	阳息坤
䷡ 大壮	二 月	卯	阳息泰也
䷪ 夬	三 月	辰	阳决阴,息卦也
䷀ 乾	四 月	巳	
䷫ 姤	五 月	午	消卦也
䷠ 遯	六 月	未	阴消姤二也
䷋ 否	七 月	申	阴消乾
䷓ 观	八 月	酉	阳息临二,观反临也
䷖ 剥	九 月	戌	阴消乾也
䷁ 坤	十 月	亥	

由上表可以看到,由复卦开始,坤卦的阴爻,由下向上,一爻一爻地"阳息",于是阳爻一爻一爻地生起,到乾为止,便六爻都是阳爻了。所以这叫做息卦。再由乾卦开始,由下向上,一爻一爻地"阴消",于是阴爻一爻一爻地生起,到坤卦为止,便六爻都是阴爻了,所以这叫做消卦。中间的变化过程,亦可以说是由前一卦消息成下一卦,例如遯卦,可以说是将姤卦的九二爻消去,因此成为遯,所以虞翻便说:"阴消姤二也。"

又,于下卦三爻消息完成,亦说为"阳息坤"、"阴消乾",这即是泰卦与否卦。在这里不是依一爻一爻的消息来说,而是依上卦与下卦来说。这一点比较重要,因为有此卦例,当看消息时,便可以一爻一爻地看,亦可以分成上下卦来看,虞翻即时用此例。

《易纬·乾凿度》将十二消息中的十个卦(除乾、坤二卦)有所表征,郑玄为此作注,表征人体、动物、人事,尤有特色的是,他用这些卦来表征人的特性,如称为"临人"、"泰人"等,这种表征即是近取诸身,远取诸物。郑玄注之所以重要,是因为郑氏易已佚,从这里则可以看到郑氏易的一些原则,因此全文引录,唯原文错阙甚多,今参考张惠言的注疏,依笔者的意见加以改正,全文如下。

复,表日角。郑玄注:"表者,人形体之章识也。名复者,初震爻也。震之体在卯,日出于阳。又初应在六四,于辰在丑,为牛,牛有角,复人表象。"

临,表龙颜。郑玄注:"名临者,二爻而互体震,震为龙,应在六五,六五离爻也,体南方为上,故临人表在颜也。"

泰,表载干。郑玄注:"干,楯也。名泰者,三爻也,而体艮,艮为山,山为石体,有以行惧难之器云,应在上六,于人体俱泰人之表,载于干上也。"

大壮,表握诉,龙角大唇。郑玄注:"艮卦至大壮而立,体此为乾,其四则艮爻,并艮为手,握诉者艮也。并二则坎,为水,有唇。诗云:置之河之唇。四名卦而震为龙,故大壮人之表其象也。"

夬,表升、骨、履文。郑玄注:"名夬者,五立于辰,在斗魁所指者。又五于人体当艮卦,于夬亦手,体成其四,则震爻也。为足,其三犹艮爻,于十十次,值本于析,七耀之行起焉。七者属文,北斗在骨,足履文,夬人之表象明也。"

姤,表耳参漏,足履王,知多权。郑玄注:"姤初爻在巽,巽为风,风有声而无形也。九窍之分,目视形,耳听声。八卦属坎,坎为水,水为孔穴象,消卦,其道五事,曰听耳而三漏,听之至。巽为股,初爻最在下,足象,消卦其姤,离为明,人君南面而治焉,足行于其上,姤人表覆(履?)王是由然(此处疑有错漏)。王,人君最尊者。离又为火,火者土寄位焉。土数五,当如姤气于其上,故八,兼更得性耳。巽为进退,又为近利,有知而以进退求利,此谓之姤焉。姤者,阴气之始,故因其表,遂见其情。"

遯,表日角、连理。郑玄注:"名遯者,以离爻也。离为日,消卦,遯主六月,于辰未,未为羊,有角。离,南方之卦也,五均南方,为衡,人之眉上曰衡。衡者,平地。连理,或谓连珠者,其骨起。衡之遯人表,亦少少然,诗《含神雾》云:四角主张,荧惑司过也。"

否,表二(时)、好文。郑玄注:"细或为之时,名否卦者三也。三在五,体艮之中,艮为木多节。否人之表,二时象之,与三艮卦,体五坤,坤为文，故性亦好文也。"

观，表出准、虎(唇)。郑玄注："名观者，亦在五艮之中而位上，艮为山，泽山通气，其于人体则鼻也。艮又门阙。观谓之阙，准在鼻上而高显，观人表出之象。艮为禽喙之属，而当兑之上，兑为口，虎唇又象焉。"

剥，表重瞳、明历元。郑玄注："名剥者，五色也。五离爻，离为日。瞳，目子。六五于辰又在卯，卯，酉属也。剥(离)人表重焉，五月卦(疑误，应为九月卦)，体在艮，终万物，始万物，莫盛乎艮，历数以有终始，剥人兼之，性自然，表象参差，神实为之，难得缕耳，所闻差也。"

十二消息卦又称为辟卦，辟是王的意思。《易纬·乾凿度》说："消息卦，纯者为帝，不纯者为王。"这说法，有可能是据孟喜所说而说，但亦可能阴阳家早有《乾凿度》的说法。孟喜所说实采自阴阳家，这一点如今已难考究。

然而《魏书》正光术及《新唐书·历志》都将四正卦为方伯、十二消息月卦为辟的说法归之于孟喜，应该有所根据。

象数家将一些卦看成是由十二消息卦所生，称为消息所生卦，例如需(䷄)，说为"大壮四之五"，即是大壮(䷡)的九四爻去到五位，原来的六五爻则到四位，这样大壮卦便生出需卦。又如豫(䷏)，说为"复初之四"，即是复(䷗)的初九爻去到四位，原来的六四则到初位，这样复卦便生出豫卦。由消息能生卦，所以便可以将消息卦看成是王，给他生起的杂卦则是臣。不过这个卦例孟喜未说，下面于说虞翻卦例时再详。

象数家多用十二消息卦例来注经，下面举出一些例子。

如乾(䷀)初九："潜龙勿用。"马融注曰："物莫大于龙，故借龙以喻天之阳气也，初九，建子之月，阳气始动于黄泉，既未萌牙，犹是潜伏，故曰潜龙也。"这就是依十二月卦来说。于息卦，复卦是十一月卦，建子(见图二)，所以马融如是说。

如坤(䷁)初六，象曰："履霜坚冰，阴始凝也，驯致其道至坚冰也。"九家易注曰："谓坤初六之乾四，履乾命令而成坚冰也。"又说："初六始姤，姤为五月，盛夏而言坚冰，五月阴气始生地中，言始于微霜，终至坚冰,以明渐顺至也。"这里又引姤为五月卦而说。

如临(䷒)卦辞:"元亨利贞,至于八月有凶。"郑玄注曰:"临卦斗建丑而用事,殷之正月也。"这里用十二月卦,临为十二月卦,建丑(见图二),由丑经历八位至申,即至否卦,所以说八月有凶。依此,则"八月"不是说月份,而是说八个月。

此外,十二月又用以配七十二候,下面再说。兹附十二消息月卦图如下。

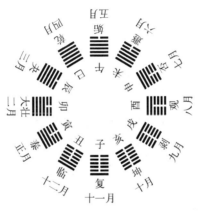

图二:十二消息月卦图

丁、月卦配候

用十二月卦配七十二候,是为月卦配候,即将每卦六爻,十二月卦共七十二爻来配候。所谓候,即物候,见于周公《时训》,亦见于《礼记·月令》。历法以五日为一候,三候为一气,六气为一时,四时为一岁。所以每个月便有六候。每一候中,动物有动态,植物有生态,这便是物候。《月令》将主要的物候记录下来,便可以作为检查气候是否正常的资料。例如说"桃始华",这是二月惊蛰初候的物候,初候即是惊蛰头五日,届时桃树即应开始绽花。如桃不绽花,那么便是气候不正常。易家则认为每卦每爻都可以象征这些气候,如果用十二消息卦来表征,那么"桃始华"便可以用大壮的初九爻来表征了,这即是说,大壮初九爻相当于二月惊蛰的初候,因此,这爻的气便相当于惊蛰初候的气,是即卦气。

物候在古代非常重要,当政者如果见到物候不如《月令》所说,便认为气候不正常,由是即须检讨施政是否适宜,加以改进。阴阳家说阴阳灾异,物候也是他们所说的内容。所以将七十二候纳于十二月卦中,成为卦气的元素,便原有说阴阳灾异的意思。

在孟喜的卦气系统中,又用六十卦来纳七十二候,这就跟现在所说的用十二月卦稍有分别。前者下面再说,现在只将十二月卦配七十二候的图附列如下。

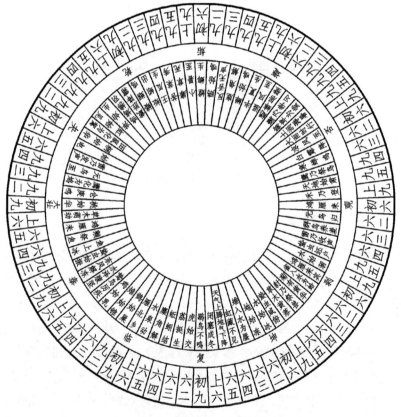

图三:月卦配七十二候图

戊、六日七分

前面已说,孟喜将四正卦配四时(兼配二十四气),将十二月卦配十二月(兼配七十二候),所余下来的,便是配日了。前亦已说,六十四卦难以配合岁实(三百六十五又四分一日),于是孟喜将四正卦分别出来,各管一季,其余六十卦用来配日,若每卦配六日,即共配三百六十日,于是余下五又四分一日,须再分配在六十卦下。这样的数本来很难相配,等于 $5\frac{1}{4} \div 60$,得数甚为奇零。孟喜由是创一日有八十分的说法,$5\frac{1}{4}$ 日即共四百二十分($5\frac{1}{4} \times 80 = 420$)。将四百二十分分配六十卦,于是得每日七分($420 \div 60 = 7$)。每日分为八十分,本来没有什么道理,因为若将八十分分配十二时辰,每时辰即得 6.666……分,真的是六六无穷,这是不合理的事。由此可见,当时设计每日分八十分时,只是为了值日候卦,完全没想到八十这个数字是否合理。因此我们可以认为,这值日候卦应为孟喜所自创,他成立卦气这个系统,即完全以每日八十分的设计为基础。

到了后来,焦延寿的值日、京房的值日、《易轨》的值日,又跟孟喜不同,那应该是基于孟喜值日而发展出来的结果。

将六十卦分配于四正卦之下,每一正卦得十五卦,一正卦管一季,刚好是三个月,于是将十五卦分为三组,每组即得五卦,也就是说,一个月可有五卦。所以在卦气系统下,便成为以五卦为单元的结构。在每一单元中,刚好配入一个十二月卦,因为十二月卦本来就分值十二个月,是以刚好配合。由是每单元中便成为一个月卦配上四个杂卦。孟喜再将十二月卦称为辟,其余称为公、侯、卿、大夫,于是每单元的结构便非常齐整。五卦值月的次序,先为侯,然后次第为大夫、卿、公、辟。

不过,六十卦所配的月,实依气而定,不同于历法所订的月。依气而定月,立表如下。

十一月	大雪节	冬至气
十二月	小寒节	大寒气
正　月	立春节	雨水气
二　月	惊蛰节	春分气
三　月	清明节	谷雨气
四　月	立夏节	小满气
五　月	芒种节	夏至气
六　月	小暑节	大暑气
七　月	立秋节	处暑气
八　月	白露节	秋分气
九　月	寒露节	霜降气
十　月	立冬节	小雪气

孟喜的值月是:由十一月节开始,即由大雪开始,分为六候,用五卦来值,这亦是一个难题,因为五卦不能值六候,所以,孟喜将候卦一分为二,候的内卦,值于奇数月份的末候,候的外卦,值于偶数月份的初候,这样一分为二,就可以用五卦配六候。此详值月值候表(见下页)。

若配成圆图,便是所谓"六日七分卦气图"。

圆图与表稍有不同,表上没有列出四正卦,圆图则有。既列出四正卦,便应该由卦的初爻开始,如坎卦,初六即值冬至,相当于子月的公卦中孚,所以说"卦气起中孚"。这样一来,坎卦所值便由冬至到惊蛰,以月计,即应由十一月的冬至气到二月的惊蛰节。亦即每正卦所值,都由中气开始,与每个月由节开始不同。读者可以将值候表与圆图比较。

每卦六日七分的问题既已解决,于是整个卦气的结构便完全了,剩下来的只是如何将六十卦配七十二候,因为在占筮时,候的作用很大,只看《焦氏易林》便知。此于下节再说。

值月值侯表

月	节气	初候	次候	末候
十一月	大雪节	侯 未济外	大夫 寒	卿 颐
十一月	冬至气	公 中孚	辟 复	侯 屯内
十二月	小寒节	侯 屯外	大夫 谦	卿 睽
十二月	大寒气	公 升	辟 临	侯 小过内
正月	立春节	侯 小过外	大夫 蒙	卿 益
正月	雨水气	公 渐	辟 泰	侯 需内
二月	惊蛰节	侯 需外	大夫 随	卿 晋
二月	春分气	公 解	辟 大壮	侯 豫内
三月	清明节	侯 豫外	大夫 讼	卿 蛊
三月	谷雨气	公 革	辟 夬	侯 旅内
四月	立夏节	侯 旅外	大夫 师	卿 比
四月	小满气	公 小畜	辟 乾	侯 大有内
五月	芒种节	侯 大有外	大夫 家人	卿 井
五月	夏至气	公 咸	辟 姤	侯 鼎内
六月	小暑节	侯 鼎外	大夫 丰	卿 涣
六月	大暑气	公 履	辟 遁	侯 恒内
七月	立秋节	侯 恒外	大夫 节	卿 同人
七月	处暑气	公 损	辟 否	侯 巽内
八月	白露节	侯 巽外	大夫 萃	卿 大畜
八月	秋分气	公 贲	辟 观	侯 归妹内
九月	寒露节	侯 归妹外	大夫 无妄	卿 明夷
九月	霜降气	公 困	辟 剥	侯 艮内
十月	立冬节	侯 艮外	大夫 既济	卿 噬嗑
十月	小雪气	公 大过	辟 坤	侯 未济内

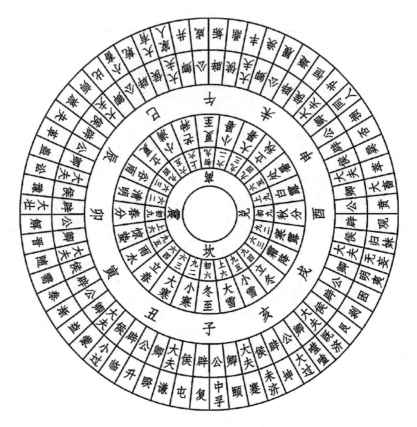

图四：六日七分卦气图

象数易家用六日七分注经者甚众，此如大有（☰），象曰："火在天上，大有。"荀爽注曰："谓夏火王在天，万物并生，故曰大有也。"在六日七分图，大有值芒种节，时当五月，居离卦上六，所以说是火旺（王）。这亦同时解释了大有的卦象，离在上，乾在下，即是火旺在天之象。

又如解（☳），象曰："雷雨作而百果草木皆甲宅。"荀爽注曰："解者，震世也，仲春之月，草木萌牙，雷以动之，雨以润之，日以烜之，故甲宅也。"依六日七分图，震在二月（卯），所以说是仲春之月，上卦震，所以说雷以动之，下卦坎，所以说雨以润之，二、三、四爻互卦为离，所以说日以烜之。

又如损(䷨),彖曰:"曷之用二簋可用享,二簋应有时。"虞翻注曰:"时,谓春秋也,损二之五,震二月,益正月,春也,损七月,兑八月,秋也,谓春秋祭祀,以时思之,艮为时,震为应,故应有时也。"这里所说的震二月、益正月、损七月、兑八月都依六日七分而说。

又如姤(䷪),彖曰:"后以施命诰四方。"虞翻说:"震二月,东方;姤五月,南方;巽八月,西方;复十一月,北方,皆总在初,故以诰四方也。"所说的月与方,都依六日七分而说。

又如井(䷯)九五:"井洌,寒泉食。"虞翻注云:"泉自下出称井,周七月,夏之五月,阴气在下,二已变坎,十一月为寒泉,初二已变,体噬嗑食,故洌寒泉食矣。"这里说的坎十一月为寒泉,亦根据六日七分而说。

用六日七分图注经的不只荀、虞两家,如郑玄亦用其例。如复(䷗),"反复其道,七日来复",郑玄注曰:"建戌之月,以阳气既尽;建亥之月,纯阴用事;至建子之月,阳气始生。隔此纯阴一卦,卦主六日七分,举其成数言之,而云七日来复。"(依《周易正义》引)此亦全用卦气六日七分之说。

己、六十卦配候

用六十卦配七十二候很难配得完整,因为每卦只得一又五分一候,所以在孟喜的卦气图上,其实是依十二月卦来配,每卦六爻值六候,恰为七十二候,即如图三"月卦配七十二候图",不过再加上六十卦的排列,如图四"六日七分卦气图",将两图综合,即成包含六十卦值候的"卦气全图",如图五。

近贤尚秉和先生对六十卦值候别有会心,他在《周易尚氏学》中,推重周公的《时训》,说言:"其气候皆以卦象为准,故卦气图与《时训》不能相离,其所准易象,与易经所关最巨。"他举例说:"如于屯曰:雁北乡。以屯上互艮为雁,于巽曰:鸿雁来。亦以巽为鸿雁,而渐之六鸿象得解。"又说:"以艮为蛤、为鼍,艮外坚故与离同象,而易之贝象、龟象得解。以兑为斧,以艮为巢、为鹰,皆赖以解。"这是因为他在研究《焦氏易林》时,由六十卦的值候得到解释,知《易林》的命意,所以便对卦候尤其重视。在尚先生之前无人对卦候如此用心,更没想到它对解释《易林》如此重要,这一点可以说是尚先生的发明。

对于卦和候的关系,他亦别有会心,如依卦气图,中孚(䷼)的值候是"蚯蚓结",中孚的上卦是巽,巽为虫,所以说为蚯蚓,中孚是两个巽卦颠倒相对,所以说是结;又于复卦(䷗),于值候为"麋角解",他认为艮为角,复卦的下卦象为"艮覆在地",所以说是麋角解,解即是落的意思。由尚先生的说法,可以触发我们的思路,用卦的值候来看系辞,当然更可以用它来看《焦氏易林》。这是前人从未说过的卦例。

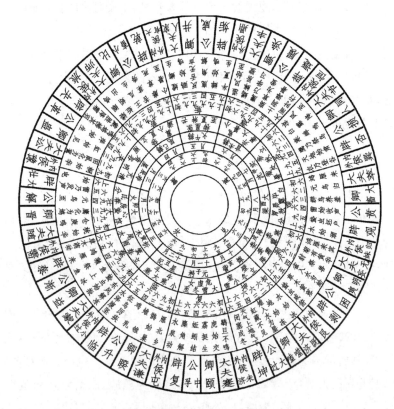

图五:卦气全图(含六十卦值候)

图中四正卦的位置,并未依东南西北的位置排正,原因是要将十一月放在最接近读者的正方向,所以四正卦便放在四隅的位置。阅图时留意:十一月、二月、五月、八月这四个月份,值一卦的上爻及其下一卦的初爻,如十一月,值兑卦的上六及坎卦的初六,所以这四个月份,可以说是四正卦中两卦交替的时际,亦即是二分二至的位置。

图分八层,由内起第一层为坎、震、离、巽四正卦;第二层为四正卦六爻;第三层为十二月;第四层为十二月建辰,如十一月为子,十二月为丑等,所附元枵、星纪等,为黄道十二宫名;第五层为二十八宿及二十四节气;第六层为值月的十二消息卦及其六爻;第七层为消息卦每爻的值候,如鹖旦不鸣,虎始交等;第八层为五爵六十卦,如公中孚、辟复等。

象数易家注经,多依卦气图而注,然而多只用其一层所列,即或说四正卦,或说十二消息卦,或说月份,或说黄道十二宫,或说物候,或说五爵六十卦。此例甚多,随文而知,兹不细说。

今更将此卦气图列成表格附后,以便查阅,此较圆图为方便。

节气	月中节 四正卦	候 卦	初	中	末
冬至	十一月中	候	蚯蚓结	麋角解	水泉动
	坎初六	卦	公 中孚	辟 复	侯 屯内
小寒	十二月节	候	雁北乡	鹊始巢	野鸡始雊
	坎九二	卦	侯 屯外	大夫 谦	卿 睽
大寒	十二月中	候	鸡始乳	鸷鸟厉疾	水泽腹坚
	坎六三	卦	公 升	辟 临	侯 小过内
立春	正月节	候	东风解冻	蛰虫始振	鱼上冰
	坎六四	卦	侯 小过外	大夫 蒙	卿 益
雨水	正月中	候	獭祭鱼	鸿雁来	草木萌动
	坎九五	卦	公 渐	辟 泰	侯 需内

续 表

节气	月中节/四正卦	候/卦	初	中	末
惊蛰	二月节	候	桃始华	仓庚鸣	鹰化为鸠
	坎上六	卦	侯 需外	大夫 随	卿 晋
春分	二月中	候	玄鸟至	雷乃发声	始电
	震初九	卦	公 解	辟 大壮	侯 豫内
清明	三月节	候	桐始华	田鼠化为鴽	虹始见
	震六二	卦	侯 豫外	大夫 讼	卿 蛊
谷雨	三月中	候	萍始生	鸣鸠拂其羽	戴胜降于桑
	震六三	卦	公 革	辟 夬	侯 旅内
立夏	四月节	候	蝼蝈鸣	蚯蚓出	王瓜生
	震九四	卦	侯 旅外	大夫 师	卿 比
小满	四月中	候	苦菜秀	靡草死	小暑至
	震六五	卦	公 小畜	辟 乾	侯 大有内
芒种	五月节	候	螳螂生	鵙始鸣	反舌无声
	震上六	卦	侯 大有外	大夫 家人	卿 井
夏至	五月中	候	鹿角解	蜩始鸣	半夏生
	离初九	卦	公 咸	辟 姤	侯 鼎内
小暑	六月节	候	温风至	蟋蟀居壁	鹰乃学习
	离六二	卦	侯 鼎外	大夫 丰	卿 涣
大暑	六月中	候	腐草为萤	土润溽暑	大雨时行
	离九三	卦	公 履	辟 遯	侯 恒内
立秋	七月节	候	凉风至	白露降	寒蝉鸣
	离九四	卦	侯 恒外	大夫 节	卿 同人
处暑	七月中	候	鹰祭鸟	天地始肃	禾乃登
	离六五	卦	公 损	辟 否	侯 巽内
白露	八月节	候	鸿雁来	玄鸟归	群鸟养羞
	离上九	卦	侯 巽外	大夫 萃	卿 大畜
秋分	八月中	候	雷乃收声	蛰虫培户	水始涸
	兑初九	卦	公 贲	辟 观	侯 归妹内

续　表

节气	月中节 四正卦	候 卦	初	中	末
寒露	九月节	候	鸿雁来宾	雀入大水为蛤	菊有黄华
	兑九二	卦	侯　归妹外	大夫　无妄	卿　明夷
霜降	九月中	候	豺乃祭兽	草木黄落	蛰虫咸俯
	兑六三	卦	公　困	辟　剥	侯　艮内
立冬	十月节	候	水始冰	地始冻	野鸡入水为蜃
	兑九四	卦	侯　艮外	大夫　既济	卿　噬嗑
小雪	十月中	候	虹藏不见	天气上腾地气下降	闭塞而成冬
	兑九五	卦	公　大过	辟　坤	侯　未济内
大雪	十一月节	候	鹖鸟不鸣	虎始交	荔挺生
	兑上六	卦	侯　未济外	大夫　蹇	卿　颐

二、焦延寿易例

焦延寿易谓得孟喜所传,又说是"独得隐士之说,托之孟喜"(见《汉书·儒林传》),若然,则焦延寿实未曾师事孟喜。但无论如何,焦氏实亦用卦气,这可以说为师事孟喜,至少亦私淑孟喜。

《汉书·京房传》记焦延寿事,说他于补小黄令时,"以候司(伺)先知奸邪,盗贼不得发"。那就是说他能以占筮预知盗贼,因此焦延寿实以占筮为长,注经则非其所务。但他并未持占筮来招摇,且预知弟子京房将会"得我道而亡身",由此可知其高尚。他终身任小黄令,且卒于任上,可谓自甘淡泊,不求闻达,是故他亦未说易例,不似京房的路出多方。

他有《焦氏易林》一书传世,至今犹见,倘若有人潜心研究,实在可以发掘出他的一些易例,此如前引尚秉和先生之所言,即是精研《易林》之所得。今说焦延寿易例，亦唯引用他的《易林》，兼略广尚氏之所说。

甲、占筮例

《易林》的体例，是由一卦变六十四卦。综六十四卦则可共变为四千零九十六题。所谓"题"，即如"乾之乾"、"乾之屯"等。或简题为"之坤"，或且省去"之"但记为"屯"。

"之"的例，可理解为由一卦变为他卦，如"乾之坤"，即由筮得乾卦变为坤卦。若如《左传》筮例，即是六爻皆变；"乾之屯"，即筮得乾卦变为屯卦，若如《左传》筮例，即是乾之二、三、四、上共四爻变。以图示例如下：

乾 ䷀ 之 坤 ䷁
乾 ䷀ 之 屯 ䷂

正因如此，故可称为"六十四卦变"。可是《易林》的例却并非如此。

费直以易学宗师的身份为《易林》作序，他的说法很值得注意，今引述如下。

首先，序一开头就说："六十四卦变者占，王莽时建信天水焦延寿之撰也。"他不说为"六十四卦变"而说为"六十四卦变者占"，显然二者有分别。"六十四卦变"即如前说通例，占得一卦，由于爻变，变成他卦，是即"卦变"，一卦由爻变可变成六十四卦。

至于"六十四卦变者占"，则可以理解为六十四卦依变者为占。至于何谓"变者"，那就跟《易林》的占法有关了。

其次，即说到《易林》的占法。费直序文的说法是：

> 其说长于灾变，分六十四卦更直日用事，以风寒温为候，各有占验，房用之尤精。
>
> 孟康曰：分卦直日法，一爻主一日，六十卦为三百六十日，余四卦震、离、兑、坎，为方伯监司之官。所以用震、离、兑、坎者，是二

至二分用事之日,又是四时各专主之气,各卦上一日。

其占法,各以其日观善恶也。

上引孟康所说,与孟喜不同,焦氏一卦六爻、爻主一日,则一卦便值六日,不如孟喜之值六日七分。所以要配六日,那是为了方便占筮,为此,须一说其占法。

"其占法,各以其日观善恶也。"这一句是费直所说,不是孟康的话,所以跟上文无关。依照这句话,用《易林》占筮时不是占得一卦再看其变卦(如《左传》筮例),而是依着"其日"(卦所值之日)所占得的卦来断吉凶。举例而言,如乾值日,占得坤卦,即用"乾之坤"来断吉凶。

倘若觉得费直的说法还不够清楚,那么,还可以参考书前"焦林直日"的说法。他说:

每两节气共三十日管五卦,逐日终而复始排定一卦,相次管六日。

凡卜,看本日得何卦,便于本日卦内寻所得卦看凶吉。

这就说得非常清楚了。此如上说,如于乾卦所值六日的任何一日内,筮得乾卦,不管其爻变如何,都是"乾",是为"乾之乾";若筮得屯卦,便是"乾之屯"。余可例推。

正因这样,一卦才不能值六日七分,因为奇零之数若每日积累,占筮的人不可能日日计算清楚,由是便只能一卦值整数六日。所占得之卦,即是费直所说的"变者"。如于乾卦值日,本当以乾卦定吉凶,如今占得他卦,这他卦便改变了乾卦的吉凶,是故可称为"变者"。

这样做有一个疑问,若占得"九"、"六"变爻怎么办?

提出这个问题只是由于我们有一个先入为主的概念,以为阳爻占到九、阴爻占到六便变,而且必用变爻的爻辞来占。然而九、六虽然必变,却不一定用变爻爻辞来占,此如《晋语》公子重耳筮得国,"得贞屯悔豫，皆八也"。这个占例是：

贞 ䷂ 屯 之 悔 ䷏ 豫

是即屯初九、六四、九五三爻变，变为豫卦，既有变爻，何以竟说为"贞屯悔豫皆八"？这正是不用变爻爻辞来占的例；正因不用变爻，所以说是"八"，亦即只用由屯变为豫的象及二卦卦辞来占筮。这是当时的易例，今日已难知其究竟。笔者早年有《周易变占法引论》一文，于1970年发表于台湾《易学》杂志两周年纪念特刊，论占爻变之例，当时颇为学者注意，今略加补充附录于本书之后，望能抛砖引玉，探讨筮得数个爻变时的占例。

然而无论如何，由《国语》及《左传》所记述的一些筮例，实可以见到不用变爻爻辞的例，所以《易林》不管变爻之辞，不但无可厚非，而且所遵从的还可能是当时占筮的例。至于不管当时所得之卦亦可能因有爻变而变为他卦，则可以视为焦氏撰《易林》的例。他是以值日之卦为本、为贞，筮得之卦为变、为悔。其例如此，问题只在于占筮的人相信不相信这个易例，却不能否定其例。

由此筮例，每日筮得便只六十四题而非四千零九十六题（一如前举六壬，每日仅得十二课而非六十四课）。

乙、值日例

《易林》有"焦林直日"一篇附于书前，当非焦延寿所自附，其说与费直序引孟康所说相同。今日说焦延寿《易林》例的人，除此以外恐亦别无其他资料，今依此篇列表如下（见下页）。

这个值日例同《乾凿度》所说：

> 亦爻所生岁，三百六十五日四分日之一，以卦用事，一卦六爻，爻一日，凡六日。初用事，一日天王、诸侯也，二日大夫也，三日卿，四日三公也，五日辟，六日宗庙。爻辞善则善，凶则凶。

节　　　气	卦　　名
立春　雨水　（三十日五卦，每卦直六日）	小过,蒙,益,渐,泰
惊蛰　春分　（春分震卦直一日）	需,随,晋,解,大壮
清明　谷雨	豫,讼,蛊,革,夬
立夏　小满	旅,师,比,小畜,乾
芒种　夏至　（夏至离卦一日）	大有,家人,井,咸,姤
小暑　大暑	鼎,丰,涣,履,遯
立秋　处暑	恒,节,同人,损,否
白露　秋分　（秋分兑卦直一日）	巽,萃,大畜,贲,观
寒露　霜降	归妹,无妄,明夷,困,剥
立冬　小雪	艮,既济,噬嗑,大过,坤
大雪　冬至　（冬至坎卦一日）	未济,蹇,颐,中孚,复
（从大雪后将坎卦入数断，从立冬后四十五日系王相，不断）	
小寒　大寒	屯,谦,睽,升,临

这不是说占筮，而是以卦值日来占异变（爻）的吉凶。异变发生在哪一天，即看那天为何卦何爻所值，由爻解定吉凶。虽然所说的主旨与焦氏不同，但所说的卦值日法却彼此无异。可见卦值日不用六日七分而用六日，极可能是阴阳家的通例，反而六日七分之说实为特例。今焦延寿即依通例而撰《易林》，所以费直为之作序时并无异说，且孟康亦无异说，若六日七分始为通例，则他们当会提及。

至于上表中所说"从大雪后将坎卦入数断，从立冬后四十五日系王相，不断"，意思是，立冬后至大雪前不用坎卦入数断，及至大雪后至冬至，始将坎卦入数。其时恰值复卦值候，所以这样的分配，可能有迁就"七日来复"的意思。

丙、筮辞例

《易林》每题的筮辞亦必由象而来，断非如寺庙的签语凭空杜撰，然而其依象系辞的根据却须精研始能得之。

焦氏于《易林》系辞虽未自说其例，然此中亦有可依卦象即能理其头绪者。试举一例。

如乾之比："中夜狗吠，盗在墙外，神明佑助，销散皆去。"比(䷇)象，上体坎为盗、下体坤为墙，所以"盗在墙外"。乾为神，所以"神明佑助"。至于"中夜狗吠"则当以比九五为卦主，互艮（三、四、五爻），为犬，五在坎中，所以说"中夜"（孟氏逸象以坎为阴夜）。焦延寿传有"孟氏逸象"（见上篇"说卦例"），可见他于占筮必然重象，上面的说法未为无据。

但另外一些例子，却须依京房的"世应"来取象。京房是焦氏弟子，所以成立世应的八宫，亦可能与焦氏有关，未必是京房自己的创意。

此如乾之坤："招祸来螫，害我邦国。病在手足，不得安息。"坤的世爻在上位，应爻在三位。世爻变时，坤的上体成艮象，艮为皮肤，坤为邦国，所以有"招祸来螫，害我邦国"之象，此以上九为祸，上九一阳据五阴，故言。应爻变时，坤变为艮(䷳)，应爻有艮象为手，有震象为足，应爻处于坎中，所以说为"病在手足，不得安息"。

又如需之小畜："纴绩独居，寡处无夫，阴阳失忘，为人仆使。"小畜世爻在初位，应爻在四位，世爻变时成巽(䷸)，巽为妇、为妻，世爻初与六四为敌应，且巽为陨落，故说为寡妇。当应爻亦变时，成姤(䷫)，一阴处于五阳之下，初六欲上应四，为二阳所阻隔，是故"阴阳失忘"，初六一阴爻乘五阳爻，是故"为人仆使"。

又如师之夬："文山紫芝，雍梁朱草，生长和气，福禄来处。"师为四月卦，夬为三月辟卦，春夏都是草木繁盛的节候。夬五世卦，应爻在二。世爻变时，上体成震，震为草木；应爻更变，下体成离，离为赤，所以说为"紫芝"及"朱草"。成丰卦(䷶)，由初至上，依次为一阳一阴、二阳二阴，阴阳相交平衡，所以说"生长和气"。

以上三例只是笔者的私见,可以看成是悬解,此则尚希高明指正。

此外,尚秉和先生由《时训》物候归纳出一些焦氏的逸象,至堪参考,此前已略说,今不再引。但他说《焦氏易林》有"正覆象"例,此即堪注意。

《易林》益之萃云:"往来井井",尚氏认为这是"以萃三至上正反兑",这即是萃(䷬)三至上爻成两个兑卦之象,四、五、上为正兑象,三、四、五为反兑象,这就是"正覆象"。

又如同人之中孚云:"衣裳颠倒",此即以中孚(䷼)二至五爻正反震象,二、三、四为正震象,三、四、五为反震象。

尚有涣之中孚云:"闻言不信",此亦以中孚有正反震象而言,震为言,震覆故不信。

他还主张用"正覆象"来注经。如其于"说例"中有一条言:

> 卦有卦情。中孚之"鹤鸣"、"子和",以中爻正反震相对也。故下之震鹤一鸣,三至五即如声而反,故曰"子和"。

这是说中孚(䷼)九二:"鸣鹤在阴,其子和之。我有好爵,吾与尔靡之。"中孚二至五爻为互卦颐(䷚),象为正反两个震卦,故以此为说。他又举兑卦例:

如兑,"朋友讲习",以初至五,正覆兑相对,若对语然,故曰"讲习"、曰"商兑"。兑象曰:"丽泽兑,君子以朋友讲习。"九四爻辞说:"商兑未宁,介疾有喜。"尚氏即以互卦解之,兑象䷹的初至五爻,恰为兑☱的正反象,二象相对,所以尚氏说为"对语"。先师王子畏先生在他的《周易象义》中,释此亦说"兑两口相对,故朋友讲习也"。与尚氏同。王先生精于虞氏易,所说亦如是,可谓植基不同而所见则同。由是知明象之可贵。

如上所言《易林》辞例,今可总结四条:

一者,于上下体及互卦用卦象例;二者,于卦象及互卦用逸象例;三者,正覆象例;四者,用世应例。

三、京房易例

西汉象数家易,以京房最为博大,起承先启后的作用。说为承先,是因为他继承了孟喜、焦延寿的象数易,再加以发挥,由是成为一上应天文、下及地理、中括人事的庞大体系,从而创立了一些易例,复由后贤承继。郑玄的易学对此即有所继承,譬如"爻辰"之例即是。后来郑玄又以爻辰为纲,引申了一些易例,成为东汉象数易的大家,若推究源头,可以说是京氏学的发扬光大,即京房的启后。

京房易源于焦延寿,焦京的易学都可以说是观乎天文而察于时变。今时尚有《京氏易传》三卷传世,先师王子畏先生曾手录天一阁藏本,用以精研京氏易,今据子畏师所传,阐述京氏易例。

先叙京氏易例目如次,以清眉目。

(一)八宫篇。其例有四:(1)八宫,(2)世应,(3)值月,(4)飞伏。

(二)卦气篇。其例有三:(1)四监司·分至·二十四气,(2)十二辟卦,(3)六日七分。

(三)甲子篇。其例有六:(1)十母,(2)十二子,(3)二十八宿,(4)律吕,(5)纳甲,(6)爻辰。

(四)五行阴阳篇。其例十四,可分为两类:(1)五行,(2)阴阳五行(五行五合、五行六合、五行三合、地支藏人元五行、六冲、六害、三刑、五行生克、五行休旺、天干生旺死绝、纳音五行、八卦五行、五行五星)。

(五)杂篇。其例有四:(1)月建积算,(2)六亲,(3)六神,(4)互体。

由上所述，即知刘向所说术数家六种，几乎已为京氏全收。其中卦气篇大同于孟喜，但亦有小异。至于甲子及五行阴阳两篇，后来已成为术数家的常识，传至今日尚为术数家所必用，但在当时，京房却有将之整理而成系统之功，在京房前，从未有人如是综合比对。至于六亲、六神，未必创自京房，但由京房之学成立《火珠林》的筮法，在当时可谓创新。兼且此法传至今日而仍未衰，虽滥竽充数者多，但仍未失"君子尚其占"而见机乎微的文化传统，这些都是京房易例留给后世的文化结晶。于八宫篇，八宫虽未必创自京房，但其所涵卦例却俨然成一崭新系统。

今且说其易例。

甲、八宫篇

1. 八宫

乾坤及六子共八卦，由此八卦立宫是名八宫。我们也可以将八宫看成是一个卦序。今本《周易》的卦序为儒家所定，成立卦序的原则，以卦的正对反对为主，再根据儒家思想，将一对一对卦排列，这样天、地、人三才便整理成为秩序，如是即成为卦序。

在这卦序成立以前，应该另有卦序，此如帛书《易经》，便是一个八宫的卦序，这个卦序跟京房的八宫不同，乾坤及六子卦排列的宫次为：乾、艮、坎、震、坤、兑、离、巽，每宫的卦亦分别以此为上卦，下卦基本上依照乾、坤、艮、兑、坎、离、震、巽的次序，循环排列。这排列的方式，宫次即以乾卦为首，然后是少男、中男、长男，再以坤卦为首，然后是少女、中女、长女。至于下卦则根据〈说卦传〉之所说："天地定位，山泽通气，雷风相薄，水火不相射。"如是配合，六十四卦便成为一个序列。京房的八宫，即可能根据这八宫加以改造，八宫的宫次改为以乾为首，然后是长男、中男、少男，再以坤为首，然后是长女、中女、少女。至于每宫中的卦，其排列则有阴阳消息的思想。今先列八宫图如下。

八宫	乾宫	震宫	坎宫	艮宫	坤宫	巽宫	离宫	兑宫
八纯卦上世	乾	震	坎	艮	坤	巽	离	兑
一世	姤	豫	节	贲	复	小畜	旅	困
二世	遯	解	屯	大畜	临	家人	鼎	萃
三世	否	恒	既济	损	泰	益	未济	咸
四世	观	升	革	睽	大壮	无妄	蒙	蹇
五世	剥	井	丰	履	夬	噬嗑	涣	谦
游魂四世	晋	大过	明夷	中孚	需	颐	讼	小过
归魂三世	大有	随	师	渐	比	蛊	同人	归妹

京房设计出八宫这个系统,应该跟占筮有关,因为他根据八宫成立世爻、应爻,这两爻在占筮中起很大的作用,《火珠林》筮法传至今日仍然沿用世应,由此可见成立世爻、应爻在占筮上作用非常之大。京房自己在《京氏易传·姤》说:"定吉凶只取一爻之象。"所谓一爻,即指世爻,此即可见,京房成立八宫,目的即在成立世应,然后以世爻为主,应爻为次,从而定吉凶悔吝。前面说过,丁宽注易亦重应爻,因此京房成立世应,可以说是这易例的发挥。

他在排列每宫八卦时,实在受消息的影响,依成立十二消息卦例来成立八宫的卦。今以乾宫为例,略说如下。

乾(☰)为本宫卦,初爻变成为姤卦(䷀),是为第二卦;再变第二爻,成为遯卦(䷠),是为第三卦;再变第三爻,成为否卦(䷋),是为第四卦;再变第四爻,成为观卦(䷓),是为第五卦;再变第五爻,成为剥卦(䷖),

是为第六卦。到这里,不能更变上去,若再变时则成为坤卦(䷁),那就犯入他宫,因此只有退回去,依剥卦而变,变第四爻,成晋卦(䷢),是为第七卦。最后,将晋卦下三爻同时变,成为大有卦(䷍),是为乾宫第八卦。

由初爻变至五爻,一爻一爻变上去,那就是依消息卦的例而变,是故可以说,京房的八宫卦,基础在于消息,乾宫八卦以阳息为主,坤宫八卦以阴消为主,其余六子各宫,只是依例而变。至于说"刚柔相推",那恐怕只是表象,并非京房成立八宫的本质。

用八宫注经,可略举二例。

如讼(䷅),卦辞:"讼,有孚。"干宝注曰:"讼,离之游魂也,离为戈兵,此天气将刑杀,圣人将用师之卦也。讼,不亲也,兆民未识天命不同之意。"这是以讼为离宫的游魂卦,所以引离卦的象来说,是即八宫之例。

如解(䷧),象曰:"雷雨作而百果草木皆甲宅。"荀爽注曰:"解者,震世也,仲春之月草木萌牙,雷以动之,雨以润之,日以烜之,故甲宅也。"这是以解为震宫的卦,所以引震卦的象来说。

由此两例知道,当用八宫注经时,未必用所注卦之象,卦在何宫,即以此宫本卦之象而说,所以注讼卦用离象,注解卦用震象。

2. 世应

由这样成立八宫的卦,就可以同时成立世爻。仍以乾宫为例,变初爻的姤卦,即是一世卦,一世的意思是以初爻为世爻;变二爻的遯卦,即是二世卦,亦即以二爻为世爻(余可类推);变三爻的否卦,即是三世卦;变四爻的观卦,是为四世卦;变五爻的剥卦,是为五世卦。至于游魂卦,由于是由变第四爻而成,所以是四世卦。归魂卦变下三爻而成,所以用下卦的最上一爻,即第三爻为世爻,所以是三世卦。本宫卦(如乾、震等八纯卦)则以上爻为世爻,称为上世。

应爻用"比应"之应义,即初与四应、二与五应、三与上应,是故世爻既定,应爻亦从之而定。如初世卦,应爻必在四;二世卦,应爻必在五,余可类推。

京房又用世应而应三才,《京氏易传》云:"孔子易云:有四易,一世二世为地易、三世四世为人易、五世六世为天易,游魂归魂为鬼易。"这"四易"的说法当然是京房所自说,并非孔子所言,唯《易纬·辨终备》中却有一个故事:

> 鲁人商瞿使向齐国,瞿年四十,今复使行远路,畏虑,恐绝无子。夫子正月与瞿母筮,告曰:"后有五丈夫子。"子贡曰:"何以知之?"子曰:"卦遇大畜,艮之二世。九二甲寅木为世。六五丙子水为应。世生外象,生象来爻生互内象,艮别子,应有五子,一子短命。"

这里说孔子占筮的故事,即提到世爻、应爻。可见自京房以后,凡用易说阴阳灾异,或用易卜筮,都喜欢比附孔子。

于说世应时,京房又订立六爻的爵位:初爻为元士、二爻为大夫、三爻为三公、四爻为诸侯、五爻为天子、上爻为宗庙。此同儒家易,于《京氏易传》中屡屡说及。如乾:"九三三公为应。"姤:"元士居世,尊就卑。"否:"三公居世,上九宗庙为应。"此即京房实重视世爻所居的爵位。这应该与占筮有关,至今卜易家仍然重视世爻,以及世爻的爻位,即依京房之所传。

用世应注经,略举二例如下。

恒(䷟),彖曰:"恒亨,无咎,利贞,久于其道也。"荀爽注曰:"恒,震世也,巽来乘之,阴阳合会,故通、无咎。长男在上,长女在下,夫妇道正,故利贞,久于其道也。天地之道,恒久而不已也。"这即是以恒为震宫的三世卦而说。因为属于震宫,震的下三爻变为巽,所以说:"震世也,巽来乘之。"

噬嗑(䷔)初九:"屦校灭趾,无咎。"干宝注曰:"趾,足也,屦校,贯械也,初居刚躁之家,体贪狼之性,以震掩巽,强暴之男也,行侵陵之罪,以陷屦校之刑,故曰屦校灭趾,得位于初,顾震知惧,小惩大戒,以免刑戮,故曰无咎矣。"噬嗑下卦为震，震象为决躁，所以说"初居刚躁之家"。噬嗑下卦为由巽变震而成，所以说"以震掩巽，强暴之男也"。噬嗑为巽宫五世卦，三、四、五三爻成坎象，坎为刑、为法、为罚，所以说"以陷屦校之刑，故曰屦校灭趾"。

3. 值月

世爻值月之卦称为"世月"，亦称"建"，今时卜筮家之"卦身"即由世月起算。世月推法至为简易，只有一例：世爻属阳，由子值初爻位起算；世爻属阴，由午值初爻位起算，今举数例以明之。

乾(☰)，上世卦，即世爻在上九，为阳爻。由初九起子，数至世爻，为巳，巳为四月，所以乾卦是四月卦。

坤(☷)，上世卦，世爻亦在上六，为阴爻。由初六起午，数至世爻，为亥，亥为十月，所以坤卦是十月卦。

鼎(☲)，二世卦，世爻在九二，为阳爻，由初六起子，数至世爻，为丑，丑为十二月，所以鼎卦是十二月卦。

谦(☷)，五世卦，世爻在六五，为阴爻，由初六起午，数至世爻，为戌，戌为九月，所以谦是九月卦。

举此四例，余例可知。

上面推世月之法，属于简法，人多习用八宫卦气之法来推算，其说较繁复，今亦略说如下。胡一桂《易学启蒙翼传》的说法是：

> 一世卦阴主五月，一阴在午也；阳主十一月，一阳在子也。二世卦阴主六月，二阴在未也，阳主十二月，二阳在丑也；三世卦阴主七月，三阴在申也，阳主正月，三阳在寅也；四世卦阴主八月，四阴在酉也，阳主二月，四阳在卯也；五世卦阴主九月，五阴在戌也，阳主三月，五阳在辰也；八纯上世阴主十月，六阴在亥也，阳主四月，六阳在巳也；游魂四世，所主与四世卦同，归魂三世，所主与三世卦同。

其说可列表如次：

	阳		阴	
上世	四月	巳	十月	亥
五世	三月	辰	九月	戌
四世	二月	卯	八月	酉
三世	正月	寅	七月	申
二世	十二月	丑	六月	未
一世	十一月	子	五月	午

京房《易传》常引世月例以说卦，今引数例：

于乾卦曰："建子起潜龙，建巳至亢，主亢位。"这即是由初爻建子起，至上爻建巳为世月。

于姤卦曰："建庚午至乙亥。"这即是以初爻建午为世月，是即五月。

于遯卦曰："居世建辛未为月。"这即是以二爻建未为世月，是即六月。

象数家以晋人干宝多用世爻月卦(世月)注经，如比卦(䷇)的卦辞："原筮元永贞，无咎，不宁方来，后夫凶。"干宝注云："比者，坤之归魂也，亦世于七月。"这即是以比卦值世月之七月而言。

又如蒙卦(䷃)的卦辞："蒙，亨。"干宝注曰："蒙者，离宫阴也，世在四，八月之时，降阳布德，荠麦并生，而息来在寅，故蒙于世为八月，于消息为正月卦也。"

4. 飞伏

《周易》以气为主，气实唯一，说为阴阳二气，并非谓气有两种，只是说一气而有二用，所以有"用九"、"用六"之名。由是当阳气现时(用九)，并非阴气即不存在，亦非当阴气现时(用六)，阳气即不存在。因此可以说为，阳现则阴藏，阴现则阳藏，这就即是飞伏，现者为飞，藏者为伏。《史记·律书》说："日冬至，一阳下藏，一阴上舒。"这即是说飞伏。冬至日未交气时，尚为坤卦用事，坤上六依然显现(上舒)，而一阳已伏于其下(下藏)，所以至交冬至气之时，即成复卦(䷗)，是谓"一阳来复"。

飞伏当为京房自创的易例，他的用意可能即在观察气的全体，而非仅观察其阴阳之用，所以当见阳爻时，即同时观察未见的阴；当见阴爻时，亦同时观察未见的阳。所以见飞便看伏，这个易例合乎儒家易之意。〈说卦传〉言："天地定位，山泽通气，雷风相薄，水火不相射。"其实即是说飞伏。因为乾（☰）坤（☷）；艮（☶）兑（☱）；震（☳）巽（☴）；坎（☵）离（☲）四对卦，每卦六爻都可以看成是阴阳飞伏之象，如乾初九可以看成是飞，那么便可以说是伏坤的初六了。反之，若看坤的初六为飞，便可以说伏乾的上九。

《京氏易传》说飞伏例，相当繁复，今可董理其例如下。

总例：凡飞伏，仅限于与八纯卦飞伏。

别例：一、八纯卦与其正对之卦飞伏。即乾与坤，艮与兑，震与巽，坎与离，互相飞伏。

二、八宫内杂卦，一世、二世、三世者，皆与其下卦飞伏。如姤（䷫）为乾宫一世卦，下卦为巽，所以姤与巽飞伏。

三、八宫内杂卦，四世、五世者，皆与其上卦飞伏。如剥（䷖）为乾宫五世卦，上卦为艮，所以剥与艮飞伏。

四、游魂卦同五世；归魂卦同本卦（本宫纯卦）。此如晋（䷢），为乾宫游魂卦，同五世剥卦，所以同艮飞伏；又如大有（䷍）为乾宫归魂卦，同本卦，乾与坤飞伏，所以大有亦与坤飞伏。

以上为卦飞伏例。至于爻的飞伏，则为：

五、八宫内杂卦的世爻与本卦相应之爻飞伏，如乾宫姤卦，初六为世爻，与乾初九飞伏；遯卦，六二为世爻，与乾九二飞伏。

依上面所说飞伏例，可列六十四卦飞伏如下表（见下页）：

对于飞伏，王子畏先生言，《周易》中凡称为飞，皆为阳爻居阳位，例如乾九五之"飞龙"，明夷初九的"明夷于飞，垂其翼"皆为其例。若非阳爻阳位则不吉，如小过初六"飞鸟以凶"。若初、三、五阳位而阴爻居之，则其下必看伏阳，如蒙（䷃）初六："发蒙，利用刑人，用说桎梏，以往吝。"所谓"发蒙"，即谓蒙初六居阳位，其下伏阳，与二、三成兑象，兑为刑人，

宫	宫卦→飞伏卦								
乾宫	乾→坤	姤→巽	遯→艮	否→坤	观→巽	剥→艮	晋→艮	大有→坤	
震宫	震→巽	豫→坤	解→坎	恒→巽	升→坤	井→坎	大过→坎	随→巽	
坎宫	坎→离	节→兑	屯→震	既济→离	革→兑	丰→震	明夷→震	师→离	
艮宫	艮→兑	贲→离	大畜→乾	损→兑	睽→离	履→乾	中孚→乾	渐→兑	
坤宫	坤→乾	复→震	临→兑	泰→乾	大壮→震	夬→兑	需→兑	比→乾	
巽宫	巽→震	小畜→乾	家人→离	益→震	无妄→乾	噬嗑→离	颐→离	蛊→震	
离宫	离→坎	旅→艮	鼎→巽	未济→坎	蒙→艮	涣→巽	讼→巽	同人→坎	
兑宫	兑→艮	困→坎	萃→坤	咸→艮	蹇→坎	谦→坤	小过→坤	归妹→艮	

故言。又如解(䷧),象曰:"君子以赦过宥罪。"虞翻说:"君子谓三,伏阳出。"即是说,六三下之伏阳。王子畏先生之言,据虞翻易例说飞伏,可堪参考。

象数易家用飞伏注经者甚多,皆依《京房易传》之所说,如说乾卦:"六位纯阳,阴象在中。"说坤卦:"与乾相纳",又说:"阴中有阳气",这即是阴阳伏而成象。所以说象数非独取其显象,亦取其未显之象,由是成为以飞伏注经的依据。

此如〈坤文言〉:"易曰:履霜坚冰至,盖言顺也。"荀爽注为"坤下有伏乾"。又如坤上六:"龙战于野,其血玄黄。"荀爽注为"消息之位,坤在于亥,下有伏乾,为其兼于阳,故称龙也。"

又如大过,象曰:"君子以独立不惧,遯世无闷。"虞翻注曰:"君子谓乾初,阳伏巽中,体复一爻,潜龙之德,故称独立不惧。"

又如益六三:"有孚中行,告公用圭。"虞翻注曰:"公,谓三,伏阳也。"

这些都是用飞伏注经的例子。

乙、卦气篇

京房的卦气与孟喜大同,亦主六日七分之说,但不同于焦延寿之说,那是因为京房说易用积算,既用积算便应采用六日七分,倘如焦氏之用六日,反而积算为难。此如说乾卦:"积算起己巳火至戊辰土,周而复始。"说姤卦:"积算起乙亥水至丙戌土,周而复始。"这些都不能用值六日来积算。

前说世月,其实已是卦气,不过不用卦来值月,改用世爻值月,但京房亦实未废用卦值月之法,所以依然有十二消息、十二辟卦。若据《京氏易传》归纳其与卦气有关之说,可以分说如下。

1. 四监司·分至·二十四气

由四监司值分至一年二十四气,可列表如下:

四监司	初爻	二爻	三爻	四爻	五爻	上爻
坎 水监	冬至	小寒	大寒	立春	雨水	惊蛰
震 木监	春分	清明	谷雨	立夏	小满	芒种
离 火监	夏至	小暑	大暑	立秋	处暑	白露
兑 金监	秋分	寒露	霜降	立冬	小雪	大雪

此全同于孟喜,只别立四监司之名。

2. 十二辟卦

十二辟卦同孟喜,但京房定为冬至后七日起积算,是即以一爻分三十分,阴阳进退皆依三十分算。此如阳进,每日长三十分之一,至一个月后方得长成,所以说"一阳来复",复卦的初九并非顿然长成,实为由坤卦积来,这即是由小雪后一日生一分,如是满三十日,交冬至然后成一阳。阴退亦如是,一爻退三十分之一,经一月然后退尽,此如姤之一阴,亦由小满起,一日退一分,积三十日然后成夏至之一阴。所以十二辟卦虽同孟喜,但其用则不同,比较起来,京房的说法较为精细,而且合理,因为阴阳变化不可能顿然而生,由三十日成一阳,三十日成一阴,应该合乎道理。所以有些易纬亦采用其说。他的说法可以看成是对孟喜卦气的补充。

由上面所说的积算法可知,虽然说值月的是十二辟卦,但京房却用一爻来代表一卦,如复即用初九,姤即用初六,这即是世爻。世爻由三十日积算而成,亦即是积算而成一卦。

今据《京氏易传》将十二辟卦列表如下:

十一月	子	䷗ 复	一阳	一世
十二月	丑	䷒ 临	二阳	二世
正　月	寅	䷊ 泰	三阳	三世
二　月	卯	䷡ 大壮	四阳	四世
三　月	辰	䷪ 夬	五阳	五世
四　月	巳	䷀ 乾	纯阳	上世
五　月	午	䷫ 姤	一阴	一世
六　月	未	䷠ 遯	二阴	二世
七　月	申	䷋ 否	三阴	三世
八　月	酉	䷓ 观	四阴	四世
九　月	戌	䷖ 剥	五阴	五世
十　月	亥	䷁ 坤	纯阴	上世

3. 六日七分

京房六日七分之法,跟孟喜有差别。僧一行《卦议》曰:"京氏又以卦爻配期之日,坎、离、震、兑,其用事自分、至之首,皆得八十分日之七十三;颐、晋、井、大畜,皆五日十四分;余皆六日七分。此于占灾眚与吉凶善败之事。至于观阴阳之变,则错乱而不明。"又说:"又京氏减七十三分,为四正之候,其说不经,欲附会《纬》文七日来复而已。"这里所说,即是指京房对孟喜六日七分法的改动。

京房将四正卦每日配七十三分,这七十三分从何而来呢?是从两正卦交替之际所值之杂卦而来,如兑卦上六与坎卦初六交替,值颐卦;坎卦上六与震卦初九交替,值晋卦;震卦上六与离卦初九交替,值井卦;

离卦上九与兑卦初九交替,值大畜卦。于是即从此四卦每日取出七十三分,分别归于四正卦内,所以这四个卦便不是值六日七分,而是值六日七分减七十三分,这就成为五日十四分。其余杂卦不受影响,所以仍值六日七分。

京房这样做,僧一行指其为配合"七日来复"的说法,所以一行不以为然。

王子畏先生曾根据《京氏易传》制成一表,包含积算,兹引列如下。

京房卦气值候积算表(三百六十日卦气候每一卦值六日七分)

四正卦	节　气	十二月卦	候	六十卦	五爵	积　算
坎	初六冬至十一月中	复	六四蚯蚓结	中孚	公	六日七分
			六五麋角解			
			上六水泉动	复	辟	十二日十四分
	九二小寒十二月节	临	初九雁北乡	屯	侯	十八日二十一分
			九二鹊始巢	谦	大夫	二十四日二十八分
			六三雉雊	睽	卿	三十日三十五分
	六三大寒十二月中		六四鸡乳	升	公	三十六日四十二分
			六五征鸟厉疾			
			上六水泽腹坚	临	辟	四十二日四十九分
	六四立春正月节	泰	初九东风解冻	小过	侯	四十八日五十六分
			九二蛰虫始振	蒙	大夫	五十四日六十三分
			九三鱼上冰	益	卿	六十日七十分

续 表

四正卦	节 气	十二月卦	候	六十卦	五爵	积 算
	九五雨水正月中		六四獭祭鱼	渐 ䷴	公	六十六日七十七分
			六五鸿雁来			
			上六草木萌动	泰 ䷊	辟	七十三日四分
	上六惊蛰二月节	大壮 ䷡	初九桃始华	需 ䷄	侯	七十九日十一分
			九二仓庚鸣	随 ䷐	大夫	八十五日十八分
			九三鹰化为鸠	晋 ䷢	卿	九十一日二十五分
震 ䷲	初九春分二月中		九四玄鸟至	解 ䷧	公	九十七日三十二分
			六五雷乃发声			
			上六始电	大壮 ䷡	辟	一百三日三十九分
	六二清明三月节	夬 ䷪	初九桐始华	豫 ䷏	侯	一百九日四十六分
			九二田鼠化为鴽	讼 ䷅	大夫	一百十五日五十三分
			九三虹始见	蛊 ䷑	卿	一百二十一日六十分
	六三谷雨三月中		九四萍始生	革 ䷰	公	一百二十七日六十七分
			九五鸣鸠拂其羽			
			上六戴胜降于桑	夬 ䷪	辟	一百三十三日七十四分
	九四立夏四月节	乾 ䷀	初九蝼蝈鸣	旅 ䷷	侯	一百四十日一分
			九二蚯蚓出	师 ䷆	大夫	一百四十六日八分

续表

四正卦	节 气	十二月卦	候	六十卦	五爵	积 算
			九三王瓜生	比 ☷☵	卿	一百五十二日十五分
	六五小满四月中		九四苦菜秀	小畜 ☴☰	公	一百五十八日二十二分
			九五靡草死			
			上九麦秋至	乾 ☰☰	辟	一百六十四日二十九分
	上六芒种五月节	姤 ☰☴	初六螳螂生	大有 ☰☲	侯	一百七十日三十六分
			九二䴗始鸣	家人 ☴☲	大夫	一百七十六日四十三分
			九三反古无声	井 ☵☴	卿	一百八十二日五十分
离 ☲☲	初九夏至五月中		九四鹿角解	咸 ☱☶	公	一百八十八日五十七分
			九五蝉始鸣			
			上九半夏生	姤 ☰☴	辟	一百九十四日六十四分
	六二小暑六月节	遯 ☰☶	初六温风至	鼎 ☲☴	侯	二百日七十一分
			六二蟋蟀居壁	丰 ☳☲	大夫	二百六日七十八分
			九三鹰乃学习	涣 ☴☵	卿	二百一十三日五分
	九三大暑六月中		九四腐草为萤	履 ☰☱	公	二百一十九日十二分
			九五土润溽暑			
			上九大雨时行	遯 ☰☶	辟	二百二十五日十九分
	九四立秋七月节	否 ☰☷	初六凉风至	恒 ☳☴	侯	二百三十一日二十六分

123

续 表

四正卦	节 气	十二月卦	候	六十卦	五爵	积 算
			六二寒蝉鸣	节	大夫	二百三十七日三十三分
			六三白露降	同人	卿	二百四十三日四十分
	六五处暑七月中		九四鹰乃祭鸟	损	公	二百四十九日四十七分
			九五天地始肃	否	辟	二百五十五日五十四分
			上九农乃登谷			
	上九白露八月节	观	初六鸿雁来	巽	侯	二百六十一日六十一分
			六二玄鸟归	萃	大夫	二百六十七日六十八分
			六三群鸟养羞	大畜	卿	二百七十三日七十五分
兑	初九秋分八月中		六四雷始收声	贲	公	二百八十日二分
			九五蛰虫坏户			
			上九水始涸	观	辟	二百八十六日九分
	九二寒露九月节	剥	初六鸿雁来宾	归妹	侯	二百九十二日十六分
			六二雀入大水为蛤	无安	大夫	二百九十八日二十三分
			六三菊有黄花	明夷	卿	三百四日三十分
	六三霜降九月中		六四豺祭兽	困	公	三百一十日三十七分
			六五草木黄落			
			上九蛰虫咸俯	剥	辟	三百一十六日四十四分

续 表

四正卦	节　气	十二月卦	候	六十卦	五爵	积　算
	九四立冬十月节	坤 ☷	初六水始冰	艮 ☶	侯	三百二十二日五十一分
			六二地始冻	既济 ☲	大夫	三百二十八日五十八分
			六三雉入大水为蜃	噬嗑 ☲	卿	三百三十四日六十五分
	九五小雪十月中		六四虹藏不见	大过 ☱	公	三百四十日七十二分
			六五天气胜地气降			
			上六闭塞而成冬	坤 ☷	辟	三百四十六日七十九分
	上六大雪十一月节	复 ☷	初九鹖旦不鸣	未济 ☲	侯	三百五十三日六分
			六二虎始交	蹇 ☵	大夫	三百五十九日十三分
			六三荔挺出	颐 ☶	卿	三百六十五日二十分

表中凡十二辟卦的五爻位都无值卦，其实不是。五日为一候，三候成一气，所以一气便值十六爻，相当于两卦又四爻。若辟卦每月值五杂卦算，其实不合，因为每月一节一气，共值三十二爻，相当于五卦又两爻，所以如果以辟卦值月计算，实在无法列表，今表中所示，即为五卦值一月的情况，若将爻数均分，连前带后，辟卦的五位便有值卦，但在表中无法表出。今表之所重视者，实为积算。

关于卦气的易例，象数家注经时，多有引用，但已很难分别是说孟喜的卦气抑或是京房的卦气，只有当说到世月、飞伏等例时，才易于分别，此前已引例。今为京房卦气再引一些例子。

如《京氏易传》曰："雷与火震动曰丰，宜日中。夏至积阴生丰，当正应,吉凶见矣。"丰卦值小暑,小暑前为夏至,这即是说,丰卦并非顿然生起,而是由夏至积阴而生,此即上来说十二辟卦时之所说。有人以为是说六日七分,其实不是。

在《京氏易传》中,依八宫自列卦序,由一卦至下一卦,其实都由积算而说,所以并不是一卦顿然至下一卦,中间经过积阴、积阳的过程,这是京氏卦气的特点,因为孟喜卦气并不强调两卦之间的联系,而京氏对此则甚为重视。兹亦举例如次:

如姤,说为"五行升降,以时消息,阴荡阳降入遯"。遯卦接着说:"阴爻用事,阴荡阳遯,金土见象,山在天下为遯,阴来阳退也。"此中的"阴荡阳降"亦即"阴来阳退",都由积阴而来,姤卦积阴,才有阳退而成为遯卦的下体艮。

在遯卦又说:"阴长阳消降入否。"否卦接着说:"内象阴长,天气上腾,地气下降,二象分离,万物不交也。"由卦气积阴积阳的概念,将六十四卦联系起来,这是认识京氏卦气的要点。

于复卦(䷗),卦辞曰:"反复其道,七日来复。"郑玄注曰:"建戌之月,以阳气既尽;建亥之月,纯阴用事;至建子之月,阳气始生。隔此纯阴一卦,卦主六日七分。举其成数言之,而云七日来复。"这里其实亦说京房积阴积阳的卦气。戌月阳气既尽,于是亥月纯阴用事,但在这时,阳气已积,所以到子月阳气显露,这就是积阳的过程。至于何以于纯阴用事之月能够积到阳气呢?这就可以用飞伏来解释,坤虽然是纯阴,可是其下却有伏阳。

所谓积阴积阳,只是积聚气的功能,当气表现其功能为阴的时候,阳的功能其实未失,只是不显现出,所以就有一个由隐藏而显现的过程,只是将这过程说为积阳而已,并不是真有阳气积聚。所以京房的卦气有跟孟喜不同的思想,可以说是由渐变到突变。

如果不循着积阴积阳的理路来理解京房的卦气,便很容易将其卦例视为繁琐,而且不合理,于是多加非议。

此如大过(䷛)九二:"枯杨生稊,老夫得其女妻,无不利。"虞翻注曰:"阳在二也,十二月时,周之二月。"说者以为说十二月便是说临卦,因为在十二消息卦中,临为十二月辟卦,于是批评虞翻,说不应该用临卦来解释大过卦,这其实是误会。虞翻所说的,其实是京房的世月,大过是阳爻四世卦,所以世月为二月。

丙、甲子篇

《史记·律书》言:"在旋玑玉衡以齐七政,即天地二十八宿、十母、十二子、钟律调。自上古建律运历造日度,可据而度也。合符节,通道德,即从斯之谓也。"

《京氏易传》据此将二十八宿、十母、十二子取以为例,用以说一卦之天度。此虽然不是《周易》的体例,但既然说易有三才,所以就当然可以广说,并将之纳入卦象之中。如是卦象中便有天度之数,可以积算合历,由是卦气才能成为一个合符天度的循环。其后更以卦纳甲、以爻纳辰,将天度用卦爻表出,于是卦爻之象即有二十八象及六十甲子的配位。

今将其例分说如下。

1. 十母

甲乙丙丁戊己庚辛壬癸

甲丙戊庚壬　阳

乙丁己辛癸　阴

甲说言为"万物剖符甲而出也",即是万物始生之象。

乙说言为"万物生轧轧也",轧是形容万物初生而成显现之态,乙即是轧。

丙说言为"阳道着明",即是说万物生成之象,是以光明,丙即是光。

丁说言为"万物之丁壮也",即是说万物已壮,丁为阳壮之象,如今口语还有男丁之说。

戊说言为"万物皆茂盛也",戊即是茂。

己说言为"万物皆由定形可纪识也",己即是纪。

庚说言为"阴气庚万物",庚即是坚强,《说文》:"万物庚庚有实"。

辛说言为"万物之辛生",辛形容万物之受制而生,时已秋令,故曰受制。

壬说言为"阳气任养万物于下也",壬即是任,任即是保养。

癸说言为"万物可揆度也",癸即是揆,揆即是计度。

十母又名十天干、十干,其性情列表如下:

十干	名	方	时	星	人	
甲	阏逢	东	春	岁星	头	胆
乙	旃蒙	东	春	岁星	肩	肝
丙	柔兆	南	夏	荧惑	额	小肠
丁	强圉	南	夏	荧惑	齿舌	心
戊	著雍	中	季夏	镇星	鼻	胃
己	屠维	中	季夏	镇星	面	脾
庚	上章	西	秋	太白	筋	大肠
辛	重光	西	秋	太白	脑	肺
壬	玄黓	北	冬	辰星	胫	膀胱
癸	昭阳	北	冬	辰星	足	肾

2. 十二子

子丑寅卯辰巳午未申酉戌亥

子寅辰午申戌　阳

丑卯巳未酉亥　阴

将岁星运行的轨道分为十二宫,即成为十二子的宫次。岁星又名太岁,即是木星,木星公转的时间,大约相当于地球时间的十二年,所以古人就认为岁星每年行一宫次,于是十二年成一循环,由是有周天十二宫之名。

子:太岁在子曰困敦,十一月阳气动时,万物滋入,便称为子。

丑：太岁在丑曰赤奋若,象万物生时初举手,故称为丑。

寅：太岁在寅曰摄提格,正月阳气上锐而出,故称为寅。

卯：太岁在卯曰单阏,卯即是冒,万物冒出故称为卯。

辰：太岁在辰曰执徐,辰即是震,三月阳气动,雷电震,故称为辰。

巳：太岁在巳曰大荒落,巳为蛇象,说四月时,阳气已出,阴气已藏,故称为巳。

午：太岁在午曰敦牂,午即是仵,五月阴气逆阳冒地而出,故称为午。

未：太岁在未曰协洽,象木重枝叶之形,且百果滋味已具,故称为未。

申：太岁在申曰涒滩,阴已用事,申贼万物,故称为申。

酉：太岁在酉曰作噩,酉即是酎,八月黍熟可以酎酒,故称为酉。

戌：太岁在戌曰阉茂,戌意为灭,九月阳气微,入于地,故称为戌。

亥：太岁在亥曰大渊献,十月微阳起,接盛阴,故称为亥。

十二子的宫次不可见,所以只有用宫中的星宿来表示它的分野。自古以来,我国即用二十八宿来作为十二宫的分野。十二子宫次与如今西洋的十二宫分野不同,大致如下：

古人用十二宫用来定节气,均以太阳入宫的躔次而定。例如太阳入星纪交大雪,行至星纪的中点,即为冬至,这是一个重要的节气,至太阳入玄枵的初点,冬至结束,交入小寒。二十四节气在历法上都如是而定。

二十八宿值十二宫及节气、律吕等列表如下:

子	初斗12度大雪	中牵牛初冬至	终婺女3度	夏正十一月	律中黄钟
丑	初婺女8度小寒	中危初大寒	终危15度	夏正十二月	律中大吕
寅	初危16度立春	中营室14度惊蛰*	终奎4度	夏正正月	律中太簇
卯	初奎5度雨水*	中娄4度春分	终胃6度	夏正二月	律中夹钟
辰	初胃7度谷雨	中昴8度清明*	终毕11度	夏正三月	律中姑洗
巳	初毕12度立夏	中井初小满	终井15度	夏正四月	律中中吕
午	初井16度芒种	中井31度夏至	终娄8度	夏正五月	律中蕤宾
未	初柳9度小暑	中张3度大暑	终张17度	夏正六月	律中林钟
申	初张18度立秋	中翼15度处暑	终轸11度	夏正七月	律中夷则
酉	初轸12度白露	中角10度秋分	终氐4度	夏正八月	律中南吕
戌	初氐5度寒露	中房5度霜降	终尾9度	夏正九月	律中无射
亥	初尾10度立冬	中箕7度小雪	终斗11度	夏正十月	律中应钟

《京氏易传》都用以上的资料。

* 古代节气以惊蛰为正月中,雨水为二月节,至东汉时,改雨水在惊蛰之前,又改谷雨于清明之后,所以表中所列,惊蛰为今之雨水,雨水为今之惊蛰,谷雨为今之清明,清明为今之谷雨。

3. 二十八宿

二十八宿分四宫,东共七十五度,北共九十八度三百八十五分,西八十度,南一百二十度。周天三百六十五度三百八十五分。

东方七宿:角十二度,亢九度,氐十五度,房五度,心五度,尾十八度,箕十一度。

北方七宿:斗二十六度三百八十五分,牵牛八度,婺女十二度,虚十度,危十七度,营室十六度,壁九度。

西方七宿:奎十六度,娄十二度,胃十四度,昴十一度,毕十六度,觜二度,参九度。

南方七宿:井三十三度,鬼四度,柳十五度,星七度,张十八度,翼十六度,轸十七度。

由上可知各宿的分度，广狭不同，如觜宿只有二度，井宿则广至三十三度。所以阴阳家及历家所定的分野，有时有点差别，例如下面所说费直的分野，即与京房所说不同，易纬所记亦各参差。

由《京氏易传》便知十二支值二十八宿之例，每卦皆由世爻值宿，如云：

乾"参宿从位起壬戌"，此即参宿由乾世爻（上爻）起，乾上爻纳壬戌，故云。

姤"井宿从位入辛丑"，此井宿由姤世爻（初爻）起，姤初爻纳辛丑，故云。

遯"鬼宿入位见丙午"，此即鬼宿由遯世爻（二爻）起，遯二爻纳丙午，故云。

举此三例，即可知《京氏易传》余例。

4. 律吕

《汉书·律历志》说："黄帝使泠纶自大夏之西、昆仑之阴，取竹之解谷生，其窍厚均者，断两节间而吹之，以为黄钟之宫。制十二箭以听凤之鸣。其雄鸣为六，雌鸣亦六。比黄钟之宫，而皆可以生之，是为律本。"这是说十二律吕的根源，所谓雌雄，即是律吕，十二律吕排列为奇数者为雄，排列为偶数者为雌。雄者名为律，雌者名为吕。

六律：黄钟　太簇　姑洗　蕤宾　夷则　无射
六吕：大吕　夹钟　中吕　林钟　南吕　应钟

律吕的定立，称为"隔八相生"，此于说郑玄易例时附说，京房沿用十二律值月成为他的易例，已列于上表。

十二律与西洋音乐对照，黄钟为F调；大吕为♯F调；太簇为G调；夹钟为♯G调；姑洗为A调；中吕为♯A调；蕤宾为B调；林钟为C调；夷则为♯C调；南吕为D调；无射为♯D调；应钟为E调。

至于五音与七音，五音则为宫、商、角、徵、羽，相应西乐的do, re, mi, sol, la；七音则为宫、商、角、变徵、徵、羽、变宫，相应西乐的do, re, mi，♯fa，sol，la，si。此仅作参考，与易例无关。

5. 纳甲

纳甲之例为京房所创，与纳音五行有密切的关系。在《周易》中其实亦有纳甲这个元素，例如蛊卦辞："先甲三日，后甲三日。"巽九五爻辞："先庚二日，后庚三日。"都可能与纳甲有关，纵使不然，亦证明筮辞中有用干支的例子（如革"巳日乃孚"、"巳日乃革"，为用地支例。）

纳甲之法，相当简单，将十干分阴阳，将八卦亦分阴阳，阳干纳入阳卦，阴干纳入阴卦，这是基本的原则。

《京氏易传》说："分天地乾坤之象，益之以甲乙壬癸；震巽之象配庚辛；坎离之象配戊己；艮兑之象配丙丁。"这说的便是纳甲，其情形如下：

☰ 乾　内卦纳甲、外卦纳壬

☳ 震　纳庚

☵ 坎　纳戊

☶ 艮　纳丙

☷ 坤　内卦纳乙、外卦纳癸

☴ 巽　纳辛

☲ 离　纳己

☱ 兑　纳丁

〈系辞传〉："在天成象"，虞翻注曰："谓日月在天成八卦，震象出庚，兑象见丁，乾象盈甲，巽象伏辛，艮象消丙，坤象丧乙，坎象流戊，离象就己，故在天成象也。"〈系辞传〉又曰："县（悬）象著明，莫大乎日月"，虞翻注曰："谓日月在天成八卦象，三日暮，震象出庚，八日兑象见丁，十五日乾象盈甲，十七日旦巽象退辛，二十三日艮象消丙，三十日坤象灭乙。晦夕朔旦，坎象流戊；日中则离，离象就已。戊己土位，象见于中，日月相推而明生焉，故县（悬）象著明，莫大乎日月者也。"这是用月象纳甲解经之例，下面当更详说。

6. 爻辰　六属附

前说纳甲是用卦纳十二天干,此说爻辰,是用爻纳十二支,爻辰亦分阴阳,阳卦纳阳支,阴卦纳阴支,相应阴阳而纳十二支于卦爻之中,所以称为爻辰。

京氏除用孟喜卦气外,还有他自己的特例,即用六子卦值二十四气。这一点,邓立光先生在《象数易镜原》一书有详细叙述。用六子卦值二十四节气,就跟孟氏用四正卦不同,其值气有如下表:

十一月中	冬至	兑初九	巳
十二月节	小寒	艮初六	辰
十二月中	大寒	离初九	卯
正 月节	立春	坎初六	寅
正 月中	雨水	巽初六	丑
二 月节	惊蛰	震初九	子
二 月中	春分	兑九四	亥
三 月节	清明	艮六四	戌
三 月中	谷雨	离九四	酉
四 月节	立夏	坎六四	申
四 月中	小满	巽六四	未
五 月节	芒种	震九四	午
五 月中	夏至	兑初九	巳
六 月节	小暑	艮初六	辰
六 月中	大暑	离初九	卯
七 月节	立秋	坎初六	寅
七 月中	处暑	巽初六	丑
八 月节	白露	震初九	子
八 月中	秋分	兑九四	亥
九 月节	寒露	艮六四	戌
九 月中	霜降	离九四	酉

续 表

十月节	立冬	坎六四	申
十月中	小雪	巽六四	未
十一月节	大雪	震九四	午

此即用六子卦的初爻与四爻值二十四节气,每爻各值两次。由上表可见,六子卦的爻辰如次:

震初九子　　九四午　　　巽初六丑　　六四未
坎初六寅　　六四申　　　离初九卯　　九四酉
艮初六辰　　六四戌　　　兑初九巳　　九四亥

初爻四爻的爻辰既已确定,则六爻的爻辰可推而知。由是可说,京氏的爻辰实由六子卦值节气而来。

不过象数家却另有说法,而且成为通说,其说为:

乾由初至上为子、寅、辰、午、申、戌六阳支。
震为长男,所以亦由子起,爻辰同乾,为子、寅、辰、午、申、戌六阳支。
坎为中男,由乾二爻起,爻辰为寅、辰、午、申、戌、子六阳支。
艮为少男,由乾三爻起,爻辰为辰、午、申、戌、子、寅六阳支。
坤由上至初,爻辰为酉、亥、丑、卯、巳、未。
巽为长女,得坤六三,所以由上至下,爻辰为卯、巳、未、酉、亥、丑。
离为中女,得坤六二,所以由上至下,爻辰为巳、未、酉、亥、丑、卯。
兑为少女,得坤初六,所以由上至下,爻辰为未、酉、亥、丑、卯、巳。

这种说法亦自成理,但似乎忽略了六子卦值节气的重要。

京房配爻辰的天干,还可用六属法,六属者:子午属庚;丑未属辛;寅申属戊;卯酉属己;辰戌属丙;巳亥属丁。此实亦同纳甲,但较简易。

因为子午属庚,所以将庚子、庚午纳入震卦初爻、四爻;因为丑未属辛,所以将辛丑、辛未纳入巽卦初爻、四爻;由此即知戊寅、戊申应纳入坎卦;己卯、己酉纳入离卦;丙辰、丙戌纳入艮卦;丁巳、丁亥纳入兑卦,皆纳入初爻、四爻。这就是用纳甲与六属的配合。附六属表如下：

子午属庚	震初、四爻	庚	子、午
丑未属辛	巽初、四爻	辛	丑、未
寅申属戊	坎初、四爻	戊	寅、申
卯酉属己	离初、四爻	己	卯、酉
辰戌属丙	艮初、四爻	丙	辰、戌
巳亥属丁	兑初、四爻	丁	巳、亥

将纳甲与爻辰结合，即成为《火珠林》所载的八卦六位图：

乾宫金	坎宫水	艮宫土	震宫木	坤宫土	兑宫金	离宫火	巽宫木
壬戌土	戊子水	丙寅木	庚戌土	癸酉金	丁未土	己巳火	辛卯木
壬申金	戊戌土	丙子水	庚申金	癸亥水	丁酉金	己未土	辛巳火
壬午火	戊申金	丙戌土	庚午火	癸丑土	丁亥水	己酉金	辛未土
甲辰土	戊午火	丙申金	庚辰土	乙卯木	丁丑土	己亥水	辛酉金
甲寅木	戊辰土	丙午火	庚寅木	乙巳火	丁卯木	己丑土	辛亥水
甲子水	戊寅木	丙辰土	庚子水	乙未土	丁巳火	己卯木	辛丑土

郑玄亦有爻辰之例，但与京房不同，下面当再细说。

用八卦六位注易之例如下。

如乾初九："潜龙勿用。"干宝注曰："初九甲子，天正之位，而乾元所始也。"乾卦初九为甲子，故言。又九四："或跃在渊，无咎。"干宝注曰："四以初为应，渊谓初九甲子，龙之所由升也。"

又如坤上六："龙战于野，其血玄黄。"干宝注曰："阴在上六，十月之时也，爻终于酉，而卦成于乾，乾体纯刚，不堪阴盛，故曰龙战，戊亥，乾之都也,故称龙焉,阴德过度,以逼乾战,郭外曰郊,郊外曰野,坤位未申之维,而气溢酉戌之闲,故曰于野,未离阴类,古曰血,阴阳色杂,故曰玄黄,言阴阳离则异气,合则同功,君臣夫妻,其义一也。"

又如井初六爻辞:"井泥不食,旧井无禽。"干宝注曰:"在井之下体本土爻,故曰泥也,井而为泥,则不可食。"这是以井初六为巽卦初爻,为辛丑土,所以说"下体本土爻"。

又如震六二,象曰:"震来厉,乘刚也。"干宝注曰:"六二,木爻,震之身也,得位无应,而以乘刚为危。"震六二为庚寅木,震为木,所以说六二是"震之身"。此外,六二亦是震的"卦身"。

丁、五行阴阳篇

1. 五行

五行为象,阴阳为数,有象然后有数,所以〈系辞传〉说天一地二、天三地四等,即是以阴阳之象,得一、二、三、四等数。阴阳须化合始能生成,所以水至阴六,必待天一然后成水;火至阳七,必待地二然后成火,这是《京氏易传》所重视的理论,并由此说卦爻的五行。

五行者:一曰水;二曰火;三曰木;四曰金;五曰土;水曰润下;火曰炎上;木曰曲直;金曰从革;土爱稼穑。此说出于《洪范》。

五行生旺各有时,甲乙木于春;丙丁火于夏;庚辛金于秋;壬癸水于冬。皆为旺。于地支,寅卯木于春;巳午火于夏;申酉金于秋;亥子水于冬。亦皆为旺。辰戌丑未土,于方为四维,于月为四季,四季者,四立前各十八日,合共七十二日,其余木火金水,亦各值七十二日,所以五行平均。京房以前阴阳家将土值于季夏,于是土仅得一月,而火亦仅得两月,是则五行不均。

2. 阴阳五行

阴阳成象,可以用干支表征。

(1) 纯用干支

如甲丙戊庚壬为阳干,乙丁己辛癸为阴干;子寅辰午申戌为阳支,丑卯巳未酉亥为阴支。子午为阳中之阴,巳亥为阴中之阳。干支所属五行,即为阴阳的表象,是即由阴阳生成为五行之象,这亦不是说阴阳气各有五种,只是说,阴阳各有五用,由其用而成象。

由合而成五行,天干则为五行五合,地支则为五行六合。

(2) 五行五合

甲与己合化土;乙与庚合化金;丙与辛合化水;丁与壬合化木;戊与癸合化火。

这称为五位相得而有所合,如甲为一位,己为六位,所以相得而合。乙与庚得,丙与辛得,亦相隔五位。

(3) 五行六合

子与丑合土;寅与亥合木;卯与戌合火;辰与酉合金;巳与申合水;午与未为太阳太阴之合。

图示如下:

图中凡由线相连的二支皆相合。

(4) 五行三合

申子辰合水局;寅午戌合火局;巳酉丑合金局;亥卯未合木局。

这都是以五行的生、旺、墓相合成局,如申为生、子为旺、辰为墓。所以申寅巳亥为四生;子午酉卯为四旺;辰戌丑未为四墓。

(5) 地支藏人元五行

子藏癸水　　丑藏癸水辛金己土　　寅藏甲木丙火戊土

卯藏乙木　　辰藏乙木戊土癸水　　巳藏庚金丙火戊土

午藏丁火己土　未藏乙木己土丁火　申藏庚金壬水戊土

酉藏辛金　　　戌藏辛金丁火戊土　亥藏壬水甲木

阴阳家将地支所藏人元五行值日用事，诸书所载略有不同，今举通行者为例：

子月	壬水十日	癸水二十日		
丑月	癸水九日	辛金三日	己土十八日	
寅月	戊土七日	丙火七日	甲木十六日	
卯月	甲木十日	乙木二十日		
辰月	乙木九日	癸水三日	戊土十八日	
巳月	戊土五日	庚金九日	丙火十六日	
午月	丙火十日	己土九日	丁火十一日	
未月	丁火九日	乙木三日	己土十八日	
申月	己土七日	戊土三日	壬水三日	庚金十七日
酉月	庚金十日	辛金二十日		
戌月	辛金九日	丁火三日	戊土十八日	
亥月	戊土七日	甲木五日	壬水十八日	

地支所藏人元五行值日，于易例中不用，附表仅作参考。

（6）六冲

天干七位相杀，地支七位相冲，所以说七为天地之穷数。六冲例如下：

子午相冲　丑未相冲　寅申相冲　卯酉相冲　辰戌相冲　巳亥相冲

（7）六害

害即不相和同，五行喜合忌冲，子与丑合，而未冲丑，所以子与未相害，因为冲其合者；同理，午与未合，而子冲午，所以未与子相害。地支六害即由是而订：

子未相害　丑午相害　寅巳相害　卯辰相害　酉戌相害　申亥相害

（8）三刑

三刑由三合而生，如：

申子辰三合,遇寅卯辰东方,于是对应而刑,为申刑寅,子刑卯,辰自刑。
寅午戌三合,遇巳午未南方,于是对应而刑,为寅刑巳,午自刑,戌刑未。
巳酉丑三合,遇申酉戌西方,于是对应而刑,为巳刑申,酉自刑,丑刑戌。
亥卯未三合,遇亥子丑北方,于是对应而刑,为亥自刑,卯刑子,未刑丑。

金刚火强,所以自刑其方,寅午戌三合为火,刑于南方;巳酉丑三合为金,刑于西方。木落归根,所以亥卯未三合为木,刑于北方,北方水为木之根源;水流趋东,申子辰三合为水,所以刑于东方。

(9) 五行生克

水生木　木生火　火生土　土生金　金生水

水克火　火克金　金克木　木克土　土克水

(10) 五行休旺

春	木旺	火相	水休	金囚	土死
夏	火旺	土相	木休	水囚	金死
秋	金旺	水相	土休	火囚	木死
冬	水旺	木相	金休	土囚	火死
四季	土旺	金相	火休	木囚	水死

(11) 天干生旺死绝

天干既能十二支,即有生旺死绝,甲木长生在亥,乙木长生在午,丙火戊土长生在寅,丁火己土长生在酉,庚金长生在巳,辛金长生在子,壬水长生在申,癸水长生在卯,阳干顺行,阴干逆数,如是即得十二支所值。例如:

	长生	沐浴	冠带	临官	帝旺	衰	病	死	墓	绝	胎	养
甲	亥	子	丑	寅	卯	辰	巳	午	未	申	酉	戌
乙	午	巳	辰	卯	寅	丑	子	亥	戌	酉	申	未

举此两干,余干可知。

(12) 纳音五行

纳音五行,说为金木水火土之音,此实由"五音六属"而来,五音为

宫、商、角、徵、羽,所谓六属,即上面所说的八卦六位。五音配数与配五行,列如下表:

宫	商	角	徵	羽
1	7	9	3	5
土	金	木	火	水

推纳音五行之法,即推六十干支的属性,如甲子,子属庚,由甲至庚为七数,七为商音,商属金,因此甲子的纳音五行属金。

又如乙丑,丑属辛,由乙到辛亦为七数,亦是商音属金,所以乙丑的纳音五行亦是金。

又如丙寅,寅属戊,由丙到戊为三数,三为徵音,徵属火,所以丙寅的纳音五行是火。举此数列,余可知。

兹列六十甲子纳音如下:

甲子乙丑海中金　丙寅丁卯炉中火　戊辰己巳大林木　庚午辛未路旁土
壬申癸酉剑锋金　甲戌乙亥山头火　丙子丁丑涧下水　戊寅己卯城头土
庚辰辛巳白蜡金　壬午癸未杨柳木　甲申乙酉泉中水　丙戌丁亥屋上土
戊子己丑霹雳火　庚寅辛卯松柏木　壬辰癸巳长流水　甲午乙未沙中金
丙申丁酉山下火　戊戌己亥平地木　庚子辛丑壁上土　壬寅癸卯金箔金
甲辰乙巳覆灯火　丙午丁未天河水　戊申己酉大驿土　庚戌辛亥钗钏金
壬子癸丑桑柘木　甲寅乙卯大溪水　丙辰丁巳沙中土　戊午己未天上火
庚申辛酉石榴木　壬戌癸亥大海水

(13) 八卦五行

震巽	东方甲乙木(震为太阳真火)
兑乾	西方庚辛金(兑为太阴真水)
离	南方丙丁火
坎	北方壬癸水
坤艮	中央戊己土

此依《京氏易传》。

(14) 五行五星

镇星为土　太白为金　太阴为水　岁星为木　荧惑为火

《京氏易传》,乾说:"五星从位起镇星";姤说:"五星从位起太白";遯说:"五星从位起太阴",此即用五星五行,与积算有关。"从位"者,从世爻之位起。

戊、杂篇

1. 月建积算

月建为京房所创,由建起布六位,求得积算所起的爻,每爻值一日。所谓月建,跟十二消息的值月不同,亦不同于卦气图之值月,实由前述之世月结合爻辰、纳甲而成一卦气系统,用以依爻值日。这依爻值日,则有一重要思想,即一阴或一阳之生成,实仅为其功能之显现,而非真有阴阳气忽生忽灭。这一点,跟汉代时由西域初传入中土之佛家思想吻合,万物生灭同时,其生灭亦仅为现象之显隐。

由这思想,于是有"飞伏",飞即是显露,伏即是隐藏。飞伏是京房易例中的大例,所以便用积算来表示飞伏的原理,飞者虽然显露,而伏者其实不灭,经时日酝酿,伏者可以成飞,而飞者亦可以成伏。后来这思想为虞翻扩大,演变而成旁通、爻之等卦变易例。

晁公武《郡斋读书志》云:"起乎世而周乎内外(指上下卦),参乎本数以纪月者谓之建;终终始始,极乎数而不穷以纪日者,谓之积。"此说月建积算,已要言不烦,然其所述起例,则殊不直接,今不引述。

首先须知,寻此月建及作积算,实为占筮而设,并非用以表达卦气依时日流行。所以月建的成立,其用意根本与十二消息月卦不同。今《火珠林》尚传月建一法,起建者称之为"卦身"。

寻月建之法,依乾坤二卦由世爻起算之例,今说此二卦。

乾,《京氏易传》说:"建子起潜龙,建巳至极主亢位",此即说爻辰,由初位值子,至上位值巳立月建,乾为四月卦主巳月故。其法为,初爻布甲子,然后二爻乙丑、三爻丙寅,而至上爻己巳,于是己巳即为月建。至于积算,则由上位己巳起,回返初爻庚午、二爻辛未,如是循环周流,至戊辰止,此恰为一甲子循环,故《易传》说:"积算起己巳火至戊辰土。"于占筮时,看日之干支,寻积算所值之爻而作占断。

坤,《京氏易传》说:"建始甲午至己亥",此亦由上位甲午起,至初位为己亥,即以己亥为月建,坤为十月卦主亥月故。积算即由己亥起,依爻循环而成戊戌,《易传》云:"积算由己亥至戊戌,周而复始。"

其余诸卦,略述二例:

如遯(䷠),《易传》说:"建辛未,至丙子,阴阳遯去,终而伏位,积算起丙子至乙亥,周而复始。"遯卦依世月为六月卦,所以月建为未,依六属例"丑未属辛",所以月建未配六属的辛而成辛未。将辛未纳入遯卦初爻,于是二爻壬申,三爻癸酉,四爻甲戌,五爻乙亥,上爻丙子。这就是"建辛未至丙子"。积算即从丙子上九起,以爻配干支,回至初爻为丁丑,二爻为戊寅,三爻为己卯,如是周而复始,直至爻为乙亥为止,是即一甲子循环,此名积算,实即以爻值日之法。

又如复(䷗),《易传》说:"建始乙未至庚子,积算起庚子至己亥,周而复始。"复为坤宫卦,属阴,所以上位布甲午,回至初爻布乙未,再布至上位,为庚子,是为月建。积算由庚子起,依干支布爻至己亥止。

2. 六亲

《京氏易传》言:"八卦鬼为系爻,财为制爻,天地为义爻,福德为宝爻,同气为专爻。"这就是说六亲。论五行生克,无非只有四种情形,受克、克彼、受生、生彼。以木为例,受金之克,克彼土,受水之生,生彼火。生克之外,则为同气,木与木同气,这样就是五种情形,再加上自己,于是便成为六亲。

京房说的"鬼为系爻",即是受克,术数家称克我者为"官鬼"。

京房说的"财为制爻",即是克彼,术数家称我克者为"妻财"。

京房说的"天地为义爻",即是受生,术数家称生我者为"父母"。

京房说的"福德为宝爻",即是生彼,术数家称我生者为"子孙"。

京房说的"同气为专爻",即是同气,术数家称为"兄弟"。

上面所说的生克等例以八卦本卦的五行为主,如乾宫,五行即为金,如坤宫,五行即为土等例(八卦五行参看"八卦六位图")。

《京氏易传》于乾卦举六亲例,今分述如下:

"水配位为福德",这是说乾卦初爻甲子水,乾金生水,故为乾之子孙。

"木入金乡居宝贝",这是说乾卦二爻甲寅木,乾金克木,故为乾之妻财。

"土临内象为父母",这是说乾卦三爻甲辰土,土生乾金,故为乾之父母。

"火来四上嫌相敌",这是说乾卦四爻壬午火,火克乾金,故为乾之官鬼。

"金入金乡木渐微",这是说乾卦五爻壬申金,金为同气,故为兄弟,金重则木伤。

"宗庙上见戌亥,乾本位",这是说乾卦上爻,戌亥为乾本位,即指乾自身。

如是即京房所说的六亲。

象数家亦有用六亲注经,如比(䷇)六三,象曰:"比之匪人,不亦伤乎。"干宝注曰:"六三乙卯,坤之鬼吏。"由"八卦六位图"可知,比的六三为乙卯木(见坤下卦),比卦是坤宫的归魂卦,坤属土,所以比卦便也属土,乙卯木克土为官鬼,所以干宝说为"坤之鬼吏"。

3. 六神

六神虽用神煞之名,其实所用者为五行之气,所以六亲为实,六神为虚,实所以有生克,虚则无生克,仅论阴阳变化。兹列六神如下:

震东方木其神青龙	甲乙日起青龙
离南方火其神朱雀	丙丁日起朱雀
兑西方金其神白虎	庚辛日起白虎
坎北方水其神玄武	壬癸日起玄武
坤艮中央土其神勾陈腾蛇	戊己日起勾陈腾蛇

六神次序为：青龙、朱雀、勾陈、腾蛇、白虎、玄武。即按东、南、中、西、北次序。起六神例，如甲乙日，初爻起青龙，于是顺轮，由二爻朱雀至玄武为上爻；又如丙丁日，初爻起朱雀，于是顺轮由二爻勾陈至上爻为青龙。

4. 互体

晁公武《郡斋读书志》说互体曰："含于中而以四为用，一卦备四卦者，谓之互。"这即是以六爻的中四爻互成两卦，由四爻而成卦，所以说是以四为用。今举一例：

如既济（䷾），上卦为水，下卦为火，今取其中四爻（即二、三、四、五爻）互成两卦，于是二、三、四爻成为下卦坎（☵），三、四、五爻成为上卦离（☲），由是四爻互卦即成未济（䷿）。此即"一卦备四卦"。

《京氏易传》中，多说互体，如于中孚（䷼）说为："互体见艮。"这即是三、四、五爻互成艮卦。又如家人（䷤）说为："互体见文明。"这是三、四、五爻互成离卦，离为文明。又如无妄（䷘）说为："内互见艮，止于纯阳；外互见巽，顺于阳道。"这是说二、三、四爻互成艮卦，三、四、五爻互成巽卦。

虞翻的互卦与京房的互体有分别，将于说虞翻卦例时再说。

象数家注易，亦多用互体，如同人（䷌），郑玄注曰："卦体有巽，巽为风。"这就是以二、三、四爻互成巽卦而言。

又如需（䷄）九五："需于酒食，贞吉。"荀爽曰："五互离，坎水在火上，酒食之象。"这就是以三、四、五爻互成离，而需的上卦，本为坎，所以说"坎水在火上"。

今姑举此两例，以明京氏互体。

京房易例依孟喜所传，再得阴阳灾异之说，于是将孟喜卦气的范围扩大，天之星宿、地之节气、人事的物候，无所不包。他所成立的卦气系统，目的并非用以注经，而是用于占筮，及候阴阳灾异，后人用之注经亦无不可，但亦须知京氏成立其系统之目的，今略述如上。

东汉象数易例

东汉易家当以马融为首,郑玄即为其弟子,只可惜他的注已佚,如《隋书·经籍志》记有"马融注周易一卷,亡。"可见其书在隋代时已经不在。《旧唐书》与《新唐书》记有《马融章句》十卷,或者到唐代,马融的注经又复出现,可是其后亦已散佚。今仅有马国翰辑佚《周易马氏传》三卷,已成吉光片羽。所以今时已无法总结出马融的易例。

就所见辑佚而言,马融说易重视训诂,同时亦实用儒家易解经,这即是他对费氏易的传承,对象数则可谓无所采用。如乾初九:"潜龙勿用。"马融注曰:"初九建子之月,阳气始动于黄泉,既未萌芽,犹是潜伏,故曰潜龙也。"这并不是用卦气、爻辰,只是因为地支以阳子为首,是故如是说潜龙。他注坤卦辞:"西南得朋,东北丧朋。"说言:"孟秋之月,阴气始著,而坤之位,同类相得,故西南得朋。孟春之月,阳气始著,阴始从阳,失其党类,故东北丧朋。"这亦不是用消息、卦气来说,只是泛泛说阴阳交替,所以不能说他是象数学家。儒家易学者亦不能不说阴阳五行,此如"十翼"亦不讳言阴阳五行。

马融留心易纬,亦不代表他用象数说易,易纬之书有推度岁时吉凶的作用,即儒家易者,亦不能对此不留意。他研究易纬可能影响了郑玄,因此郑玄即为易纬作注。亦可能因为马融将岁时阴阳注经,郑玄因此即留心岁时之学,由是采京房之说以研易,遂自成家,然郑玄对马融之学其实未废。下面即说郑玄易例。

一、郑玄爻辰例

郑玄易例看似旁出多端,他注经的例牵涉到五行相冲相合,又用值宿、月卦,更重爻体,于是论者认为支离破碎,迂曲求解,其实未必然。郑玄的宗旨,只在于爻辰,他所创的爻辰,可能即是他研究数象的最大成就。对他来说,爻辰是主体,其余各例只依爻辰而生。今先说爻辰。

爻辰系统,京房与郑玄不同,今先将二者列图以资比较。

```
         京房                    郑玄
  戌 ━━━━━   酉 ━ ━         戌 ━━━━━   巳 ━ ━
  申 ━━━━━   亥 ━ ━         申 ━━━━━   卯 ━ ━
  午 ━━━━━   丑 ━ ━         午 ━━━━━   丑 ━ ━

  辰 ━━━━━   卯 ━ ━         辰 ━━━━━   亥 ━ ━
  寅 ━━━━━   巳 ━ ━         寅 ━━━━━   酉 ━ ━
  子 ━━━━━   未 ━ ━         子 ━━━━━   未 ━ ━
```

由图可见,二者乾卦爻辰全同,相差者只在坤卦,然而于坤初六,二者皆由未起,若将十二支排成圆图,便可以见到二者的分别根源何在。

（十二地支圆图：辰、巳、午、未、申、酉、戌、亥、子、丑、寅、卯）

于坤卦,京氏由未起,逆时针方向行走(左行),隔位排列,便成未、巳、卯、丑、亥、酉;郑氏同样由未起,顺时针方向行走(右行),隔位排列,便成未、酉、亥、丑、卯、巳。所以二家分别,只在于阴爻旋转的方向。

研究爻辰的人常常用《乾凿度》的爻辰来比较京、郑两家。清惠栋认为《乾凿度》同于郑玄,可是今人又有认为《乾凿度》同于京房,那便是对左行、右行的认识有所不同,今人有认为顺时针方向为左行者,其实应以右行为是。研究两家爻辰,实与《乾凿度》无关,《乾凿度》所说是以卦值岁,每二卦值一岁,二卦十二爻各值一月,六十四卦值三十二岁,周而复始,用意与京、郑二家完全不同。

研究爻辰的人,又用律吕相生来说爻辰,说京房用六十律,郑玄用十二律,这说法似乎很合道理,而且郑玄本人亦有用律吕说爻辰的记录(详下说),似乎律吕与爻辰有必然的关系。然而自古以来,律吕用以候历,十二辰亦用以候历,二十八宿同样用以候历,所以用十二辰说律吕是必然的事,二者并没有因缘的关系,不能说十二辰必由律吕所生,正如说十二辰亦用二十八宿,并不能说十二辰即由二十八宿所生。

《史记·律书》:"太史公曰:在旋玑玉衡以齐七政,即天地二十八宿,十母(即十干),十二子(即十二支),钟律调(调谓六十调,配六十甲子以候日)。自上古建律运历造日度,可据而度也。"在这里七政、二十八宿、十干、十二支、钟律调平排而列,即是说这些分别是历法的元素,并无从属关系,因此不能说十二支合卦即由钟律调而来,这等于用六十调配六十甲子候日,不能说六十甲子由六十调而来,亦不能说六十调由六十甲子而来,所有候历的元素必然互相配合,其间没有谁生谁的因果关系。因此对于郑玄的易例,爻辰归爻辰,律吕归律吕,二者不宜相混,当郑玄以律吕注经时,那便应只由律吕来看,若批评者将之归入爻辰例,那便可以说他既用爻辰,又同时用律吕,杂取多端,但那不是郑玄的本意。

论者又或以《周礼·春官》一段郑玄注为据,说爻辰由律吕生,其注如下:

黄钟,初九也,下生林钟之初六,林钟又上生太簇之九二,太簇又下生南吕之六二，南吕又上生姑洗之九三，姑洗又下生应钟之六三，应钟又上生蕤宾之九四，蕤宾又上生大吕之六四，大吕又下生夷则之九五，夷则又上生夹钟之六五，夹钟又下生无射之上九，无射又上生中吕之上六。

这似乎是说乾初九下生坤初六，坤初六上生乾九二，乾九二下生坤六二等等，其实不是，郑玄只是用乾坤十二爻来代表十二月，子月黄钟下生未月林钟，未月林钟上生寅月太簇，寅月太簇下生酉月南吕，如是等等。依月辗转相生的是律吕，而不是爻辰。

笔者主张律吕相生与爻辰相生无关，并非净论，实为将象数易与道家易作出分别，《道藏》有"乾坤合律图"，可能受魏伯阳纳甲之说影响而附会为纳十二辰，若比附于郑玄的爻辰，那么道家就可以随意牵合象数易之说，这样一来，反而对道家有害。

郑玄的易学兼采京房、费直两家，他从第五元先受京氏易，再从马融受费氏易。京氏易出于孟喜，孟喜说易以气为主体，所以重视阴阳二气之用，十干分阴阳，十二支亦分阴阳，便可以将阴阳二气之用纳入岁时，由是说为卦气，郑玄说易其实全采孟喜说，而以爻辰为主，这就是用爻辰来表达孟氏易阴阳二气之用，因此由爻辰引申为九个易例。今分说如下。

甲、爻辰相生

爻辰相生不依五行，只是乾坤十二爻递次相生，乾初九生坤初六，坤初六生乾九二，乾九二生坤六二，如是等等。以爻辰言，其相生次序如下：

子→未→寅→酉→辰→亥→午→丑→申→卯→戌→巳

这亦等如是十二律吕相生，因此将爻辰的相生说为由十二律吕而来，并非无理，只是恐怕不是郑玄的本意，因为他的相生之序，其实亦十分自然，可图示如下：

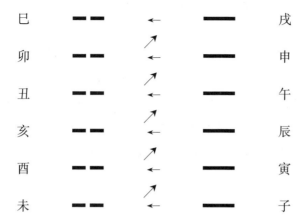

此是乾坤六爻依次交替生去,望图便觉其自然,于象数易中郑氏易例最不复杂。但一旦说为律吕相生,便可以损益三分之一为说,凡下生损三分一,凡上生益三分一,由子至午,阳生阴则损,阴生阳则益;由午至巳,阳生阴则益,阴生阳则损。但此其实与易例无关,象数家注易亦未见有用律吕损益相生之例。

乙、爻辰值月

郑玄既用十二支表阴阳二气之用,所以必须说阴阳二气之流行,由是用爻辰值月乃理所当然的事。前说他注《周礼·春官》时用爻辰代月以说十二律吕,那便等于已说爻辰值月,其例如下:

爻辰值月配十二律							
戌	—	戌月	无射	巳	--	巳月	中吕
申	—	申月	夷则	卯	--	卯月	夹钟
午	—	午月	蕤宾	丑	--	丑月	大吕
辰	—	辰月	姑洗	亥	--	亥月	应钟
寅	—	寅月	太簇	酉	--	酉月	南吕
子	—	子月	黄钟	未	--	未月	林钟

所以郑玄的爻辰值月,其实非常简单,爻辰为子便值子月(十一月),爻辰为丑便值丑月(十二月),然后依十二律吕值月,便成上表。故实可以说郑玄实在是依十二支月纳为乾坤十二爻之辰,此十二月本与律吕相应,由是律吕便与爻辰相应,自然而然,真可说是简易之道。

郑玄用爻辰值月作注,今日尚存一些例子,如《易纬·通卦验》:"正阳云出张,如积鹄。"郑玄注曰:"春分于震,直初九,初九辰在子,震爻也,如积鹄之象。"这虽然不是用于注易,但亦可作为一例。

丙、爻体

郑氏爻辰,以乾坤十二爻辰统摄余卦,亦即凡初九必为子,凡初六必为未之类,阴阳爻各依其位纳乾坤二卦之辰。由此体例即可成为爻体之例。

此可由六子卦值二十四节气说起(见京房易例)。

乾坤生六子,乾依阳爻所生次第为震、坎、艮;坤依阴爻所生次第为巽、离、兑,所以六子卦受乾坤所生的阴阳爻,便分别为六子卦的主体,如震,阳爻在初、四,所以初九、九四便是震的主体。依郑氏爻辰例,初九必为子,九四必为午。今将此例表列如下:

初九及九四	体	震	䷲	爻辰子午
九二及九五	体	坎	䷜	寅申
九三及上九	体	艮	䷳	辰戌
初六及六四	体	巽	䷸	未丑
六二及六五	体	离	䷝	酉卯
六三及上六	体	兑	䷹	亥巳

由表可知爻辰的订立,实即等如爻体的订立,兹说如下:京房六子卦值气,震值子午、坎值寅申、艮值辰戌、巽值丑未、离值卯酉、兑值巳亥。若将此依郑氏爻辰配爻,便可以得出震为初九及九四、坎为九二及

九五、艮为九三及上九、巽为初六及六四、离为六二及六五、兑为六三及上六,如是即成立爻体。

用爻体注易之例甚多,如萃(䷬):"用大牲吉,利有攸往。"郑玄注曰:"四本震爻,震为长子。五本坎爻,坎为隐伏。"又说:"二本离爻也,离为目。"此三者都以爻体为说。

又如颐(䷚):"自求口实。"郑玄注曰:"二五离爻,皆得中。"此亦以爻体为说。

郑玄不但用此例注易,同时亦用此例疏《诗》、《礼》。如疏《诗》,说离九三为艮爻;说六四为巽爻;六五为离爻。如疏《礼记》,说二五离爻。可见郑玄对此易例无时不用,非但用于注易。

丁、相冲

爻体阴阳相同,值敌应则必冲,阳应阳,阴应阴,则为敌应,此如下表:

乾初九	子	冲	乾九四	午
乾九二	寅	冲	乾九五	申
乾九三	辰	冲	乾上九	戌
坤初六	未	冲	坤六四	丑
坤六二	酉	冲	坤六五	卯
坤六三	亥	冲	坤上六	巳

京房的爻辰其实亦为敌应相冲,不过其例与郑玄不同,如巳为六二冲六五亥,是巳亥相冲,郑玄则为酉卯相冲,用意其实相同,因成敌应,故彼此爻辰非相冲不可,否则便不能称之为敌。八纯卦皆上卦与下卦敌应,所以上下卦的爻辰亦必相冲。

如讼(䷅)九二:"其邑人三百户无眚。"郑注曰:"苟自藏隐,不敢与五为敌则无灾眚。"此即如郑氏注《乾凿度》言:"若在冲也,阴则退一辰者,为左右交错相避。""左右交错"即不敢为敌之意。是故筮值讼九二,依郑氏之意,应自隐藏,不敢为讼,由是九二应变为六二。

戊、相合

既济卦六爻得位,未济卦六爻失位,但两卦爻辰都有比应义。此即由爻辰六合说为比、应,其例如下:

```
戌 ──      ── ── 巳
卯 ── ──   ──    申
午 ──      ── ── 丑
亥 ── ──   ──    辰
寅 ──      ── ── 酉
未 ── ──   ──    子
   未济         既济
```

于既济,初九与六四应,故子与丑合。六二与九三相比,故酉与辰合。九五与上六相比,故申与巳合。又于未济,初六与九四相应,故未与午合。九二与六三相比,故寅与亥合。六五与上九相比,故卯与戌合。由十二支相合见比应义。

此又有三合义:

既济三阳爻得申、子、辰三合,三阴爻得巳、酉、丑三合。

未济三阳爻得寅、午、戌三合,三阴爻得亥、卯、未三合。

既济未济二卦由乾坤二卦阴阳交通而来,而其爻辰分布得比应,阴阳家对此必极为重视,由今日用《火珠林》占筮者之说即可知。例如传为秘典的《易隐》即重视爻辰的比应。若用京氏爻辰布于既济未济二卦,则仅见相应,而不见相比。

郑氏用此注易之例,略举如下。

如明夷(䷇)六二:"明夷,夷于左股,用拯马壮,吉。"郑玄注曰:"六二辰在酉,酉在西方,右下体离,离为目。"然后说:"九三体在震,震东方,九三又在辰。"此即是说六二与九三相合,爻辰为辰与酉合,因而六二睇九三。郑氏认为"夷于左股"应为"睇于左股",故以睇为言。此即用六合例。

此外于贲六四,郑氏亦用此例,见附录Ⅰ:"郑氏爻辰引例"。

己、爻序

既济、未济二卦是乾坤六爻的会通,若乾坤上下卦交会,则成泰卦、否卦,则得阴阳二分之序,郑玄说:"阳起于子,阴起于午,天数大分。"在这里,阳是说子、丑、寅、卯、辰、巳,阴是说午、未、申、酉、戌、亥。京房的世爻值月,所说的阴阳便与此相同,与五行家以子、寅、辰、午、申、戌为阳,丑、卯、巳、未、酉、亥为阴不同。

现在将泰、否二卦纳入爻辰,图示如下:

```
戌 ——      — — 巳
申 ——      — — 卯
午 ——      — — 丑
亥 — —      —— 辰
酉 — —      —— 寅
未 — —      —— 子
   否          泰
```

泰卦为阳,否卦为阴,所以泰卦得十二支的阳辰,否卦得十二支的阴辰。

将泰卦由初九起至应爻六四,再由九二爻至应爻六五,更由九三爻至应爻上六,如是即成为子、丑、寅、卯、辰、巳的顺序。

将否卦由九四起至应爻初六,再由九五爻至应爻六二,更由上九爻至应爻六三,如是即成为午、未、申、酉、戌、亥的顺序。

由是郑氏又将此阴阳二分的序列,定为卦例,当说阳卦时,六爻爻辰是子、寅、辰、丑、卯、巳;当说阴卦时,六爻爻辰是未、酉、亥、午、申、戌。是即"爻序"。

最突出的例子是离(☲)九三："日昃之离,不鼓缶而歌,则大耋之嗟,凶。"孙星衍《集解》引《诗》疏,郑注曰:"艮爻也。位近丑,丑上值弁星,弁星似缶,诗云：坎其击缶,则乐器亦有缶。"说者认为郑玄错误,在离卦,近九三的应该是九四,九四爻辰是午,不应该说是位近丑。其实在这里,郑玄以艮爻为说,艮为阳,所以依上说阴阳之序,六四就应该是丑,是故说"位近丑"。

在郑玄易例中,其实有同样的例子,不过因为与爻辰相同,所以就不发觉。此如坎六四:"樽酒,簋贰,用缶。"孙星衍《集解》引《诗》疏,郑玄注曰:"爻辰在丑,上值斗,可以斟之象,斗上有建星之形似簋贰副也,建星上有弁星,弁星之形又如缶。"在这里应该是用阴阳之序的爻辰,坎为阳卦,六四爻辰在丑,不过因为郑氏爻辰六四亦是丑,所以不觉,为什么说他是用阴阳之序的爻辰呢,因为他在这里说星宿之象,凡他因说星象而说爻辰时,所用都为阴阳之序的爻辰。

惠栋说,依郑玄易例,泰否二卦所值的爻辰不同他卦,因此另立泰否二卦爻辰,泰卦为寅、卯、辰、巳、午、未,否卦为申、酉、戌、亥、子、丑。说是根据《乾凿度》的郑玄注推衍而成此说,他所立的爻辰虽然不对,但是说另立泰否二卦爻辰,却是正确的。所谓另立,并不是不依郑氏爻辰而立,而是依此而成阴阳大分之序,由是而说星宿值黄道十二宫。因为星宿要值宫,所以只能跟着子、丑、寅、卯的次序而值,不能根据爻辰子、寅、辰的次序,否则宫序便紊乱了。

由此可说郑氏易例:凡星宿值宫之辰,必为阴阳大分之序,亦即泰否二卦,爻辰得序之例。

庚、爻气

根据后天卦序,坎、离、震、兑四正卦分居北、南、东、西四方,乾、坤、艮、巽则分居四隅。将子、午、卯、酉配四方,于是坎得子、离得午、震得卯、兑得酉；将辰、戌、丑、未；申、寅、巳、亥分配四隅,于是四隅卦便各得两辰,由是成立爻气之例,表列如下：

爻辰在子	得坎气
爻辰在丑寅	得艮气
爻辰在卯	得震气
爻辰在辰巳	得巽气
爻辰在午	得离气
爻辰在未申	得坤气
爻辰在酉	得兑气
爻辰在戌亥	得乾气

这个易例仍以爻辰为根本,不过依爻辰的方位值卦,由是成立一爻的卦气,谓为爻气。郑氏注蛊上九,以爻辰在戌,说为得乾气。又,注大过上六,谓爻辰在巳,当巽位。这即是以爻气为例。若不依爻气即无法说巳为巽位,此说巽位,实说巽气。

孙星衍《集解》引《礼记》疏,郑玄注贲(☲)六四爻辞:"贲如、皤如,白马翰如,匪寇,婚媾。"注为:"谓九三位在辰,得巽气,为白马。"这是因为"得巽气",所以就用巽卦之象来注经。巽为白,所以说是白马。

爻气的成立,是依爻所当卦位而得气,卦位为四方四隅,值十二辰,所以爻气亦分值十二辰,这亦可以说为,依八纯卦的方位而说一爻所主之气,因此爻气所主为地道,与前说得阴阳大分之爻序不同,此主天道。郑氏爻辰则主人道。由此可见郑玄变通爻辰,分主三才,是即知他的易例实以爻辰为本而已。此即爻序应天道、爻辰应人道、爻气应地道。

辛、值宿

十二宫不可见,因此只能由宫中的星象而定十二宫次,爻辰既分布于十二月,便等于分布于十二宫,所以便可以用爻辰来值十二宫的二十八宿。爻辰值宿,方向为右行(顺时针方向)。由十一月危宿起值,然后入十二月女宿、正月箕宿,而至十月室宿为一周天,由是一年十二月周天二十八舍次,表列如下:

十一月	危	虚	女
十二月	女	斗	牛
正 月	箕	尾	心
二 月	心	房	氐
三 月	氐	亢	角
四 月	轸	翼	张
五 月	张	星	柳
六 月	柳	鬼	井
七 月	参	觜	毕
八 月	毕	昴	胃
九 月	胃	娄	奎
十 月	壁	室	

此表未严格分野,时代不同,历法又不同,即因分野不同而来,分野有岁差,时日长久,积算起来的岁差便大,于是便须调整,因此无永恒的分野可言。故此表只示其大略,于《周易》,可参考京房易传及费直的分野。

郑玄用十二宫及值宿之例,如比(䷇)初六:"有孚比之无咎,有孚盈缶,终来有它,吉。"郑玄注曰:"爻辰在未,上值东井,井之水,人所汲。缶,没器也。"这是用井宿旁边的天罇三星来释"缶",天罇三星似缶,此即用星象例。又《诗正义》引《春秋元命苞》曰:"东井八星主水衡。"所以说"上值东井,井之水,人所汲"。

又,困(䷮)九二:"困于酒食,朱绂方来。"孙星衍《集解》引《仪礼》疏,郑玄注曰:"二据初,辰在未,未为上(土),此二,为大夫有地之象,未上值天厨,酒食象,困于酒食者,采地薄不足已用也。"

对于郑玄这个注,非议者甚多,都依王引之《经义述闻》而说。王引之认为既然是说九二爻,便不应该引初爻为说,九二便是九二,不能因为它"据初"(乘初爻)便说初爻。

此处王引之不知郑玄有爻气之例，若依爻气，未得坤气，所以郑玄说"未为土"，易卦诸爻各有关联，若时时孤立一爻而说，六爻便断绝联系，因此郑玄说九二时，为要说他有封地，所以便将据初六说为"大夫有地之象"，这似乎并无不妥。此如夬(䷪)九五："苋陆夬夬。"若不关联及上六，则很难解释"夬夬"之象，尤其是不能解释象传所说的"中未光也"，不连上六，九五则不能说为中；不连上六亦不能说"未光"。易中此例甚多，王引之之说未尽恰当，贤者亦有所失。

壬、生肖

郑玄注易亦有用生肖例，这可能是由值宿引申而来，所以他注经时引生物而说，未必尽合十二生肖，今姑立生肖例如次：

子鼠、丑牛、寅虎、卯兔、辰龙、巳蛇、午马、未羊、申猴、酉鸡、戌犬、亥猪

于中孚(䷼)："中孚，豚鱼吉。"孙星衍《集解》引《诗》疏，郑玄注曰："三辰在亥，亥为豕，爻失正，故变而从小名言豚耳；四辰在丑，丑为鳖蟹，鳖蟹，鱼之微者，爻得正，故变而从大名言鱼耳。"此即用生肖之例。

又如坎(䷜)上六："系用徽纆，寘于丛棘，三岁不得，凶。"孙引郑注曰："系，拘也，爻辰在巳，巳为蛇，蛇之蟠屈似徽纆也。"此亦生肖例。

上引郑玄九例，既说爻体爻辰，又引星宿生肖，似乎杂出多端，令读者茫无头绪，其实若知全由爻辰发挥而来，则觉其简易之处。又，郑玄注易往往杂用诸例，既说爻辰，又说星宿，复说生肖，于是说者病其驳杂，倘读者用爻辰为主从而理解诸例，则未见其杂。说郑氏易例已，附说如上。

二、荀爽易例

荀爽与郑玄同时,仅小于郑玄一岁,而且年寿较短。但荀爽的易例实对虞翻有影响,他的易例仅有升降与卦变,这两个易例都为虞翻所采,再加以变通予以运用。所以虞翻对荀爽极为尊重,于注经时虽有反驳,仍称之为荀公,对马融则仅称为马君。虞翻高自崖岸,对荀爽则虚怀若谷,可见荀爽易例虽少,而影响则大,今先述其升降例。

甲、升降

《周易》所谓气动气静,是指气功能的变化,当其变时即谓之动,当其不变时则谓之静。假如阳动阴静,即是说气发动阳的功能,而阴的功能则未发挥,所以便只见到阳的变化。但若就整体而言,阴阳的功能无时不趋向于平衡(中、中正),儒家易的思想亦在于平衡(中和、中庸),这即是儒家易与阴阳家易最大的不同。阴阳家但求占验灾异,所以便只着重于其动变,亦即只着重一时的现象,即由此一时而论吉凶,如何平衡,并不是他们所重视的事。

荀爽虽说象数,但仍以儒家易为基本,所以着重平衡。升降便是他所订阴阳平衡的例。其目的在于平衡,而非着重升降,平衡是目的,升降只是求平衡而变动的现象。

升降的阴阳变动是:阳动则进,阴动则退,这本来是自然的趋势,由此趋势阴阳即成平衡,此如大地,阳气必然上升,阴气则呈现为下降,由是大地始得温暖。若阳气下降,阴气上升,大地必然冰封。所以物理学家亦说,暖空气上升,冷空气下降。

荀爽说升降即据此趋势而言,所以他的升降有一些原则,可说如下:

一者,升降只就趋势而言,不是说已呈现出来的现象。所以他注一卦,并不就此卦而说,而是就其走向平衡的趋势而说。

荀爽释乾象辞"见龙在田,德施普也"说:"见者,见居其位,田,谓坤也,二当升坤五,故曰见龙在田。"这即是根据阴阳平衡的趋势而说。乾六爻皆阳,只是阳气显现,阴气潜藏,并不是唯有阳生,阴则灭尽,故六阴依然潜伏,乾卦现而坤不灭。所以当见乾九二时,犹如临卦(䷒),只见二阳现。荀爽是说九二有升上坤五的趋势,当升至五位时,则阴阳平衡。所以说坤为田,九二所居者为坤田。这是荀爽升降例的基本原则,若说乾,只就乾的既成之象而说,已见六阳,便很难表达阴阳平衡的趋势。

虞翻于说"见龙在田"时,亦说:"二非阳位,故明言,能正中也。"所言"能正中"亦就其趋势而言,谓其能成为九五之正中。

有人挑剔说,荀爽在注〈乾文言〉"云行雨施"时,说言:"乾升于坤曰云行。"何以同是阳升于坤,而或谓"在田",或谓"云行",分别何以如此之大。这是不知道前者说"在田",是依趋势而说,并不是说现象。说"云行"时,全文是说:"乾升于坤,曰云行,坤降于乾,曰雨施,乾坤二卦,成两既济,阴阳和均,而得其正,故曰天下平,君子以成德为行。"这是说乾坤交变,并不是说爻的升降,于乾坤交变时,有云行、雨施之象,此即与上例说乾九二,见其终于由临卦变为乾卦六阳不同。

二者,当阴阳平衡时,阳应居于五位,阴应居于二位,因为阳上阴下、二五中正,所以五为阳中正之位,二为阴中正之位,由是荀爽的易例便多说二、五两爻的升降,因为二五中正,即是阴阳平衡之象。

三者,即使不能成为二五中正,亦应该阴阳得位然后平衡。当说阴阳升降时,便求阳居阳位,阴居阴位。有时,阳进不能当位,则宁可阳退,此非自乱其例,而是但求平衡,阴阳当位是平衡的现象。

复次应知,当说升降时,是说阴阳欲得平衡时所应有的趋势,所以必非依本卦不动而说。此与卦变之例不同,于说卦变时再详此点。

今依上说三例,举例如次:

一者,平衡趋势例,如释"大明终始",荀爽曰:"乾起坎,而终于离,坤起于离,而终于坎,离坎者,乾坤之家,而阴阳之府,故曰大明终始也。"这就是说阴阳平衡趋势的最佳例子。乾坤二卦相交,坤二、五变为阳,即成坎卦,这即是六阴的坤卦为阳的二、五所交(见下图甲);与此同时,坤二、五交入乾二、五位,即成离卦,这即是六阳的乾卦为阴的二、五所交(见下图乙)。同一现象,就乾卦而言,是起于坎而终于离,因为起于阳交坤,而终于阴交乾;就坤卦而言,是起于离而终于坎,因为起于阴交乾,而终于阳交坤。须注意的是,当乾起坎时,坤同时起于离;当乾终于离时,坤同时终于坎。正由于同时,所以才可以说为平衡,若不同时,则无平衡可言。读《周易》时当常留意于"同时",若分先后,则失注经者之意。

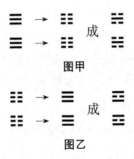

又如〈乾文言〉:"水流湿,火就燥。"荀爽注"水流湿"曰:"阳动之坤而成坎",注"火就燥"曰:"阴动之乾而成离"。这即如上说,由乾坤相交成坎离而言,由阴阳平衡说水火的自然现象。易象本乎自然,此为《周易》之大纲,所以不能说荀爽支离破碎,亦不能说象数易家牵强附会。

二者,二五中正例,即谓阳在二者,当上升坤五,阴在五者,当下降乾二,如是即为中正。中正本为儒家易例,但儒家未用升降为例而已。说升降然后中正,正得平衡之意,〈乾文言〉:"本乎天者亲上,本乎地者亲下。"荀爽注上句曰:"谓乾九二,本出于乾,故曰本乎天,而居坤五,故曰亲上。"注下句曰:"谓坤六五,本出于坤,故曰本乎地,降居乾二,故曰亲下也。"这即是阴阳相交而得二、五中正的例子,乾二交坤五,同时坤五交乾二,于是成亲上、亲下之象,阳则亲上、阴则亲下,此为自然的趋势。若阳但知进、阴但知退而不求中正,则不利,所以〈乾文言〉说上九:"亢之为言也,知进而不知退,知存而不知亡。"荀爽便说:"阳位在五,今乃居上,故曰知进而不知退也。在上当阴,今反为阳,故曰知存而不知亡也。"可见中正为重,并不是说阳一定要进,进而不知其所极;亦不是说阴一定要退,退而不知其所终。荀氏据此注经。以下略举数例。

贲(䷕)六五,象曰:"六五之吉,有喜也。"荀爽注曰:"艮山,震林,失其正位,在山林之间,贲饰丘陵,以为园圃,隐士之象也,五为王位,体中履和,勤贤之主,尊道之君也,故曰贲于丘园,束帛戋戋,君臣失正,故吝,能以中和饰上成功,故终吉而有喜也。"此即言六五为阴居阳位,由此即说四五上爻为艮山,三四五爻为震林,此为隐士之象。以此之故,六五居于王位,亦为"体中履和,勤贤之主,尊道之君",同时亦是"中和饰上成功"。这样的解释,基本上仍是由二五中正而来,今贲六五中而不正,失其正位,然而整个卦象虽失正而平衡(中和),所以依然有喜。此说中正,由当前卦象而说,未说其趋势,何以不说呢,因当前卦象已经平衡。

又如升(䷭)六五,象曰:"贞吉升阶,大得志也。"荀爽注曰:"阴正居中,为阳作阶,使升居五,己下降二,与阳相应,故吉而得志。"这仍然是依二五中正来说,"升阶"者,是六五为九二之阶,使九二升而居五,五则下降居二,如是即成为二五中正,故"贞吉"、"大得志"。这里说升降,即是说平衡的趋势,依此趋势而变动,即如爻象之所言。此即与上说贲卦时不同。

三者,由升降求得位之例,如复(䷗),象曰:"利有攸往,刚长也。"荀爽注曰:"利往居五,纲道浸长也。"这是说初九利于升往九五,由此可见荀爽之意,阳处于初则阳微,失中正,若居于五尊位,则成中和之象,此即爻位之有宜与不宜,变而得宜,是故"利有攸往",亦即为"刚长"。

又如明夷(䷣)六四:"入于左腹,获明夷之心,于出门庭。"荀爽注曰:"阳称左,谓九三也,腹者,谓五居坤,坤为腹也,四得位比三,处于顺首,欲上三居五,以阳为腹心也,故曰,入于左腹。获明夷之心,言三,明当出门庭,升五君位。"这是说,九三应有的趋势,若九三升为九五,便是"出于门庭",震为门。出于门庭即"获明夷之心",当三升五后,即见坎象,坎为心。

又如离(䷝)六五:"出涕沱若。"荀爽注曰:"六五阴柔,退居于四,出离为坎,故出涕沱若而下,以顺阴阳也。"这是说,六五若退居于四位,二、三、四成坎,于是离卦变成坎卦,由是即有"出涕沱若"之象,在这里是说阴退,阴退不是应有的趋势,若成此趋势则不吉,故筮得此爻,则不宜阴退处事。这又是一个易例。

由上引数例可知,荀爽的升降并非只是二五升降,若求平衡,任何爻位都有升降的趋势。

今再引一例,论者亦以为是说升降。

此如屯(䷂)初九,象曰:"虽盘桓,志行正也。"荀爽注曰:"盘桓者,动而退也,谓阳从二动,而退居初,虽盘桓,得其正也。"批评的人说,这里说阳二退居初位,便是阳退,违反荀爽说阳进之例。其实此例并非说升降,而是卦变例,二者用意不同,非如批评者所言。今即说此卦变例。

乙、卦变

荀氏卦变又名"爻之",即由于爻的往来变动而成卦变。荀爽说卦变非依趋势而言,实就当前卦象究其本源,所以便说一卦由他卦而来,他卦变成此卦,是过去的趋势,此卦则是既成之象。所以,对升降与卦变不加分别,便可能说他"自乱其例"。

所谓卦变,荀氏说为"此本某卦"。此例影响虞翻甚大,难怪虞翻对荀氏尊崇。

卦变所本之卦,其例有三。

一者,谓自乾坤二卦来。

如说谦(䷎),彖曰:"天道下济而光明。"荀爽注曰:"乾来之坤,故下济,阴去为离,阳来成坎,日月之象,故光明也。"这即是说谦卦由"乾来之坤"而成，既成则显现为谦卦这个卦象，亦即谦这个卦象以"乾来之坤"为本。

又如解（䷧），彖曰："天地解而雷雨作。"荀爽注曰："谓乾坤交通，动而成解卦，坎下震上，故雷雨作也。"此亦说解卦这个卦象之所本，由"乾坤交通"而成此象，荀爽已明说"谓乾坤交通，动而成解卦。"所以虞翻注解卦，即本此而说阴阳升降变动。

又如姤（䷫），彖曰："天地相遇，品物咸章也。"荀爽注曰："谓乾成于巽，而舍于离，坤出于离，与乾相遇，南方夏位，万物章明也。"这注文说得不直接，所以九家易加以解释，说言："谓阳起子，运行至四月，六爻成乾，巽位在巳，故言乾成于巽，既成，转舍于离，坤万物皆盛大，从离出，与乾相遇，故言天地遇也。"这即是以乾坤二卦的"爻之"而说。乾卦既成，坤阴之二、五位，于是乾卦即成离卦，是即"转舍于离"，"舍"是住的意思。此如前曾说"乾起坎而终于离"。至于说"坤从离出与乾相遇"，则如前所说"坤起于离而终于坎"。如是三例，皆说其本，实为乾坤二卦。

二者，谓自六子卦来之例，是即所谓六子所生卦。

如屯（䷂），荀爽释其彖辞"动乎险中"，说为"物难在始生，此本坎卦也"。那就是说屯卦由坎卦而来，坎九二降入初位，初六升上二位，由是成屯象，即屯为坎所生卦，因而"动乎险中"，这只是说坎九二之动，非说屯卦之动。因此不能质疑，何以又以阳退为例。

又如蒙（䷃），彖曰："蒙亨，以亨行时中也。"荀爽注曰："此本艮卦也。"这即是说，以艮卦为本，变为蒙卦之象，即蒙为艮所生卦。李鼎祚补充荀爽之注，作案语曰："二进居三，三降居二，刚柔得中，故能通发蒙时，令得时中矣，故曰蒙亨，以亨行时中也。"这是说艮卦的六二进居三位，九三降居二位，由是而蒙象，蒙象二五中正，所以说为刚柔得中。艮变为蒙，依于时义。干宝说言："蒙于世为八月，于消息为正月卦也，正月之时，阳气上达，故屯为物之始生，蒙为物之稺也。"此即说时义。

又如大过（䷛），虞翻说为："大壮五之初，或兑三之初。"前者说大过由大壮来,是依消息卦来,说由兑卦来,是依六子卦来。

三者,谓自消息卦来之例,是即所谓消息所生卦。

此例繁多,如需(䷄),虞翻依荀爽例说为"大壮,四之五"。这即是说大壮四爻与五爻交动相之,而成需卦之象。看起来很像是阳升阴降,其实非升降例,升降是大壮卦的事,非说需卦升降,大壮卦爻相之,非依可成中正的趋势而动,不过既动之后,成为需卦之象而已。

如讼(䷅),卦辞曰:"讼有孚。"荀爽注言:"阳来居二,而孚于初,故曰讼有孚矣。"这里未明说讼卦由何卦而来,虞翻据荀爽易例说为:"遯三之二也。"这即是讼卦由遯卦而来,遯卦九三与六二相之而成讼卦。

如贲(䷕),彖辞曰:"贲亨,柔来而文刚,故亨,分刚上而文柔,故小利有攸往。"荀爽注曰:"此本泰卦,谓阴从上来,居乾之中,文饰刚道,交于中和,故亨也,分乾之二,居坤之上,上饰柔道,兼据二阴,故小利有攸往矣。"这是说泰(䷊)上六来居二位,于是九二即往上位,由是而成贲卦,所以说"柔来而文刚"。"柔"指贲六二,原来泰卦下体是乾,六二为柔,文饰乾刚,是故"交于中和";泰九二往居坤上,是即"刚上而文柔"。此亦似阳升阴降之例,其实非说升降,只是说由泰卦的爻之,变而为贲卦。

三者所言,皆依当前卦象爻象而言。然而非议荀爽的学人,却认为他是"自违其例"。此如上面所说屯卦、蒙卦,批评他的人不加分别,于是质疑,为什么说阳升阴降,于此却说阳降阴升,是则乱例。这驳论即由不明荀爽易例,唯依文取义而来。

因此欲明荀爽易例,须知升降与卦变实为不同之例。升降,依当前卦象而说,说当前卦象所应有的趋势,依趋势而动,则成中正、中和,是即阴阳平衡。由此而说,阳当进而升,阴当退而降,所说为当然之象,非当前之象。说其当然,应如何变,才有阴阳变动之宜与不宜,是故宜则吉,不宜则凶。

卦变则不同，说一卦阴阳变动而成他卦，此一卦之阴阳变动为既成的事实，所以没有当然与不当然，不当变亦已变，所以就可以有阳降阴升的变动。荀爽只是指出这个变动，根本与升降的易例无关，不能说因为有这易例，此一卦即不能变为他卦。

更者，惠栋《易汉学》对荀爽升降之例有所说明，其言曰：

> 荀慈明论易，以阳在二者当上升坤五，为君；阴在五者当降居乾二，为臣。盖乾升为坎，坤降为离，成既济定，则六爻得位，乾象所谓"各正性命，保合太和，利贞"之道也。（坎为性，离为命，二者乾坤之游魂也。乾坤变化，坎离不动，各能还其本体，是各正之义也。此说得之京房。）

> 《左传》史墨论鲁昭公之失民，季氏之得民，云：在易卦，雷来乾曰大壮，天之道，言九二之大夫当升五为君也。慈明之说有合于古之占法，故仲翔注易，亦与之同。（王弼泰六四注云：乾乐上复，坤乐下复。此亦升降之义，而弼不言升降。）

惠栋引京房"既济定"之例，说即是升降，又谓王弼亦说升降，由此证明荀爽升降之例有据。今之批评者说"足以见其说之不可恃"，恐怕亦不以惠栋之说为然。

惠栋又引《左传》筮例，以证明升降之义甚古，此即史墨所说，"九二之大夫当升五为君"，是说大壮（☳☰）九二变动的趋势宜上升至五位。这个例子甚有说服力，春秋时代的占筮家已有此例，但未成一系统，所以不能因为荀爽有此系统，便说象数不可信。若不明升降之所宜，则于卦辞难确解。

三、虞翻易例

虞翻说易总摄各家，若果将他的易例作分别，则可以说卦气、十二辟卦、六日七分，皆源自孟喜；八宫、纳甲、飞伏、旁通、互体、爻辰则源自京房或郑玄；升降、卦变是源自荀爽。属于他独创的易例，恐怕便只剩下两象易以及半象等。然而虞翻虽貌似总摄诸家，实际上他的主导思想在于卦变，在他的卦变例下，诸家的易例，包含八宫、飞伏、旁通、互体、升降种种，都无非只是说卦变的素材，由他注易的例便可知，于例中说一卦由他卦而来时，实用种种卦例而说。所以这些素材在虞翻易例中并非独立成例，只是从属于卦变的易例而已。一如郑玄有种种易例，实皆从属于爻辰，因此，如果限于"某卦从某卦来"才是虞翻的卦变，实不合理，本篇不从此说。

今次第说虞翻卦变如下。

甲、卦的形态

说卦变，先须说卦的形态，今略从周志辅先生说。周先生为王子畏师的挚友，家世兰锜，专治虞氏易。笔者当年学易，亦蒙其指导。

六十四卦的形态变化无非只有三种：1. 旁通（正对）；2. 反对；3. 交卦。今分说如下。

1. 旁通

一卦的阴阳爻与他卦的阴阳爻恰恰相反，而爻位则相同，便是旁通的例子，又名正对，或者称为错卦。此如乾（☰）与坤（☷）旁通，六十四卦皆可旁通，如是即成三十二对，今表列如下：

乾	坤	坎	离	震	巽	艮	兑
同人	师	大有	比	屯	鼎	革	蒙
蹇	睽	小畜	豫	姤	复	夬	剥

谦	履	节	旅	随	蛊	渐	归妹
家人	解	贲	困	丰	涣	井	噬嗑
临	遁	升	无妄	大畜	萃	大壮	观
需	晋	明夷	讼	泰	否	损	咸
恒	益	中孚	小过	大过	颐	既济	未济

依上表,可以卦卦都注旁通,但依今尚存的虞氏例可以看出,虞氏注为旁通实另有别义。凡旁通两卦所依的消息卦,亦分别注为旁通,今以恒、益二卦举例如下:

恒 → 大壮 → 丰 → 震 → 复 → 屯 → 益

益 → 观 → 涣 → 巽 → 姤 → 鼎 → 恒

由上图可知,恒经消息变为益,益经消息变为恒,中间的消息卦亦无不旁通,如大壮与观、丰与涣等,此中道理实本自然,即一卦与他卦旁通,其消息卦亦必旁通,然后各归他卦。所以于说一卦时,即可由旁通的他卦变化而说此卦。虞氏依此而注旁通。

如履(☰),虞氏注曰:"谓变讼(☰)初为兑也。"这即是说履卦由讼卦而来,可是他接着说:"与谦旁通,以坤履乾,以柔履刚,谦坤为虎,艮为尾,乾为人,乾兑乘谦,震足蹈艮,故履虎尾,兑悦而应虎口,与上绝,故不咥人。"所说完全与讼卦无关,唯说旁通的谦卦(☷)。所说"以坤履乾"是说谦四、五、上爻成坤,乘于九三阳爻之上;"艮为尾",亦是说谦的下卦,直至说"乾为人"才说到履的上卦,可是说"震足蹈艮",却又说到谦卦。由此可见他主要是根据旁通卦的象来解释本卦。为什么可以这样,那就是因为消息旁通本为一事。

又如复卦(☷☳),虞说:"阳息坤,与姤(☰☴)旁通,刚反交初,故亨。"所以虞翻就将复卦连同姤卦而说,说为:"出震成乾,入巽成坤,坎为疾,十二消息,不见坎象,故出入无疾。"在这里"出震成乾"是说复的初九,"入巽成坤"是说姤的初六,复与姤消息都不见坎象,所以虞翻用此解释卦辞何以"出入无疾"。从这例子便可见虞翻注为旁通者实亦用十二消息。

换言之,虞翻实将乾坤二卦视为一切卦之祖,由乾坤而有十二消息,所以一切卦皆有消息,由消息之互变(如前举恒消息变为益,益消息变为恒之例)所以一切旁通卦,以消息故,都可由此卦说彼旁通卦,彼卦说此旁通卦,此由上举二例即知。对于一阴、一阳之卦,虞氏尤重此例。此例看似芜杂,但虞氏实有自己的思路。

2. 反对

将一卦颠倒过来而成他卦,此卦即与他卦反对,又名反卦,亦名综卦。六十四卦中,乾(☰)、坤(☷)、坎(☵)、离(☲)、中孚(☴☳)、小过(☶☳)、大过(☱☴)、颐(☶☳)八个卦没有反对,因为将他们颠倒,卦象完全没有变动。所以能成反对的,只有五十六卦,成二十八对,列表如下:

屯	蒙	需	讼	师	比	小畜	履
䷂	䷃	䷄	䷅	䷆	䷇	䷈	䷉
泰	否	同人	大有	谦	豫	随	蛊
䷊	䷋	䷌	䷍	䷎	䷏	䷐	䷑
临	观	噬嗑	贲	剥	复	无妄	大畜
䷒	䷓	䷔	䷕	䷖	䷗	䷘	䷙

咸	恒	遯	大壮	晋	明夷	家人	睽
蹇	解	损	益	夬	姤	萃	升
困	井	革	鼎	震	艮	渐	归妹
丰	旅	巽	兑	涣	节	既济	未济

虞翻注易颇用反对义，如〈坤文言〉："天地闭，贤人隐。"虞翻注曰："谓四，泰反成否，乾称贤人，隐藏坤中，以俭德避难，不荣以禄，故贤人隐矣。"这就是用反对例。阳息坤至三成泰卦（☷☰），泰的反对为否（☰☷），虞翻说"谓四"，是指否的九四，否上卦为乾，所以说"乾称贤人"，今显现为坤卦之象，否的乾象不现，所以说"贤人隐"。这就是虞翻用反对的易例。

附带说一句，这里其实用消息例而说反对。

又如讼（☰☵）六三："或从王事，无成。"虞注："乾为王，二变否时，坤为事，故或从王事。道无成而代有终，故曰无成，坤三同义也。"在这里须注意的是"坤三同义"这一句。所谓同义，即是说当二变否（☰☷）时（讼九二变为六二），上卦乾为王，下卦坤为事；否反为泰（☷☰），上卦坤为事，下卦乾为王，两者相同，所以才说"坤三同义"。在这里是暗用反对例。

此外，为什么说讼六三，竟然会说到讼九二变为六二，这又是虞氏的另一易例，不当位之爻，又无应，则当变，此名"失位无应"之例。由此可知虞氏注一卦一爻时，常同时用数例，读者必须分辨。

再举泰卦为例，泰（☷☰）卦辞："小往大来，吉，亨。"虞氏注曰："阳息坤，反否也。坤阴屈外，为小往。乾阳伸内，称大来。天地交，万物通，故吉、亨。"这亦是先用消息例，再用反卦例，"阳息坤"即是由坤成复，由复成临,由临成泰,这是说由乾坤消息而成泰卦,泰上卦为坤,居外;下卦为乾,居内。为什么说坤为"屈外"、乾为"伸内"呢,那就要从泰的反对卦否卦(☷)来说,否的上卦来到泰的下卦,所以说是来;否的下卦去到泰的上卦,所以说是往,由此而成"小往大来"之象,因为坤为小,乾为大,当这样来往时,否内的坤便屈于泰卦之外,否外之乾便伸于泰卦之内。

这是暗用反对例,同时亦用往来例,而且不是一爻的往来,而是上下卦的往来。能这样用亦基于乾坤消息而来,乾坤旁通,是故乾可成坤,坤可成乾,而且消息卦无不旁通,是故便可兼用。

3. 交卦

交卦是将上下两卦对调,如是一卦即成他卦,虞翻名之为"两象易",后人或称之为"上下",又称之为"覆卦",王子畏先生认为应名为"交卦",取上下两卦交易之义。六十四卦中唯八纯卦没有交卦,因为上下卦本来相同,余下五十六卦即因交卦而成二十八对,表列如下:

屯	解	蒙	蹇	需	讼	师	比
小畜	姤	履	夬	泰	否	同人	大有
谦	剥	豫	复	随	归妹	蛊	渐
临	萃	观	升	噬嗑	丰	贲	旅
无妄	大壮	大畜	遯	咸	损	恒	益
晋	明夷	家人	鼎	睽	革	困	节

井　　涣　　　中孚　大过　　小过　颐　　　既济　未济
䷯　䷺　　　䷼　䷛　　　䷽　䷚　　　䷾　䷿

虞氏注易常用交卦例。

如丰(䷶)，虞翻注曰："此卦三阴三阳之例，当从泰二之四，而丰三从噬嗑上来之三，折四于坎狱中而成丰，故君子以折狱致刑，阴阳交，故通，噬嗑所谓利用狱者，此卦之谓也。"虞翻在这里虽然说丰卦由泰卦来(泰二爻与四爻交换)，可是当解释时，却由噬嗑卦(䷔)来说，这即是用交卦来说。噬嗑上爻去到三爻便成为丰，四爻在坎中称为狱。

其实交卦之例，并非虞氏独创，在彖辞中时见此例。如恒(䷟)与益(䷩)为交卦，因此恒的彖辞说"立不易方"，益的彖辞便说"其益无方"，二者用意相同，即由于为交卦之故。

又如履(䷉)与夬(䷪)为交卦，所以履九五便说"夬履"。

乙、卦的结构

由变动六画卦的结构，可以成为易例，此有互卦及半象。

1. 互卦

京房的互卦取中四爻为互，即以二、三、四、五这四爻互为一六画卦，二、三、四爻为下卦，三、四、五爻为上卦，此为正例。这个卦例在〈系辞传〉中有所根据，如说"二与四同功而异位"、"三与五同功而异位"，又说"非其中爻不备"，这些都可以作为依据。互卦为《左传》筮例，此前亦已说，虞翻的互卦，则将范围扩大，可以兼用初、上爻来成立互卦，如初、二、三爻成下卦，二、三、四爻成上卦，此尚以四爻而成互卦，但虞翻更有用五爻而成互卦之例，此均为其特例。今分说如下。

(1) 以三爻互三画卦

乾卦(䷀)九五："飞龙在天，利见大人。"虞翻注曰："谓四已变，则五体离，离为飞，五在天，故飞龙在天，利见大人也。"这是说乾九四变为六四，于是三、四、五爻即成一三画离卦，所以说"五体离"。

又如泰(䷊)六四："翩翩,不富以其邻。"虞翻曰："二五变时,四体离飞,故翩翩。"这是说二、五爻互变成既济(䷾),三、四、五爻成离卦,所以说"四体离"。

又如豫(䷏)九四："勿疑。"虞氏注曰："坎为疑,故勿疑。"这是以三、四、五爻互成三画坎卦。

此例本未说为互卦,只说为体,如上二例分别说为离体、坎体,唯今人将之归于互卦,亦可从,以免易例过于复杂。

(2) 以四爻互六画卦

如小畜(䷈),象传："君子以懿文德。"虞注曰："初至四体夬,为书契。"这是以初、二、三、四这四爻成夬卦,初、二、三爻为下卦,二、三、四爻为上卦,此例不同京房,因为互及初爻。

又如泰(䷊)九三："无平不陂,无往不复。"虞注曰："从三至上,体复象。"这是以三、四、五、上爻互成复卦(䷗)。此互及上爻,亦与京氏不同。

又如丰卦(䷶),九三,象曰："折其右肱,终不可用也。"虞注曰："四死大过,故终不可用。"这是以二、三、四、五爻互卦成大过(䷛),大过为死。此例则同京房。

(3) 以五爻互六画卦

如蒙(䷃),卦辞："匪我求童蒙,童蒙求我。"虞翻注曰："艮为求,二体师象,坎为经,谓礼有来学,无往教。"这是以初至五爻互成师卦(䷆),此与京房例不同。

又如坎(䷜),象曰："坎不盈,中未光大也。"虞翻注曰："体屯,五中,故未光大也。"这是以二至上爻互成屯卦(䷂),此与京房不同。

2. 半象

半象之例由互卦而来,五画互卦本来是成两个三画卦,半象则为一个三画卦及一个二画之象,此二画之象则称为半象。举例如下。

如需(䷄),象曰："君子以饮食宴乐。"虞翻注曰："二失位,变体噬嗑,为食,故以饮食。"需九二失位,依虞氏例,应变为阴,如是即成既济(䷾),那么跟噬嗑有什么关系呢,何以说"变体噬嗑",那就是既济的三、

四、五爻为离卦，初、二两爻为震的半象，离上震下即成噬嗑卦(䷔)。

又如豫(䷏)，卦辞："豫，利建侯行师。"虞翻注曰："三至上，体师象，故行师。"这是以豫的三、四、五爻为坎象，五、上二爻为"坤象半现"，如是上坤下坎即成师象(䷆)，是亦半象之例。

同此例者，有需(䷄)九二之"小有言"，虞翻说为："二变之阴，称小，大壮震为言，兑为口，四之五，震象半见，故小有言。"读者可自寻其象。

半象之例，非难者甚多，但由爻而成象，即见于郑玄的爻体，所以虞氏虽自创此例，亦不能说没有来历，且虞氏用半象注易之例甚多，详见惠栋《易例》所举。

丙、卦的变动

1. 乾坤所生卦

六十四卦都由乾坤二卦而生，今言乾坤所生卦依虞氏易例而言，即为坎离二卦。于坎卦，虞曰："乾二五之坤与离旁通"；于离卦，虞曰："坤二五之乾与坎旁通"。图示如下：

2. 六子所生卦

乾坤生六子，此前已说，即乾生震(☳)、坎(☵)、艮(☶)；坤生巽(☴)、离(☲)、兑(☱)。虞翻说此六子再生成他卦者，即为六子所生卦。

此如屯(䷂)，虞翻说为"坎二之初"，即坎卦二爻入初位，初爻上二位，二爻交替而成屯。

又如蒙(䷃)，虞翻说为"艮三之二"，即艮卦三爻来二位，二爻往三位，二爻交替而成蒙。

复如大过(䷛)，虞翻说为"兑三之初"，即兑卦三爻来初位，初爻往三位，二爻交替而成大过。

此其实亦是"爻之"之例，属卦变例，但由六子所生，故成别例。

3. 消息所生卦

虞翻用消息有两种不同情况，一者即前说孟喜十二月卦之消息，为象数家所通用；一者为虞翻专用的消息。今先说前者，此即乾息坤消各生六卦，得十二卦：

阳息 ䷗复→ ䷒临→ ䷊泰→ ䷡大壮→ ䷪夬→ ䷀乾

阴消 ䷫姤→ ䷠遯→ ䷋否→ ䷓观 → ䷖剥→ ䷁坤

虞氏卦变有从消息所生卦而来者。六十四卦除乾坤外，只有三种形态：一者一阴或一阳、二者二阴或二阳、三者三阴或三阳。一阴一阳，虞氏未说为消息所生卦，消息所生卦仅为后二者，此如二阴二阳卦由临、观、遯、大壮来；三阴三阳卦，由否、泰来之例。一阴一阳如依上二者之例，当说由复、剥、夬、姤来，但虞氏却不用此例，于是成为复杂的卦变，下面当说。今且先说二阴二阳、三阴三阳之例。其例繁多：

需（䷄）："大壮（䷡）四之五"。

讼（䷅）："遯（䷠）三之二"。

随（䷐）："否（䷋）上之初"。

蛊（䷑）："泰（䷊）初之上"。

噬嗑（䷔）："否（䷋）五之坤（䷁）初"。

贲（䷕）："泰（䷊）上之乾（䷀）二"。

无妄（䷘）："遯（䷠）三之初"。

大畜（䷙）："大壮（䷡）四之上"。

大过（䷛）："大壮（䷡）五之初"。

恒（䷟）："乾（䷀）初之坤（䷁）四"（谓泰初之四）。

晋（䷢）："观（䷓）四之五"。

明夷（䷣）："临（䷒）二之三"。

家人（䷤）："遯（䷠）初之四"。

睽（䷥）："大壮（䷡）上之三"。

蹇（䷦）："观（䷓）上之三"。

解(䷧)："临(䷒)初之四"。
损(䷨)："泰(䷊)三之上"。
益(䷩)："否(䷋)四之初"。
萃(䷬)："观(䷓)上之四"。
升(䷭)："临(䷒)初之三"。
困(䷮)："否(䷋)二之上"。
井(䷯)："泰(䷊)初之五"。
革(䷰)："遁(䷠)上之初"。
鼎(䷱)："大壮(䷡)上之初"。
震(䷲)："临(䷒)二之四"。
艮(䷳)："观(䷓)五之三"。
渐(䷴)："否(䷋)三之四"。
归妹(䷵)："泰(䷊)三之四"。
丰(䷶)："泰(䷊)二之四"。
旅(䷷)："否(䷋)三之五"。
巽(䷸)："遁(䷠)二之四"。
兑(䷹)："大壮(䷡)五之三"。
涣(䷺)："否(䷋)四之二"。
节(䷻)："泰(䷊)三之五"。
既济(䷾)："泰(䷊)五之二"。
未济(䷿)："否(䷋)二之五"。

上面三十六卦未尽全数，此因虞例有缺佚之故。这些卦即是卦变，亦即一卦由他卦而来之例。如需，即可说为由大壮卦来。

4. 卦变与纳甲

一阴、一阳卦，虞翻未用十二消息为卦变的例，反而有些卦明说由消息以外的卦而来，名为"爻例所生卦"，如比(䷇)，虞翻说为"师二上之五"，这即是说"比由师卦来"，由"爻之"例，即师(䷆)的二五爻交替(虞翻不说交替，只说师二爻往五位，这亦是他的易例)。

又如小畜(☰),本为一阴卦,但虞翻却说"需上变为巽",这样一来,本来是二阴爻的需卦(☰),由于上爻由阴变为阳,于是便成为一阴的小畜。这个例违反了一阴一阳变一阴一阳之例,但虞翻亦有他自己的理由,这就跟虞翻自己的消息有关,此虞氏消息即可说为其卦变之例。现在就说一说虞翻的消息。

此仍须由乾坤十二消息来观察：

阳息　☷复→　☷临→　☷泰→　☷大壮→　☷夬→　☷乾
阴消　☷姤→　☷遯→　☷否→　☷观　→　☷剥→　☷坤

首须留意阳息阴消的对应卦,都是旁通卦(正对),如复与姤为五阴一阳与五阳一阴的正对,消息必成旁通,这是一个值得注意的易例。

其次,留意泰否两卦,不但旁通,而且反对,即泰反为否,否反为泰,因此便兼正对与反对,这在消息卦中是一个特例。虞翻因此便成立"否泰反类"这个易例,《说卦》有"否泰反类也"的说法,所以就可以成为一个消息的特殊类别,由是成立他自己的消息系统。成立这个系统,其实最大的原因不在于消息,而在于纳甲。假如我们于此兼说纳甲,便十分复杂,因此这里先说"否泰反类"的消息。其例如下：

息　　☷复→　☷临→　☷泰
　　　　　　　　　　　　↓
　　　　　　　　☷否→　☷观→　☷剥→　☷坤　　消

消　　☷姤→　☷遯→　☷否
　　　　　　　　　　　　↓
　　　　　　　　☷泰→　☷大壮→　☷夬→　☷乾　　息

由上图,复初九,虞说为乾初、临九二,虞说为乾二、泰九三,虞说为乾三。姤初六,虞说为坤初、遯六二,虞说为坤二、否六三,虞说为坤三。依此爻例可衍化所有一阴、一阳之卦,当爻之时,必之其应爻之位,如初之四,二之五,三之上等。

此例其实等于用乾卦初爻之坤六位、用坤上爻之乾初位,虞氏不这样说,是因为这样说时便等于凭空而说爻的变动,没有根据。当成立上例时,便有消息作为根据了。

现在再看上图,当阳息至泰时,不继续阳息,将泰卦反为否卦,改为阴消,如是便成为坤卦。始初的复,原由坤卦阳息而来,如今经"否泰反类"又消成坤卦,在这里就含有阳息中有阴消这个意义。于说阴消时亦同例,由乾卦阴消而成姤,及消至否时,"否泰反类"又息成乾卦。这里就含有阴消中有阳息的意义。因此一经"否泰反类",似乎乾仍为乾,坤仍为坤,但将两个系统合看,实在包含十二消息,仍然是息坤成乾、消乾成坤,这样一来,消息的涵义便丰富了,可以包含纳甲、旁通,亦即将三者联系起来,成一个新的体系。

现在且说乾坤的爻之。

以乾为例,如乾初必之坤四,于是成为豫卦(䷏);乾二必之坤五,于是成为比卦(䷇);乾三必之坤上,于是成为剥卦(䷖)。须注意的是,与此同时,坤四亦必之乾初成为姤卦(䷫);坤五亦必之乾二,成为同人(䷌);坤上亦必之乾三,成为履卦(䷉)。

若以坤为例,坤初必之乾四,成为小畜(䷈);坤二必之乾五,成为大有(䷍);坤三必之乾上,成为夬(䷪)。与此同时,乾四必之坤初,成为复卦(䷗);乾五必之坤二,成为师卦(䷆);乾上必之坤三,成为谦卦(䷠)。

上面所说由乾为例所成的卦,与由坤为例所成的卦,对应旁通,如豫与小畜旁通,比与大有旁通等例。正因为既消息又旁通,所以就成为虞氏的特例。

虞氏注易常用上例,如于豫卦注为"复初之四",那就是说"乾初之坤四"。

此外又有引申例,所以复杂,如注小畜(䷈)曰:"豫四之坤为复",这是因为豫与小畜旁通,豫由乾初之坤四而来,同时坤四之乾初为姤,姤的旁通为复,豫既与小畜旁通,由豫而来的姤,便亦应看其旁通,所以就便说"豫四之坤为复"。

若简单来看,说"豫四之坤为复",便只是豫的九四之坤卦的初位,成为复卦,但这样说时,便没有理据,现在牵涉到"否泰反类"的消息,及由此而来的"爻之",更牵涉及旁通,因此便有理据。虞翻卦变的复杂,正由于其系统可以牵涉多端,这样亦无不合,因为阴阳变动的现象本来就复杂。

再看"否泰反类"消息:于息,未用到观与剥;于消,未用到大壮与夬,若引申虞翻例,可以说观是坤四、剥是坤五;大壮是乾四、夬是乾五。不过其实亦不需引申,如上引例,其消息,乾坤各用三爻已足。前曾言虞翻说梦,说其郡吏陈桃梦一道士挠三爻以饮虞翻,虞翻求尽饮六爻,道士说三爻已足。这必然是虞翻成立"否泰反类"消息之后,自觉三爻已足,然后说梦。

下面再说纳甲所生卦。

5. 纳甲所生卦

虞翻纳甲出于魏伯阳,二人同里,魏年长于虞,故为虞翻所私淑。魏伯阳是道家丹鼎派,在修内丹时须讲究火候。魏伯阳由京房的纳甲悟出火候的道理,同时悟出结丹与还丹的循环,因此便用月的盈亏为比喻,由纳甲以说卦象,用以说明丹法。他所著的《周易参同契》一书,便详细说此纳甲之理。说言:

> 三日出为爽,震庚受西方。八日兑受丁,上弦平如绳。十五乾体就,盛满甲东方。蟾蜍与兔魄,日月气双明。蟾蜍视卦节,兔者吐生光。七八道已讫,屈折低下降。十六转受统,巽辛见平明。艮值于丙南,下弦二十三。坤乙三十日,阳路丧其明。节尽相禅与,继体复生龙。壬癸配甲乙,乾坤括始终。

虞翻于注〈系辞传〉"在天成象"时,说言:

> 谓日月在天成八卦,震象出庚,兑象见丁,乾象盈甲,巽象伏辛,艮象消丙,坤象丧乙,坎象流戊,离象就己,故在天成象也。

这段话分明是引用魏伯阳的说法。不只如此,他在注"悬象著明,莫大乎日月"一句时,更说得明白,可以说是抄引《参同契》。说言:

> 谓日月悬天,成八卦象,三日暮,震象出庚,八日兑象见丁,十五日,乾象盈甲,十七日旦,巽象退辛,二十三日,艮象消丙,三十日坤象灭乙,晦夕朔旦,坎象流戊,日中则离,离象就己,戊己土位,象见于中。日月相推而明生焉,故悬象著明,莫大乎日月者也。

这些说法都着重于月的盈亏,今综合说之如下:于每月初三(三日)昧爽时(近黄昏),见月出于庚(西方),其时为上弦初月,所以只见月光一线,是即有如震卦之象,仅见一阳。及至初八,黄昏时见月出于丁(南方),时为上弦已满,月弦如绳,此即有如兑卦之象,已见二阳。然后是十五日(望日),黄昏时见月出于甲(东方),月圆而满,此可以乾卦之象为表征。

月盈之后即转为亏。至十七日(魏伯阳说为十六日),开始为下弦月,平明时分见月出于辛(西方),是即如巽卦,一阴见于下。至二十三日,下弦已满,月出于丙(南方),是有如艮象,二阴消阳。及至三十日,月应在乙(东方)而不见,即为坤象。

根据上文所说,便可得与京房全同的纳甲,这是理所当然的事,因为魏伯阳本来就是根据京房的纳甲来说月象。因此,对于他说月出什么方实在不必执实,他所说的方位实在是炼内丹的周天,成丹在东方之阳(甲),还丹于东方之阴(乙)。

上文的纳甲,其实只纳得六卦八干,卦尚有坎离、干尚有戊己,京房因此说坎纳戊、离纳己居于中位,坎为月,离为日,"日月相推而明生焉",这说法没有魏伯阳说得那么清楚。魏伯阳将坎离二卦居戊己中位比喻为乾坤运转的轴("坎离匡廓,运毂正轴"),为轮与轴,所以是立体之象,而京房所说,只是平面的方位。将坎离说为轮的轴,那便即是乾坤运行的动力。

如果将月的盈亏看成是消息,那么,就可以成为虞翻"否泰反类"的消息。

（息）
下卦　乙坤　→　庚震　→　丁兑　→　甲乾
　　　　　　　　　　　　　　　　↓
　　　　　　　　壬乾　→　辛巽　→　丙艮　→　癸坤　上卦
　　　　　　　　　　　　　　　　　　　　　　　　（消）

这是由前月三十日至今月十五日，又由今月十五日至三十日的盈亏循环。若由今月十五日开始（由消开始）亦可得一至下月十五日的循环，读者参考前述的消息图即可知，不赘。

如上所说，足见"否泰反类"消息实源纳甲而来，不过既成消息，虞氏又由消息悟出"爻之"之例，由是自喜"三爻已足"。

虞氏用纳甲注经之例，其实即用其自例之消息，可略举如下。

如剥（䷖），彖曰："君子尚消息盈虚，天行也。"虞翻注曰："乾为君子，乾息为盈，坤消为虚，故君子尚消息盈虚，天行也。则出入无疾，反复其道。易亏巽消艮，出震息兑，盈乾虚坤，故于是见之耳。"

这即是以"否泰反类"的纳甲消息为说。"乾息为盈、坤消为虚"，可以是说阴阳爻变，亦可以是说月的盈亏。虞氏用纳甲说消息，应该即由这些地方得到启发。

至于"易亏巽消艮"云云，即总说消息六卦。剥（䷖）旁通夬（䷪），二卦之上下卦见"盈乾"、"虚坤"、"消艮"、"息兑"之象。取其反类，则见"亏巽"、"出震"。

此注未说纳甲，然实依纳甲之消息而说，所用的名词全是纳甲的名词。

至于归妹（䷵），彖曰："归妹，人之终始也。"虞注曰："女之终，谓阴终坤癸，则乾始震庚也。"凡三阴三阳之卦，虞谓皆由泰否来，归妹即由泰（䷊）来，泰三之四。若其未变时（为泰象时），即见上卦为"阴终坤癸",下卦为"乾始震庚"。是亦为纳甲之象,显"始终"义。

由此二例,即明纳甲消息相依之理,亦明纳甲所生卦之义。

丁、总说卦变

总六十四卦,卦变无非四类,下来即说其例。但凡反复不变之卦,如颐(䷚),则为例外,名为"阴阳不衰"。

一者,六阳、六阴之卦各一,即乾、坤,为诸卦之源。

二者,三阴、三阳之卦共二十。此中以泰否为乾坤二卦之交,是故重要,因而类中各卦皆由此二卦来。再细说,则凡初爻为阳者皆由泰来,如损(䷨)、益(䷩);凡初爻为阴者皆从否来,如咸(䷞)、恒(䷟)。

三者,二阴二阳之卦共三十。细分之,则二阴四阳之卦十五;二阳四阴之卦十五。三十卦中有四消息卦,即临、观、遯、大壮,故类中诸卦即由此四卦来。若再细说,则为:

1. 二阳四阴者,由临、观来。其中由下卦作"爻之"者,由临来,如明夷(䷣),为"临二之三",即临九二往三位;升(䷭)为"临初之三";由上卦作"爻之"者,由观来。此如晋(䷢)为"观四之五"、萃(䷬)为"观上之四"。

2. 二阴四阳者,由遯、大壮来。此中由下卦作"爻之"者,由遯来,如讼(䷅),为"遯三之二";由上卦作"爻之"者,由大壮来。如鼎(䷱),为"大壮上之初"。

例中六子卦,及六子所生卦可不从此例。如蒙(䷃)为六子所生卦,故从"艮三之二"来。

四者,一阳、一阴之卦,共十二卦。一阳五阴者六卦、一阴五阳者亦六卦,皆从纳甲消息来,前已细说。

虞氏以卦变为主旨,于成立卦变时,实重视消息,凡消息必为旁通,于是又用旁通以窥卦象的未然之象。复以消息即是盈虚,于是即由月的盈亏而纳甲。于说二阳、二阴,三阳、三阴时其实亦未忘纳甲,例如说巽卦。

巽卦虽说之为"遯二之四",但仍用纳甲为说,如言"刚中正谓五也。二失位,动成坎,坎为志,终变成震,震为行也。"此即言纳甲之退辛、消丙。今试言之。

巽(☴),若九二变为六二,成渐(䷴),这即是内卦巽辛变为艮丙,是即"退辛",如月之十六,于此变后,渐互坎,所以说"动成坎"。然而艮丙为下弦二十三日,再变为九三,内卦即成坤象纳乙,为坤乙,是月之三十日。穷尽则变,所以"终变成震",这里的"震"是说震庚,即乾初阳。须留意,在这里虞翻说的是巽所应有的一系列变化趋势,先由九二变起,然后依月象纳甲次第而变,所以并非一变即止。在这里,就牵涉到卦的形态、卦的结构亦生变化,所以看起来就很复杂。

但能理解虞翻纳甲消息的思路,便知道他并不依当前之象固定而看,而是看一系列变化的趋势,正如月的变化,盈亏亦非定象,可由当前之象见其所未然,见其所当然。这样,就活用了消息和纳甲。这一点,虞翻应该是受到荀爽的启发。

复由此例,知虞氏卦变,源于一爻之变而成变,故应说爻变。

戊、爻变例

爻之变,可分为变化与变动。〈系辞传〉说:"变化者,进退之象。"又说:"化而裁之谓之变。"所以变化即是由阴变而成阳,由阳变而成阴,爻除变之外即不动,居于初位者仍为初,居于二位者仍为二,这就是系辞所说的"刚柔相推而生变化",消息即是变化的例。

至于变动,如〈系辞传〉所说:"变动不居,周游六虚。"又说:"推而行之谓之通。"所以变时必动,居于初者,往之四;居于二者,往之五。所谓变,只是爻位的变化,如所说是周游六虚,阴阳则未变。

读《周易》必须分别变化与变动,若通言为变,而不辨二者不同,则不知爻变对卦变的影响。今先说变化。

1. 变化例

变化的爻变,只变阴阳,不变其位,诸例如下。

(1) 以乾变坤

这即是阴爻变为阳爻的例,如〈坤文言〉:"君子黄中通理,正位居体。"虞翻注曰:"谓五,坤息体观,地色黄坤为理,以乾通坤,故称通理,五正阳位,故曰正位。"这就是说坤六五爻当变,若变成九五(以乾通坤),九五为"观体",所以说为"坤息体观",上卦坎象,坎象"其于木也,为坚多心",所以说是通理。

又如临卦,虞注:"乾来交坤。"这即是坤卦初六、六二两爻由阴变为阳,成临卦。

又如豫卦,象辞:"圣人以顺动,则刑罚清而民服。"虞氏注:"坤为民,乾为清,以乾乘坤,故民服。"这就是说坤的六四由阴变阳,九四下乘三阴,坤为民,所以说为"民服"。

(2) 以阴消阳

这即是阳爻变为阴爻的例。

如剥(䷖)六四:"剥床以肤,凶。"虞注曰:"艮为肤,以阴变阳,至四乾毁,故剥床以肤。"此言剥由乾卦来,以阴消阳而成剥,所以说"以阴变阳"。变至四位时,乾的下卦已全毁,上卦为艮,所以说"剥床以肤"。

又如姤(䷫):"姤,女壮,勿用取女。"虞翻曰:"消卦也,与复旁通。巽,长女,女壮,伤也。阴伤阳,柔消刚,故女壮也。阴息剥阳,以柔变刚,故勿用娶女,不可与长也。"这是以姤由乾卦来,乾初九变为初六,即"柔消刚",由是"阴伤阳",是即"女壮","壮"是伤的意思。以剥阳之故,故勿用娶女。

所以姤卦不是阴阳交,而是阴剥阳,怎样分别呢,因为姤为消息卦,阴爻有一路向上剥上去的趋势,所以说是阴剥阳,而不说是阴阳交,此以趋势而言,读《易经》时当须体会。

这个说趋势的例,明见于姤(䷫)初六:"羸豕孚蹢躅。"虞注曰:"以阴消阳,往,谓成坤,遯,子弑父;否,臣弑君;夬时,三动,离为见,故有攸往见凶矣。三,夬之四,在夬,动而体坎,坎为豕,为孚,巽绳操之,故称羸也,巽为舞,为进退,操而舞,故羸豕孚蹢躅,以喻姤女望于五阳,如豕蹢躅也。"虞注全说爻变的趋势,"往,谓成坤"即是说由姤初六一路变下去,便会变成坤卦,在这过程当中,于变成遯卦时为"子弑父",乾为父,乾灭而成艮,艮为少男,所以说是"子弑父";再变至否卦为"臣弑君",此时下卦的乾全消,阴为臣,阳为君,所以说是"臣弑君",由此可见是说变化的趋势。

至于"三,夬之四"一段相当复杂,姤反卦为夬(䷪),亦可以说姤初之上即成为夬(姤的初爻往上位,上爻往初位,术语叫做"姤初之上"),上与三应,所以三爻应动,由是初、二、三爻即成坎象,六三爻体坎。

(3) 阳陷阴中

这是虞翻的特例,凡象、象辞说"未光"都用此例解释。

如屯(䷂)九五,象曰:"屯其膏,施未光也。"虞注:"阳陷阴中,故未光也。"这是说九五在坎卦之中,是为"阳陷阴中"。

又如坎(䷜)九五,象曰:"坎不盈,中未光大也。"虞注:"体屯五中,故未光大也。"这是以二至上爻互成屯卦(䷂),所以说"体屯五中"。

阳陷阴中亦说为有险,如坎九二:"坎有阴,求小得。"虞注:"阳陷阴中,故有险。"此即一例。

又如震(䷲)九四:"震遂泥。"虞注:"坤土得雨为泥,位在坎中,故遂泥也。"虞翻以震卦从临(䷒)来,为"临二之四",临三至五互坤卦,二之四后见坎象,所以说"坤土得雨为泥",九四又在坎中,故言。这是以遂泥为险。

比较特别的是观(䷓),象曰:"观盥而不荐,有孚颙若。"虞注:"上之三,五在坎中,故有孚颙若。"当"上之三"后,成蹇(䷦),九五爻即在坎中。虞翻以九五爻为信,即孚,所以用"在坎中"来说"有孚颙若"。

(4) 复阳发出

此例,虞翻有时用反卦说,有时用飞伏说。

坤(䷁)六三:"含章,可贞。"虞注:"贞,正也。以阴包阳,故含章。

三失位,发得正,故可贞也。"这是说六三之下有伏阳,伏于群阴之中,所以说以阴包阳。六三失位,所以宜发出为九三,发出之后,九三仍为群阴所含,所以说为"含章",乾为文章。

这里坤六三下的伏阳,由旁通乾九三而来,所以即是用飞伏例。依旁通例,坤与乾飞伏。

蒙(䷃)初六:"发蒙,利用刑人,用说桎梏,以往吝。"虞注:"发蒙之正,初为蒙始而失其位,发蒙之正以成兑,兑为刑人,坤为用,故曰利用刑人矣。"

这是说蒙初六失位,若伏阳发出(发蒙),则初九得位。这里的伏阳由反卦来,蒙反成屯(䷂),所以有伏阳。

若依京房飞伏,蒙为四世卦,依京房例,应与外卦艮飞伏,是则蒙初六下不见伏阳,无可用以飞伏。

如解(䷧)亦为用反卦之例。象曰:"雷雨作解,君子以赦过宥罪。"虞翻注曰:"君子谓三,伏阳出,成大过,坎为罪人,则大过象坏,故以赦过。"解成大过(䷛),是六三、六五两爻发出伏阳,初六与上六则不变,依然为阴,所以这不能用飞伏来解释。当用反卦时,解的反卦是蹇(䷦),只有三、五两位为阳爻,因此解卦只有三、五两位有伏阳,由是说"伏阳出,成大过"。

虞氏由反卦以说伏阳,此例须加以注意。若一律用飞伏来看伏阳,便失虞氏例。

(5) 弑君弑父

虞氏以乾为君、为父,若阴消阳,乾象灭,便说为弑君、弑父。

如〈系辞传〉:"则千里之外违之,况其迩者乎。"虞注:"谓初变体剥,弑父弑君,二阳肥遯,则坤违之而承于五,故千里之外违之,况其迩者乎。"

这是说中孚卦(䷼),中孚九二:"鸣鹤在阴,其子和之,我有好爵,吾与尔靡之。"孔子说:"君子居其室,出其言善,则千里之外应之,况其迩者乎;居其室,出其言不善,则千里之外违之,况其迩者乎。"当中孚九二变为六二时,成益(䷩),因为中孚九二失位,所以当变。但如果益卦的阴爻继续向下变,依此趋势,益的初九亦变为阴,如是即成观卦(䷓),观由初至五,互卦为剥(䷖),所以虞翻说是"初变体剥"。这样一来,乾阳全消,所以说是"弑君弑父"。观九五、上九两爻为肥遯,这里又牵涉到虞翻的其他易例,观三至上,下卦互成艮,上卦是乾的半象,可以看成是遯卦(䷠),因此说为"肥遯"。

弑君弑父的例很多,兹略引如下,不再详释。

需(䷄)九三,虞注:"阴消至五,遯,臣将弑君。"

讼(䷅),虞注:"遯将成否,则子弑父,臣弑君。"

师(䷆)上六,虞注:"坤成乾灭以弑君。"

比(䷇)六三,虞注:"体剥伤,象弑父弑君,故曰匪人。"

否(䷋),象传,虞注:"坤为弑君。"

否(䷋)六二,虞注:"坤三阴乱弑君。"

临(䷒),虞注:"遯弑君父,故至于八月有凶。"

既济(䷾),虞注:"终止于泰,则反成否,子弑其父,臣弑其君。"(这里又用"否泰反类"例。)

(6) 变化得宜

于卦中若一爻变而得宜,则此爻虽变,但其爻位不变,即为此例。于此例中,阴阳爻的数目有变动。

此如小畜(䷈)九五:"有孚挛如。"虞注曰:"二失位,五欲其变,故曰挛如。"这就是说九二失位,又不与五应,所以九五欲其变为阴,变为阴时便得位、得应而且得比(比于初九)。此即变而得宜之例,其例甚多,今再举一相当复杂的例。

如大有(䷍),彖辞曰:"其德刚健而文明,应乎天而时行,是以元亨。"虞翻注曰:"谓五,以日应乾而行于天也。时,谓四时也。大有亨,比初动成震,为春;至二,兑为秋;至三,离为夏;坎为冬,故曰时行。以乾亨坤,是以元亨。"这是说大有爻生变化,即得四时,是故元亨。大有上卦为离,离为日,下卦为乾,乾为天,所以说为"以日应乾而行于天",

这已是统说四时。如何说得四时,此以大有与比(䷇)旁通而说,比的初爻变动,下卦成震,为春;再变至二,下卦为兑,为秋;更变至三,三至五互卦为离,为夏;四至上为坎,为冬。在这里,是以三、四、五、上为互卦。

为什么这里只说旁通比卦的变,而不说大有本卦,其实说旁通即等于本卦,当说比初爻阴变为阳时,此阳即由大有初九而来;当说比二爻由阴变为阳时,此阳亦由大有九二而来。由旁通而阴阳变,亦是变化的例,因其变而得宜,故归于本例。

又如大有(䷍)九四:"匪其尪,无咎。"虞翻注曰:"匪,非也。其位尪,足尪,体行不正。四失位,折震足,故尪,变而得正。"这是说九四失位,所以应变为阴,若变为阴后,互成上卦为震。震为足,若九四不变,则不能互成震卦,所以说"折震足"。这即是说,若九四变,则得宜,不变,则失宜。

又如节(䷺)九二:"不出门庭,凶。"虞注:"变而之坤,艮为门庭,二失位不变,出门应五,则凶,故言不出门庭凶矣。"这说九二宜变,不变则与九五成敌应,应九五即为"出门"。若变时,则二、三、四爻互成坤卦,三、四、五爻互成艮卦,二既变为阴,则可与五应,应则出门庭,是故九二宜变化而成六二。

2. 变动例

前已说,变动是既有阴阳变化而且爻位亦同时变动,因此凡变动,必牵涉两爻,否则爻位便无可变。在卦例名为"爻之","之"是去到的意思,如"二之五",便是二爻去到五位,但与此同时,五爻亦必去到二位,在这情形下,但说为"二之五"便足,更不必提"五之二",因为当"二之五"时,"五之二"是理所当然的事。

又,当"爻之"变动时,两爻阴阳必然不同,否则便无须要"之"。

此如未济(䷿),"二之五"即成为否(䷋),亦可视为二、五两爻交换。凡"爻之"多为与应爻相之,亦有与比爻相之的例。

(1)失位变正

此如蒙(䷃)六三,象曰:"勿用娶女,行不顺也。"虞注曰:"失位乘刚,故行不顺也。"这是说六三宜变,因为他失位,又乘九二,若变则得宜。三与上应,所以应该六三往上位,上九来三位,如是即成"爻之",故虞翻说:"谓三诚上也。"

蒙的二五亦失正,所以虞翻说:"二五失位,利变之正,故利贞。"这即是说"蒙二之五",因变而得正,所以"利贞"。

还可以举一个比较复杂的例。

如随(䷐)六三:"系丈夫,失小子,随有求得,利居贞。"虞注曰:"随家阴随阳,三之上无应,上系于四,失初小子,故系丈夫失小子,艮为居为求,谓求之正,得位远应。利上承四,故利居贞矣。"六三失位,又与上六敌应,但却不能"之正",因为两个都是阴爻,所以说"三之上无应",因此六三只能比于九四,是即为"利上承四"(利于上承九四),但比于九四时,九四为丈夫,所以"系丈夫";比于四,则失初,初九为小子,故"失小子"。这是一个求"之正"而不可得的例,因此六三没有变动,亦不成变化。由是"利居贞","居"即无变动。

虞氏用"失位变正"例注经,共寻得七十九例,今不一一具引,今只略举数例如下。

师(䷆),象注:"二失位,变之正。"

师六五,注:"五失位,变之正。"

比(䷇)初六,注:"失位变来得正,故无咎也。"

大有(䷍)九二,注:"二失位,变得正,应五。"

大有九四,注:"四失位,变而得正,故无咎。"

此外尚有与比爻之正的例。如萃(䷬):"利见大人,亨,利贞。"虞翻说:"大人谓五,三、四失位,利之正,变成离,离为见,故利见大人,亨利贞,聚以正也。"三、四失位,但三爻不能与上爻相之,若只变三爻而不变四爻,则四爻仍然失位,因此,虞翻于六三便说:"小吝,谓往之四。"即是说六三至四位,九四至三位,为"三之四",由是于九四便说:"以阳居阴,故位不当,动而得正。"其动即由"三之四"来。

此即非与应爻相之,而是与比爻相之。

(2) 得位中正

谓阳居五位,阴居二位。二为下卦之中,五为上卦之中,二为阴位,五为阳位,所以说为"得位中正"。如需(䷄):"有孚,光亨,贞吉。"虞翻注曰:"大壮四之五,孚,谓五,离日为光,四之五,得位正中,故光亨贞吉。"大壮(䷡)为消息卦,所以需从大壮来,"大壮四之五"即成为需,变成需卦后,需九五"得位中正",故说"光亨,贞吉"。

又如比(䷇)九五:"显比",虞注曰:"五贵多功,得位正中,初三以变体重明,故显比,谓显诸仁也。"然而比九五之得位中正,实因由师卦(䷆)来,师"二之五",即成为比,此谓师卦变动得宜。

又如观(䷓)六三:"观我生,进退。"虞曰:"坤为我,临震为生,生,谓坤生民也,巽为进退,故观我生进退,临震进之五,得正居中,故象曰未失道。"观反为临(䷒),临初九为震爻,今阳进至二位,所以说"临震为生",意思是:临的震爻有生义。观的上卦为巽,巽为进退,因此说"观我生进退"。若临卦"二之五",即成屯(䷂),由是九五爻"得正居中"。此用反卦为说,解释观九五实由变动而来。

所以观九五,注曰:"阳为君子,在临二,失位之五,得道处中,故君子无咎矣。"此即谓观九五由临"二之五"来,亦即由临卦的变动而来。

又如大壮(䷡)九四:"贞吉,悔亡。"虞注曰:"失位悔也,之五得中,故贞吉而悔亡矣。"大壮为消息卦,由乾息坤至四位而成,虞翻此注,说九四应之五,若四之五,则得位中正,是故宜于"贞"。虞翻以由下往上得宜为贞。四之五,亦是与比爻相之的例子。

又如艮(䷳)六五:"艮其辅,言有孚,悔亡。"虞注:"五失位悔也,动得正,故言有孚悔亡也。"此说艮六五当变动,若变动得正,才能"悔亡"。言则应如何变动呢,虞翻于说九三时云:"五来之三",即是六五、九三两爻交替。这种三五相之的例,亦为特例。用这特例的原因,是因为艮卦由消息卦观卦来,观五之三便成为艮卦,因此艮卦便可以三五相之,无非只是还原。在这里即是说,原来观卦的九五,比艮的六五要好。

(3) 变动得宜

此例又可分为五种，兹说如下。

一者，承上据四。

如贲（☷☲），象曰："文明以止，人文也。"虞翻注曰："人，谓三，乾为人。文明，离。止，艮也。震动离明，五变据四，二五分则止文三，故以三为人文也。"此说六五爻居于震象与艮象之间，震若动时，则下卦离明（不动则离不明）。若二五分隔，下卦离文明，为上卦艮山所止，所以九三人文，即有"文明以止"之象，由是六五即宜变为九五，变后据四承上，于是二五即不分隔。文明即不止于下卦，由是人文亦不为文明所止。此即六五为宜变之爻，若变动，则变动得宜。

二者，应三据五。

如鼎（☴☲）上九："鼎玉铉，大吉无不利。"虞注："铉谓三，乾为玉铉，体大有。上九，自天右之，位贵据五，三动承上，故大吉无不利。"鼎上九据二、三、四乾象。因此有大有（☰☲）之象，此即由二至上互卦而来。因此说上九得"自天右之"，此即以乾为天。鼎卦所宜变者为三位，当三变化而成六三时，卦成未济（☵☲），此时上九即据五、应三，故"大吉无不利"。

由此例可知，此爻不变，而变其应爻，则此爻亦能得宜。

三者，得位应四。

此如否（☰☷）上九，象曰："否，终则倾，何可长也。"虞注："否终必倾，盈不可久，故先否，下反于初，成益体震，民说无疆，故后喜。"此说否卦的上九应反为初爻（即上之初），如是即成随（☱☳），下卦有震象，又互成益卦（初至五），故先否后喜。

这个例的重要在于"下反于初"，是一个很少有的特例。有人认为这是虞翻随意牵合，其实不是，因为虞翻有"否泰反类"的例，否既可反为泰，上九自然可以"下反于初"。

除上面所说外，虞翻尚有"得位应五"，"承五应初"的例，前者是说二位,后者是说四位,读者随例可知,今不更赘。

(4) 之应历险

此如屯(䷂)六三:"君子几不如舍,往吝。"虞注:"君子,谓阳已正位,几近,舍置,吝疵也。三应于上,之应历险,不可以往,动如失位,故不如舍之,往必吝穷矣。"此说六三变为九三,所以可与上六相应,但当三往上时(即为"之应",往与应也),须经一坎象(四至上)是谓"之应历险",亦即三不宜往上之应。

如蒙(䷃)初六:"以往吝。"虞注曰:"之应历险,故以往吝。"此说六四已变为九四,故初六欲往而相应(之应),由初至四,须经一坎象,是亦谓"之应历险",亦即说初六不宜往。

余例尚多,不赘。

(5) 震巽夫妇

以震巽为夫妇,为虞氏之例。

如蒙(䷃)九二:"包蒙,吉,纳妇,吉,子克家。"虞注曰:"坤为包,应五据初,一与三四同体,包养四阴,故包蒙吉,震刚为夫,伏巽为妇,一以刚接柔,故纳妇吉,二称家,震,长子,主器者,纳妇成初,故有子克家也。"这是以蒙二至上为颐(䷚),颐为正反震之象,所以说"震刚为夫",震与巽飞伏,所以说"伏巽为妇"。

又如小畜(䷈)九三:"夫妻反目。"虞注:"豫,震为夫,为反;巽为妻。"小畜与豫(䷏)旁通,豫上卦为震,为夫,为反;小畜上卦为巽,为妻。此即以震巽为夫妻。

(6) 上位决灭

有些卦的上位,无论是上九或上六,都可决灭而成另一卦,是即此例。

如小畜(䷈)上九,象曰:"既雨既处,得积载也。"虞翻注曰:"巽消承坎,故得积载,坎习为积也。"这是说小畜的上爻应决灭去,如是小畜的上卦由巽变为坎,即成需(䷄),所以说"巽消承坎"。在这里,"承"应为"成"。

又如夬(䷪)，彖曰："夬，决也，刚决柔也。"虞注："乾决坤也。"于上六，象曰："无号之凶，终不可长也。"虞翻曰："阴道消灭，故不可长也。"这是以爻变的趋势来说，以乾息坤至于五位，则上位之阴亦必有决灭的趋势，故成上位决灭例。

(7) 成既济定

虞翻认为卦爻变动有成为既济(䷾)的趋势，既济六爻得位，各爻都有比有应，是极为稳定的状态，也即是说既济卦六爻都无可变动，成一定象，因此便有成既济定的卦例。

六十四卦都可以成既济定，如乾(䷀)二、四、上爻变，即成既济。然则如何而得变呢，由于乾与坤(䷁)旁通，乾二之坤五、四之坤初、上之坤三，即成既济，同时坤亦成既济。这就是既济定的例。

由此例可知一切旁通卦都可相之而成既济。例如坎(䷜)、离(䷝)，只须坎初、二、三爻与离四、五、上爻相之，便成两既济。

虞氏注经成既济定的例甚多，如益(䷩)九五，注："谓三上也，震为问，三上易位，三五体坎，已成既济。"此即三之上而成既济，此不须由旁通而来。何以不用旁通，因为凡旁通必可成既济定，于注经时，说之无益，所以仍说为"爻之"。

凡用"爻之"，必定是不当位的爻，之而得正，这亦容易成为既济定，例如屯卦(䷂)，只六三爻失位，若六三爻变，即成既济定。但此非变动例，而是变化例。

虞氏易例说至此已足，不然则太烦琐。读者于研究其易例时，务须知道虞翻的主旨在于卦变，一切易例都为卦变服务。于研究一易例时，则须留意卦的变化，此即上面所说：卦的形态、卦的结构、卦的变动。必须将卦爻联系起来，才能对虞氏易例有一认识，若孤立一例来看，反而会觉得莫名其妙，随意牵合。批评虞翻的人即犯了这个毛病。

后论

上面略说《周易》象数,约十万言。写本书的意图原来是但求通俗,祈令学者不畏象数,从而学易而不废象数。此因学易而不通晓象数便失其本源,倘若舍本逐末,那就容易变成虽学易却其实不知易,只能学得一点著书立说者各自的悬解。然而象数易的堂庑实在深广,所以写时虽求通俗,仍恐怕初学者望而生畏,也恐怕他们流于枝节而忽略成立象数之本意,因而在这里便稍为董理,对象数之学略作疏导。于东汉易例尤其用心,所以整理易例与通行的观点不同,整理之后,应便初学。

《周易》是筮书。说是筮书并不低贬它的价值,因为蓍龟之学在古代可以立于庙堂,影响国计、影响民生,因此主持占筮的人必定懂得易理,然后才能遵从易的法则来作占断,我们千万不可将先秦的占筮,等同今日走江湖的卖卜者。古代一个主持占筮的史官,其实等如政治学家、经济学家,而且还是一个哲学家。

儒家治易是故亦不废卜筮,因此说"以卜筮者尚其占"是圣人之道。不但不废,还订立另外两个圣人之道来作为占筮的原则,那就是"以言者尚其辞"及"以动者尚其变"。辞即是卦辞与爻辞,占筮者必须知辞的用意,不能依文解字,像个中学国文教员;变就是卦爻的趋向,亦即占得的卦象,会有什么变动,应有什么变动,都应该为占筮者所尚。

以此之故,儒家学者便辑孔子的理论与观点衍为"系辞";以演说乾坤二卦的阴阳变动为全经之例;更著成〈文言传〉;再用"彖辞"解卦辞、用"象辞"解卦爻辞,以明儒家怎样去看动变,怎样依辞来理解卦爻之象。

除此以外,儒家还依正对反对来成立卦序,这即是将万物依相对而成立,这观点,恰如佛家的相对缘起。但在"序卦"中,实非只说相对,还深入一些,说相对事物的联系,譬如说屯为"万物之始生",然"物生必蒙,故受之以蒙",这就将屯、蒙两个对立之象联系起来。接着,"(蒙)物稚不可不养也,故受之以需,需者,饮食之道也。"这就由一对相对之象(屯蒙),引入另一对相对之象(需讼)。万物万象由是即彼此关联,周遍天地人三才。

"杂卦"是说六十四卦的性情,也可以说是六十四卦卦象的性情。学者由卦象体会卦的性情,对卦象便有一个基本认识。

例如说"比乐,师忧"。比(䷇)是一阳居于五位,五位为君,其余五爻皆阴,有如臣民,那就是一位好的统治者(得位中正的统治者)能统领万民,是故为"乐"。师(䷆)则不然,同样是领导与管治,但一阳居于二位,为卑位,而且阳居阴位为失位,处于卑且失位而统领五个阴爻,不问而知必"忧"。因此"杂卦"可以说是对卦象的基本认识,也可以说是理解象与辞的基本知识。

"十翼"之中,初学者应该先读〈说卦传〉,此可以视为全经的凡例。比较起来,〈系辞传〉所说即为总纲。譬如〈说卦传〉说:"观变于阴阳而立卦,发挥于刚柔而生爻",那就是成立卦爻的凡例,这凡例十分重要,贯通全经的卦辞、爻辞,以及卦象、爻象。一切象数易例都须服从这两个卦、爻的凡例。

卦的成立是由于阴阳变动,因此当看一卦之卦象时,便应该着眼于三点:一者,它由如何变动而来;二者,变成现前之象,象征什么? 三者,它还有什么变动的趋势,宜与不宜? 假如能这样理解卦的凡例,就不会反对象数易家的易例。如说一卦由他卦来,即说此卦由如何变动而成象;如说正对反对(旁通),以至现前的"半象"与"互体",此即说现前变成之象;如说由爻之而成卦变,即说此卦变动的趋势。

至于爻的凡例"发挥于刚柔而生爻",是说由阴阳变动的功能而成立爻。阴阳并非是两种对立的气,气只一体,而功能则有二,说为阴与阳,或说为柔与刚,所以当阳爻显现时,只是气发挥刚的功能,并非说柔的功能完全灭绝,柔(或阴)这功能只是隐藏而未发挥出来。正由于这样,爻才有变动可言,变动,是由刚变柔,或柔变为刚,如果阴生则阳死、阳现即阴灭,那么,任何一个阳爻或任何一个阴爻,一成显现即便成定象,很难再生变化。须知道,阴阳消息并不是用一个阳爻去灭掉一个阴爻,亦不是由一个阴爻去代替一个阳爻,若如此,被灭掉者便须重头生起、被代替者便要重新占据,这绝不是"易"、"变易"的意思。易也者,只是阴阳功能的显现或隐藏,此随着"时"来变易,时不同,阴阳的显隐即不同,所以不须重新生起,亦非霸占地盘,这才是"易"与"变易"。知道这个凡例,就知道象数家的说飞伏、说升降、说消息,实在十分合理。

所以依笔者的拙见,两汉象数学家成立种种易例,无非都是依"说卦"的卦、爻凡例,以及依"系辞"所说的纲要。他们只是用自己所成立的易例来作演绎。你可以不同意他们用这个原则那个原则来演绎,但却不可以否定他们演绎的意图。而且,笔者老实说个人的感受,对象数家所受的批评,其实很多时候都想替他们喊冤。虞翻的易例既受批评为烦琐,说他随意牵合,一例不成又创他例用以注经,那么,荀爽的易例非常简明了,为什么又依然受到批评,甚至用辞尖刻呢,其实批评者是完全不理解他们的易例,他们的易例,正是前引"说卦"的凡例,观变于阴阳而立卦,读者依上面所说三点着眼,即知他是分别说所变、既变、应变三者,非如批评者但见当前一个呆板的卦象,由是批评他自违其例。例如,当荀爽说所从变时,有什么理由还要他遵守说所应变时之例。

换句话来说,两汉象数家都是由卦爻的动态来成立易例,所以当前的卦象、爻象有它的过去、现在、未来,这即是儒家所极力强调的"时义",因此我们亦必须依着变动来理解象数家之所言,否则便会批评,既说这一爻,为什么会说到别的爻;既说这一卦,为什么会说到别的卦,因此便病其随意牵合,一例不成,又生一例。

谈到这里,应该举一些例子。

如贲(☲☶)："贲、亨。小利有攸往。"

倘若只依当前卦象来看，那只是"山下有火"，山下有火为什么就是"贲"呢？为什么说为"亨"呢？为什么可以占断为"小利有攸往"呢？

试看虞翻的注，他分三点来解释。

他说："泰上之乾二；乾二之坤上。柔来反刚。"这是解释"贲"。

泰(☷☰)上六与九二两爻如果变动交替(相之)，那就成为贲(☲☶)象，所以贲卦是由泰卦变动而来。由于这个变动，便使得原来是三个阳爻的下卦，成为二阳藏一阴的离象，一阴居中，而且得位，离象为文明，所以这一阴爻便由动而成就"柔来文刚"的作用。这里的"文"，有"文饰"与"调和"的意思。

在这里，虞翻是用卦变例，其卦变即由"爻之"而成变，故又为"爻之"例。倘如不由动而成象来看"山下有火"，我们虽然也可以说"离为文明"、"六二得位"，但我们却很难说是"柔来文刚"。不由动变而看，怎能说是"来"？若非"来"而为本然的定象，那就任何离象便都可说为"贲"。由此可见，虞翻在这里一用"爻之"来解释，便使得贲的卦象生动起来，令人能体会到爻的往来升降所起的功能。

虞翻接着说："阴阳交，故亨。"这是解释何以为亨。

"阴阳交"，是虞翻的易例。在一卦之中，阴阳爻过偏即失去中和，现在贲卦是三阳爻三阴爻相交(下体有六二、上体有上九)，阴阳交通，所以说为"亨"。

虞翻更解释"小利有攸往"说："小，谓五、五失正。动得位，体离，以刚文柔，故小利有攸往。"

这是说，因为六五失位，所以为"小"。若六五变动为九五，同时上九变为上六，则成既济(☵☲)。这是虞翻"成既济定"之例，此时九五居中正，三、四、五爻互体为离，而九五处于二阴之中，是即"以刚文柔"，故说"利有攸往"。此即言利于变动，以变动为"有攸往"。然而先决条件为当前之象的六五失位，所以只是"小利有攸往。"

在这里，虞翻说所变(由泰变而成贲)、既变(成贲而阴阳交)、应变

(应有五及上动成既济定的趋势),条理井然。倘若不知道他之所说为时义,有过去、现在、未来之象,只拿着一个"山下有火"的象来看贲卦,就会觉得他无端说爻往来动变,不知所云。

再举一个虞翻最受人责难之例。

小畜(䷈)初九:"复自道,何其咎,吉。"

虞翻注曰:"谓从豫(䷏)四之初,成复卦(䷗),故复自道。出入无疾,朋来无咎。何其咎,吉。乾称道也。"

责难的人认为,明明是说小畜卦,却拿豫卦来说,不足,再用复卦来说,这样辗转牵引,将无穷极,是则任何一卦都可变为六十四卦,这样《周易》说一卦已足,何必说六十四卦。

这样的责难非常严厉,可以完全否定象数,故对此应一说虞氏的易例。

虞氏说豫卦(䷏),是因为豫与小畜旁通,此为虞氏易例。何以成立旁通例,责难的人可能只认为是两卦阴阳爻正对,然而这只是表面的现象。笔者于说旁通时,已说明凡旁通卦皆可由"消息"相通,所以小畜消息成为豫,豫消息成为小畜,而且消息时所生卦亦一一对应,今再列图如下。

正因二卦消息互相对应,才说之为旁通,旁故普及,由是才说为"六爻发挥,旁通情也"。又说"往来不穷谓之通",若不以消息说旁通,焉能说"六爻发挥"及"往来不穷"。更说"变通配四时",是即以时消息,然后才是"变通"。

若知此义,便知用旁通之象来说一卦,非常合理。再用豫变而成复，亦无不可，豫的任何变动都跟小畜的变动对应，豫四之坤初成复（䷗），对应小畜四之乾初成姤（䷫），是则复卦的初爻阳即与姤卦的初爻阴对应，只姤初是阴现而阳伏，所以这里虞翻是用飞伏例，只不过不是说本卦的飞伏，而是说旁通卦的飞伏。旁通飞伏即相当于本卦飞伏，其关键在于消息。

于此还须理解，小畜初爻虽为阳，但这阳爻并非本然之象，实由"复自道"然后才呈现为阳爻，然则这阳爻如何能再现为阳，那就必须由豫卦四之初来说。亦即如前所说，于豫四之初时，小畜对应而成姤，由是阳伏，及阳再成显现（当为姤初之四），那便是"复自道"，乾为道，故言。

当用这些卦例时，便可理解爻辞的"复自道"是依"道"而复，于复时，似乎爻象不变，实则已变，所以便合乎道，便不是顽固与保守，是故虽守其本，亦何其咎。

不过，责难的人却认为爻辞与象根本没有关系，说言："易辞非据象而作，先秦及汉初易家，亦不据象以释卦爻辞"，那么，儒家易便大错了。〈系辞传〉说："易有四象，所以示也，系辞焉所以告也。"明说卦爻辞是"告"易之四象，四象是"天生神物，圣人则之"；"天地变化，圣人效之"；"天垂象见吉凶，圣人象之"；"河出图洛出书，圣人则之"。这四象即是全经之象，既系辞以告，是则焉可说"易辞非据象而作"。难道可以说，我告诉你这些事情之所表示，可是我说的话却跟这些事情无关？

〈系辞传〉无处不说象与辞的关系，其例不再多举，若为了否定象数而强说二者无关，恐怕不是平心治学的态度。

上面所说，只是想说明象数易并非凭空创作，并不是象数家卖弄聪明，逞一己的私见。他们实在是依着儒家易的原则，如时义、如变动、如卦爻辞所告之四象所示、如前所说的〈说卦传〉凡例，然后订定自己的易例，用以说明卦爻依什么卦爻象而立辞。

孟喜的卦气，是想将卦爻象来配时，由是以爻候物以明大自然的变化，用消息以明节气的推移；焦延寿于是依时占断，其《易林》之辞亦本于卦气;及至京房,便将孟、焦二氏的堂庑扩大,成为一个可以概括天象、人事、地道的庞大系统。但他们之所为未着重于注经,因此东汉的象数家便改而着重注经,以免象数跟经愈离愈远。

郑玄开始勇于注疏,他以爻辰为主体,说卦爻变动之象,而以爻辰明象,复因十二辰可以说十二宫次及宫中二十八宿,又可以应四时二十四节气,更可以配合五行,由是说象时便令人觉得驳杂,但若总归为爻辰,那便容易理解。郑玄不但用爻辰注易,还用之以疏《诗》《礼》,足见他的爻辰实以人事为主,天地之道合乎人事,所以爻辰之旁出多端,并非悠谬之言,读者对此须加体会。

荀爽同样重视卦变,他仅用升降来看爻的变动,用卦变来看卦的变动,于象数家中最为简明,虽简明,亦同样受到批评。

及至虞翻,同样以卦变为宗旨,但却道出多方,于前人易例无所不采,或稍加变动而成自己的易例,因此看起来便较郑玄的易例更杂。他的思路太快,于说例时常不细说中间的过程,刚一开头,立刻便说结论,如上所举例,说小畜初爻的阳复自道,只说"豫初之四",便立刻说"成复卦,故复自道",中间旁通消息以及爻之等理都不细说,这样便容易给人说为无理。这一点,便须读者加以思索,自行理解其所以然。幸而自清人张惠言及惠栋之后,学人已渐重视虞氏易例,说者已多,近代以及现代学人亦有说虞氏易义之作,这就方便学者对虞氏注经得以理解。

本书说象数易只说六家,实以此六家为重要,其余诸家未见有突出的自创易例,其中虽亦有注经之说,分别见于李鼎祚及孙星衍的《集解》,但既未自成体系,是故亦难以说其易例。

此中以干宝最为突出,其注经虽不自成体系,但却用卦爻之象来说历史,专说纣王、文王、武王、周公、成王等殷周之际的事,那即是想用易来明人事而以历史为证。这样做,实亦合乎儒家,〈系辞传〉说:"易之兴也,其于中古乎,作易者其有忧患乎。"那便是就人事而言,倘若以殷周之际来说忧患,实亦未尝不可。然而干宝的说法未可成例,是故本书未说之为一家之言。

若想学象数易，能够了知这西汉三家和东汉三家其实已足，尤其不宜将易比附佛家、比附老庄。但求能依象数家之所说，明白《周易》卦爻之象，以及依象、系辞的命意，那就能明白易道，亦即明白阴阳推移变化所起的现象与功能，那就知道应该怎样以上应天道、下合地道来处理人事。天道、地道其实亦无非自然之道，如今人类对大地破坏过甚，取用物资亦过多，甚至破坏大气层，那就是对天地之道的悖逆，难怪地球各处都见天灾，且每见多为前所未有，在此时，若能明易道，便知人类之当为。

中和、中正，始终是大自然包括人间最合理的思想，这亦正是儒家易的主旨。唯象数易能表明这思想，此即象数易之可贵。

征引书目

西周至春秋战国（约公元前1046—前221年）

《周易》

《诗经》

《尚书·尧典》

《尚书·洪范》

《六韬·五音》

《周礼·春官》

《时训》

《左传》

《国语·周语》

孔子（公元前551—前479年）门人辑

《论语》

《尔雅》

《礼记·月令》

《礼记·缁衣》

"十翼"之《彖传》（上、下）

"十翼"之《象传》（上、下）

"十翼"之《系传》（上、下）

"十翼"之《文言传》

"十翼"之《序卦传》

"十翼"之《说卦传》

"十翼"之《杂卦传》

卜子夏(公元前507—前？年)

《子夏易传》

庄子(公元前369—前286年)

《庄子·杂篇·盗跖》

吕不韦(公元前290—前235年)

《吕氏春秋》

韩非子(公元前281—前233年)

《韩非子·显学篇》

李斯(公元前281—前208年)、**赵高**(公元前？—前207年)、**胡毋敬**(生卒年不详)

《三苍》

西汉(公元前206—公元8年)

《内经·灵枢》

帛书《周易》

《山海经·大荒经》

《易纬·春秋元命苞》

《诗纬·含神雾》

韩婴(公元前200—前130年)

《韩氏易传》

刘安(公元前179—前122年)

《淮南子·兵略训》

司马迁(公元前145或前135—约前86年)

《史记·仲尼弟子列传》

《史记·律书》

孟喜(公元前90—？年)

《周易孟氏章句》

焦延寿(生卒年不详)

《焦氏易林》

京房(公元前77—前37年)

《京氏易传》

《京氏段嘉》

《京易积算易传》

《占候》

刘向(公元前77—前6年)、**刘歆**(公元前？—公元23年)

《七略·术数略》

扬雄(公元前53—公元18年)

《方言》

费直(生卒年不详)

《周易分野》

丁宽(生卒年不详)

《易说》

东汉(公元25—220年)

    班固(公元32—92年)

《汉书·儒林传》

《汉书·艺文志》

《汉书·魏相传》

《汉书·律历志》

《汉书·京房传》

《白虎通义》

许慎(公元58—147年)

《说文解字》

郑玄(公元127—200年)

《易纬·稽览图》注

《易纬·通卦验》注

《易纬·是类谋》注

《易纬·乾凿度》注

《易纬·乾坤凿度》注

张仲景(公元150—219年)

《金匮要略》

魏伯阳(生卒年不详)

《周易参同契》

孙炎(生卒年不详)

《周易例》

魏晋南北朝(公元220—589年)

王弼(公元226—249年)

《周易略例》

魏收(公元505/507—572年)

《魏书》

唐(公元618—907年)

孔颖达(公元574—648年)等

《周易正义》

《毛诗正义》

魏征(公元580—643年)等

《隋书·经籍志》

僧一行(**张遂**)(公元683—727年)

《大衍历议·卦议》

李鼎祚(生卒年不详)编

《周易集解》

五代十国(公元907—960年)

　　刘昫(公元887—964年)等

　　《旧唐书·马融章句》

宋(公元960—1279年)

　　宋祁(公元998—1062年)、欧阳修(公元1007—1072年)

　　《新唐书·历志》

　　《新唐书·马融章句》

　　麻衣道者(生卒年不详)

　　《火珠林》

　　晁公武(生卒年不详)

　　《郡斋读书志》

元(公元1271—1368年)

　　胡一桂(公元1247—？年)

　　《易学启蒙翼传》

清(公元1636—1911年)

　　惠栋(公元1697—1758年)

　　《周易述》

　　《易汉学》

　　孙星衍(公元1753—1818年)

　　《周易集解》

　　马国翰(公元1794—1857年)

　　《玉函山房辑佚书》

近代

　　尚秉和(公元1870—1950年)

《周易尚氏学》

王震（王子畏，公元 1895—1972 年）

《易学五书》

《周易象义》

高亨（公元 1900—1986 年）

《周易古经通说》

刘大钧（公元 1943—   年）

《"卦气"溯源》

邓立光（公元 1959—   年）

《象数易镜原》

附录Ⅰ：郑氏爻辰引例

上　篇

郑康成易，出入孟喜、费直两家。

《后汉书·儒林传》称，康成初从第五元先受京氏易。京房之学，为孟氏再传。继从马融受易，则为费氏之学。

孟氏说易，以气为主，然后以人事明之。世传卦气图，谓出于孟氏。盈虚消息，以时而异，故揆孟氏意，实以气为宇宙之本体，而以消息明其大用。郑氏说易，不废消息之义，绍孟氏学也。

《汉上易丛说》引康成曰："虙羲作十言之教，曰乾坤震巽坎离艮兑消息，无文字谓之易。"

京氏易以八宫、世应、表阴阳二气起用时之对待，可视为孟氏消息之发挥。又言互体，则为卦气于"中爻"所发之象。郑氏注易，时会心于世应、互体，绍京氏学也。

京氏八宫，乾坤二宫即孟氏消息之十二辟卦。故可视八宫世应为消息之广例。

中爻，《困学纪闻》引京氏注曰："二至四为互体，三至五为约象。"是以二三四五诸爻为中爻矣。又，约象今已统称为互体。

颐卦："观颐自求口实。"郑注曰："颐中有物曰口实，自二至五有二坤。"此康成之用互体也。

郑氏用世应，其例详见下述。

费氏之学，史称其长于卦筮，亡章句，徒以〈彖〉、〈象〉、〈系辞〉、〈文言〉等十篇，解说上下经。

见《汉书·儒林传》。

然费氏亦言星宿，其传人马融，亦言十二辰，二十四气，则郑氏爻辰之说，大旨亦不背师法。

《晋书·天文志》引费氏曰：寿星起轸七度，大火起氐十一度，析木起尾九度，星纪起斗十度，元枵起女六度，诹訾起危十四度，降娄起奎二度，大梁起娄十度，实沈起毕九度，鹑首起井十二度，鹑火起柳五度，鹑尾起张十三度。——此言十二辰之分野与所值宿之起度。

〈系辞上〉："大衍之数五十，其用四十有九。"马融疏曰："易有太极，北辰是也。太极生两仪，两仪生日月，日月生四时，四时生五行，五行生十二月，十二月生二十四气。北辰居中不动，其余四十九，转运而用也。"——揆马氏之意，谓日月五星及十二辰与值月值气之宿，皆绕北辰转运而致用。则以五星配五行，以十二月配十二辰，以二十八宿候气，亦马氏之学。其源或亦出于费直。

郑氏说易，虽似杂出多端，故论者或病其变乱今古文家法。然考其本源，仍守经师遗说。正以其说不尽泥于费氏，故于其学，或尚可睹三家遗义于亡佚之后欤。

三家，谓施雠、孟喜、梁丘贺。

郑氏易以爻辰为主。爻辰者，纳辰之气于爻。辰为周天黄道十二宫，即地球绕日之轨迹——前贤则以为日绕地行之轨迹。宫次无象可见，故必以二十八宿值之，始可由其行度而见十二宫之分野，此所以宫有值宿也。又以地支十二与十二宫相应，乃得十二辰之宫次，而取其所值之气，以乾坤十二爻纳之。

十二宫名，见前引费氏说。

爻辰，阴阳皆顺行——于圆图为右旋（顺时针方向），纳于卦爻为上行。乾坤二卦,示九(阳爻)六(阴爻)例。余六十二卦,阳爻用乾,阴爻用坤,依爻位纳辰。

上六	巳	▬▬ ▬▬	▬▬▬▬▬	戌	上九
六五	卯	▬▬ ▬▬	▬▬▬▬▬	申	九五
六四	丑	▬▬ ▬▬	▬▬▬▬▬	午	九四
六三	亥	▬▬ ▬▬	▬▬▬▬▬	辰	九三
六二	酉	▬▬ ▬▬	▬▬▬▬▬	寅	九二
初六	未	▬▬ ▬▬	▬▬▬▬▬	子	初九

或以爻辰之说,本诸《易纬·乾凿度》,细详之,二者不尽相侔。或以爻辰出于律吕相生,固彼此若合符节矣,然律以候历,二十八宿及十二辰亦用以候历,彼此既皆符合历法,则占星值辰与候律,自有不得不符合之理。此未足证郑氏爻辰,即出于律吕也。

《乾凿度》以乾坤、屯蒙、震讼、师比……各二卦相次值一岁,六十四卦共值三十二岁而复始。此以卦候岁之法,与爻辰值月不同。又,《乾凿度》以泰否二卦之值辰为特例,郑氏注泰九五,仍用乾坤例,不依《乾凿度》。

《史记·律书》太史公曰:"在旋玑玉衡以齐七政",即天地二十八宿,十母(即十干),十二子(即十二支),钟律调(调谓六十调,配六十甲子以候日)。自上古建律运历造日度,可据而度也。——此可见律吕之必合乎辰宿。

爻辰之说,以旧籍亡佚,全例难寻,仅存吉光片羽,散见于郑氏注疏之中,今将其体例,引发如次。

一、相生

爻辰相生,不依十二辰之五行,可比附为律吕隔八相生,上行下行之例。

黄钟下生林钟　林钟上生太簇

太簇下生南吕　南吕上生姑洗

姑洗下生应钟　应钟上生蕤宾

蕤宾上生大吕（谓重上生）

大吕下生夷则　夷则上生夹钟

夹钟下生无射　无射上生中吕

于十二辰，相生之序如次：

子→未→寅→酉→辰→亥→午→丑→申→卯→戌→巳

巳	▬ ▬	←	▬▬▬	戌
卯	▬ ▬	←	▬▬▬	申
丑	▬ ▬	←	▬▬▬	午
亥	▬ ▬	←	▬▬▬	辰
酉	▬ ▬	←	▬▬▬	寅
未	▬ ▬	←	▬▬▬	子

自子至午，阳生阴为下生，阴生阳为上生。

自午至巳，阳生阴为上生，阴生阳为下生。

于律吕，下生者损三分之一，上生者益三分之一。自子至午之递次相生，于辰为乾坤之下体，阳气始萌而至渐壮，故阳生阴则损（下生），阴生阳则益（上生），阳幼须扶也；自午至巳之递生，于辰为乾坤之上体，阳气由壮而渐亢，故阴生阳反为损（下生），阳生阴反得益（上生），阳亢须抑也。又，京氏以午为阴阳相交之分，蕤宾值午，故重上生焉。以相生例言，其理仍一本于气，亦自然之序次也。论气以阳为主，孟氏学如此。

然郑玄爻辰本合自然之道，未必由律吕隔八相生而定，不过二者皆出于自然,是故可以比附而已。

二、爻体

以一爻体一三画之六子卦,其例曰爻体。

乾坤为父母,坎、离、巽、兑、艮、震为六子卦。

初九及九四	体	震	☳
九二及九五	体	坎	☵
九三及上九	体	艮	☶
初六及六四	体	巽	☴
六二及六五	体	离	☲
六三及上六	体	兑	☱

康成说易,用爻体之例甚多。其注《易纬》,亦用此例。如《通卦验》曰:"如积鹄。"郑注曰:"初九辰在子,震爻也,如积鹄之象。"是以初九体震矣。

或以爻体之说,与爻辰无关,此未及细考耳。爻体之源于爻辰,见干宝说。

干宝曰:"一卦六爻,则皆杂有八卦之气。若初九为震爻,九二为坎爻也。或若见辰戌言艮,巳亥言兑也。"按,九三爻辰在辰,上九爻辰在戌,故皆为艮体;上六爻辰在巳,六三爻辰在亥,故皆为兑体。

三、候月

卦有时义,因而孟氏之学,有十二辟卦,以见阴阳随时而盈虚消息。郑氏爻辰无辟卦,然细考之,其有乾坤十二爻以合律吕,而爻又有爻体,则亦可推得候月之十二卦。

〈象传〉屡言时义。于大有曰:"应乎天而时行。"于豫、随、颐等卦,曰:"时义大矣哉。"于损曰:"损益盈虚,与时偕行",则更明言卦随时而盈虚。

列候月诸卦如次：

十一月	子	黄钟	乾初九	复	䷗
十二月	丑	大吕	坤六四	观	䷓
正 月	寅	太簇	乾九二	临	䷒
二 月	卯	夹钟	坤六五	剥	䷖
三 月	辰	姑洗	乾九三	泰	䷊
四 月	巳	中吕	坤上六	坤	䷁
五 月	午	蕤宾	乾九四	大壮	䷡
六 月	未	林钟	坤初六	姤	䷫
七 月	申	夷则	乾九五	夬	䷪
八 月	酉	南吕	坤六二	遯	䷠
九 月	戌	无射	乾上九	乾	䷀
十 月	亥	应钟	坤六三	否	䷋

候月之卦，以世爻相应为次。复世在初九，观世在六四，而乾之初九应坤六四，故复卦而后继之以观。余月同例。又，十二月所应之爻，皆世之所在，与十二辟同例。

四、相冲

爻辰凡值敌应，则必相冲。相冲之爻，又必同爻体。

乾初九	子	冲	乾九四	午
乾九二	寅	冲	乾九五	申
乾九三	辰	冲	乾上九	戌
坤初六	未	冲	坤六四	丑
坤六二	酉	冲	坤六五	卯
坤六三	亥	冲	坤上六	巳

以阳应阳，以阴应阴，谓之敌应。郑氏说易，时采此例。

艮，象曰："上下敌应，不相与也。"谓艮六爻皆以阳应阳，以阴应阴。

讼九二,郑疏曰:"不敢与五为敌,则无灾眚。"

《乾凿度》:"剥表重瞳明历元。"郑注曰:"五,离爻,离为目,童,目子。六五于辰又在卯,卯,酉属也,剥离人表重焉。"

按,注文有脱误。然所谓卯为酉属,当系取乎相冲之义,卯冲酉,酉亦为离爻,故曰属。而二离为重瞳。

五、相合

合有二,曰六合,子与丑合之类;曰三合,申子辰之类。以乾坤二卦相之,成既济未济,于爻辰得三六合。

```
戌  ▬▬▬       ▬ ▬  巳
卯  ▬ ▬       ▬▬▬  申
午  ▬▬▬       ▬ ▬  丑

亥  ▬ ▬       ▬▬▬  辰
寅  ▬▬▬       ▬ ▬  酉
未  ▬ ▬       ▬▬▬  子
    未济         既济
```

初与四为六合,取相应义。

二与三,五与上为六合,取相比义。

既济三阳爻得申子辰三合,三阴爻得巳酉丑三合。

未济三阳爻得寅午戌三合,三阴爻得亥卯未三合。

郑注明夷六二,用六合例;注贲六四,用三合例。说见下篇。

清儒朱骏声,以爻辰说易,亦取三六合。

六、爻序

以乾坤上下两象相交,成泰否二卦,则十二爻得阴阳分野之序。——子至巳成泰,午至亥成否。

```
戌 ▬▬▬         ▬ ▬ 巳
申 ▬▬▬         ▬ ▬ 卯
午 ▬▬▬         ▬ ▬ 丑
亥 ▬ ▬         ▬▬▬ 辰
酉 ▬ ▬         ▬▬▬ 寅
未 ▬ ▬         ▬▬▬ 子
    否             泰
```

泰卦起初九,而六四;次九二,而六五;又次九三,而上六。否卦起九四,而初六;次九五,而六二;又次上九,而六三。皆取相应之义。必自阳爻起者,尊阳也。

《集解》引郑康成曰:"阳起于子,阴起于午,天数大分。"

阳谓子丑寅卯辰巳,阴谓午未申酉戌亥。

泰为阳,否为阴,见《乾凿度》。故泰得阳序,否得阴序。又,京氏世爻值月,取阳气升降舒布之义,可辅翼消息,其推值月例,即用此阴阳之序。

七、爻气

汉学不用先天,皆用说卦"帝出乎震"之序次,以定八纯卦之方位。坎得子,居北;离得午,居南;震得卯,居东;兑得酉,居西;乾居西北,得戌亥之位;艮居东北,得丑寅之位;巽居东南,得辰巳之位;坤居西南,得未申之位。郑氏说易,用此方位,以某爻值某辰,即得某辰所值方位之卦气。姑名此例曰爻气。

爻辰在子	得坎气
爻辰在丑寅	得艮气
爻辰在卯	得震气
爻辰在辰巳	得巽气
爻辰在午	得离气
爻辰在未申	得坤气
爻辰在酉	得兑气
爻辰在戌亥	得乾气

爻气之例,仍本于爻辰,不过以辰又纳卦耳。此亦足证爻辰之说,主乎气者也。

郑注蛊上九,以爻辰在戌,得乾气。注贲六四,以九三爻辰在辰,得巽气。于大过上六,谓爻辰在巳,当巽位。倘不明爻气之例,郑注难知。

八、值宿

爻辰既分布于十二月,经十二宫,则取象于宫中之星象,亦自然之理。值宿者,谓爻辰所值之二十八宿也。郑氏注《月令》,言值宿甚详,所谓右行而周二十八舍次也。

十一月	危	虚	女
十二月	女	斗	牛
正月	箕	尾	心
二月	心	房	氐
三月	氐	亢	角
四月	轸	翼	张
五月	张	星	柳
六月	柳	鬼	井
七月	参	觜	毕
八月	毕	昴	胃
九月	胃	娄	奎
十月	壁	室	

二十八宿经十二辰之分度,历家分划不一,上列值宿,略示大意而已。

上发郑氏爻辰例八则。

近代言哲学者,每探讨宇宙观,其所探索,曰本体界,曰现象界。持此以言易,则气为本体,气生大用,于是发为现象,山川草木星辰人物具焉。

气一体而已。言阴阳者,不过言易气之用,用其刚谓之阳,用其柔谓之阴。刚柔有多寡,曰盈虚;刚柔有变居,曰消息。儒家主刚,故谓阳尊而阴贱,老庄主柔,故曰舌存而齿亡,此所主者不同耳,而阴阳之为体则一,非真谓宇宙间有阴阳二股气分立而侵伐消长也。

五行亦如是,言气以流湿为用,曰水;言气以炎燥为用,曰火;言气以生长为用,曰木;言气以坚革为用,曰金;言气以蓄养为用,曰土。就本体言,其为气也则一,非真谓宇宙间有五股气在相激荡也。

气起用,无非相应、相敌、相合、相冲而已,此理五行家发覆甚详,于郑氏爻辰,其例一一可见,盖自然之理,发端虽异,终归于一也。言阴阳之大分野,则为明刚柔盈虚对待之理,是可于乾坤相交成泰否之际见之。阳泰阴否,儒家所主者也。是故纳辰气于爻,乃得见易气之为用,布爻画于卦,而万物之象毕呈。其理精微,非独斤斤于经文训诂者所知。

以星象释易,郑氏爻辰所主。星象者,以星为万物象耳。故爻辰值宿之象,即万物之象,此又言郑氏易者所不可不知者也。爻有爻体,明爻辰应气之所自来,此以阴阳生长之序明之。爻当卦位而得气,则以八纯卦之方位,以释一爻本气之所主。气之变动周流,道有多端,故不得不一一以例明之,不得责郑氏之多岐杂出也。若乎爻辰候月之应律吕,则气周流时,循此轨辙而已,不假造作,又何怪焉。

下　篇

郑氏有《周易注》九卷,见《隋书·经籍志》著录,久已亡佚。前贤于经籍注疏中,辑其遗文逸说,可为玩味其易例之助。清儒朱骏声著《六十四卦经解》,颇采爻辰之说,且有所增广,兹各引述若干条,以按覆上篇引发之爻辰八例。至其间有用生肖及宫辰名义以说易者,因近纤巧,不录。

〈坤文言〉,郑注:上六为蛇(爻辰在巳,巳肖蛇),得乾气杂似龙。此为用生肖例。

乾初九,朱注:爻辰在子,子为元枵,虚中藏物,潜之象也。此为用宫辰名义例。

比初六　有孚比之无咎,有孚盈缶,终来有它,吉。

郑曰:爻辰在未,上值东井,井之水,人所汲。缶,汲器也。

按,此以井旁天罇三星释缶,用值宿之象。《诗》正义引《春秋元命苞》曰:"东井八星主水衡。"

泰六五　帝乙归妹,以祉元吉。

郑曰:五爻辰在卯,春为阳中,万物以生,生育者,嫁娶之贵。仲春之月,嫁娶男女之礼,福禄大吉。

按,此以爻辰当节令之气,以释爻辞。

贲六四　贲如皤如,白马翰如,匪寇婚媾。

郑曰:六四巽爻也,有应于初九,欲自饰以适初(贲,饰也,此释贲如),既进退未定,故皤如也。谓九三位在辰,得巽气,为白马。翰,犹干也。见六四适初未定,欲干而有之。

按,此兼用爻气、六合、三合以释辞。六四合初九,故曰欲自适。九三与初九三合,又得巽气似六四,故与六四争合初。

寇,谓九三也。五行家以合如夫妇,婚媾象。又,值宿牵牛织女,亦婚媾象。

坎六四　樽酒,簋贰,用缶。纳约自牖,终无咎。

郑曰:爻辰在丑,上值斗,可以斟之象。斗上有建星之形,似簋贰副也。建星上有弁星,弁星之形又如缶。

按,此以值宿之象释辞。又,天钥七星在斗杓第二星西,主关钥开闭(见甘石星经),故纳约自牖。

离九三　日昃之离,不鼓缶而歌,则大耋之嗟,凶。

郑曰:艮爻也,位近丑,丑上值弁星,弁是似缶。

按,此又用丑上弁星,为爻体例,九三体艮,艮位在丑寅,故曰

217

近丑。

明夷六二　明夷，夷于左股，用拯马壮，吉。

郑曰：旁视为睇（郑以夷于左股，当作睇于左股）。六二辰在酉，酉在西方。又下体离，离为目。九三体在震，震东方。九三又在辰，辰得巽气为股。此谓六二有明德，欲承九三，故云睇于左股。

按，此用六合，故六二睇于九三，辰酉相合也。不然何以引九三为说。又用爻气及方位以取象。

困九二　困于酒食，朱绂方来。

郑曰：二据初，辰在未，此二为大夫有地之象。未上值天厨，酒食象。困于酒食者，采地薄不足已用也。二与四为体离，为镇霍。爻四为诸侯，有王德受命当王者。离为火，火色赤。四爻辰在午时，离气亦为朱是也。文王将王，天子制用朱绂。

按，九二爻辰在寅，而必引初六为用者，爻辰未生寅也，见爻辰相生例。故释九二而可用初六之值宿。又引四爻为言，则初与四为六合，二与四为三合。郑氏之意，言九二既困于初六——于五行，恋其所生为困，而九四之朱绂则又来争合。

〈系辞传〉下：后世圣人易之以棺椁，盖取诸大过。

郑曰：初六在巽体，巽为木；上六位在巳，巳当巽位，巽又为木。二木在外以夹四阳，四阳互体二乾，乾为君为父。二木夹君父，棺椁之象。

按，初六用爻体，上六用爻气，取例不同。

〈说卦传〉：震为大涂。

郑曰：国中三道曰涂。震上值房心，涂而大者，取房有三涂而言。

按，卯上值房心，而震居卯位，故云震上值房心。此反用爻气之例。

大过九五　枯杨生华，老妇得其士夫，无咎无誉。

朱震声曰：辰在申，巳以申为妻，老妇指上也。

按,此以六合例申郑义,巳与申合,故为夫妇。

晋六二　晋如愁如,贞吉。受兹介福,于其王母。

朱曰:辰在酉。王谓六五卯位之日一星,王母谓六二酉位之月一星。

按,此用敌应相冲例以申郑义。夫妻敌体也,相冲亦为夫妇。

革上六　君子豹变,小人革面,征凶,居贞吉。

朱曰:辰在巳,巳与申合,豹蒙九五虎,君子蒙九五大人。

按,九五曰大人虎变,朱氏以上六合九五,故云豹蒙虎,君子蒙大人,蒙者,稚也。

中孚九五　有孚挛如,无咎。

朱曰:辰在申,与二应,寅次近贯索星,申之对冲也。挛如之象。

按,此用六冲例取象申郑义。对冲为对宫,故可用以取象。——日贞申,则星贞寅,定法也。

既济九五　东邻杀牛,不如西邻之禴祭,实受其福。

朱曰:辰在申,二酉为东邻,住居申左也。酉为金牛,日在申次值夏令,禴者,夏祭之名。

按,此用得序之例以申郑义,故取申酉相次。于圆图,二爻酉居申之东。

上引爻辰说易例十四则。

郑氏易学,晦蔽已久,以前贤违于辑佚,未及董理其系统故,今试引发其例如上,亦欲稍整其统绪耳。郑氏易气魄恢宏,其旨未必仅如所述,钩微索隐,有俟高明,张堂扩构,期诸来哲。

初刊于铃木博士古稀纪念《东洋学论丛》
昭和四十七年(1972年)十月

附录Ⅱ：周易变占法引论

一、赘说

易学广大精微，有如弱水三千，只取一瓢已足果腹，故学人研究，多从大处着眼，而视筮法之研讨为琐事。晚近科学日益维新，占筮之术亦纯流为江湖，研究易学者更讳言筮法，盖不欲授人以柄，讥易学为导人迷信之术也。读近人易学著作，颇有以为《周易》非筮书者，实职是之故耳。

然《周易》一书，实为我国古代筮辞之纪文，不过曾经编辑整理，遂灿然成章。与当时并传之诸筮书较，如朗月之于疏星，光华独耀，故其书乃得独传。《易》中固具义理数象，何以筮得此爻吉，何以筮得彼爻凶，均应自义理数象中寻讨。但背离筮法、讳言吉凶，而徒自卦画中求数理，纵能发挥精辟，亦未免得鱼忘筌。故西汉易学六家，皆多言阴阳灾异，长于占筮，未有架空而言数理者。西汉去故未远，学者治学之风如此，则《周易》之为周易也可知矣。

复次，读《左传》、《国语》诸书，时有具记春秋时代之占筮故事，述者固栩栩如生，读者亦历历如睹。且于占史所引之卦象筮辞，每可具见揲蓍之遗规。因念筮法固易中一大关键。倘于筮法一无所知，匪独不易知易，抑且难读《左传》、《国语》等书。

寻讨占筮之法，从来皆据〈系辞传〉之文。惜〈系辞传〉之言略而不详，此非作者故秘而不宣，实因当时通筮法者多，乃无须复喋喋而言耳。朱子《启蒙》所言筮法，考定綦详，于扐、挂、变、营，述之备矣，读者据之，不难"一十八变而成卦"。唯亦仅限于"成卦"而已,倘遇卦变,据朱子之法实不足济事也。

易例,以七、九记阳爻(⚊),阳爻遇九则变,遇七则不变;以六、八记阴爻(⚋),阴爻遇六则变,遇八则不变。倘筮得六爻皆七、八无变爻,人皆知即以所成之卦辞占之矣;倘筮得一爻为九或为六,仅得一变爻,人皆知以变爻之爻辞占之矣。唯倘遇得有二变爻以上者,据何爻辞为占断之依据? 此变占之法,犹为数千年来未定之案。本文即试就此点加以研讨,故于"成卦法"乃略而不谈。

二、《启蒙》之变占法

于变占之法,朱子《启蒙》言之最详,虽颇多疵病,然犹可略见眉目,故先引列如后,其法约可归纳为七:

(1) 筮得六爻皆不变,用本卦卦辞占。

(2) 筮得一变爻,用本卦之变爻爻辞占。

(3) 筮得二变爻,用本卦二变爻之爻辞合占,唯以居上位之变爻为主。

(4) 筮得三变爻,以所筮得之本卦卦辞,及变出之变卦卦辞合占,弃爻辞不用。

(5) 筮得四变爻,因变爻多于不变爻,故弃本卦不用,而以变卦中两未变爻之爻辞合占,而以居下位之未变爻辞为主。

(6) 筮得五变爻,亦弃本卦不用,但以变卦中仅存之一未变爻之爻辞作占断。

(7) 筮得六爻皆变,乾卦以"用九"筮辞占;坤卦以"用六"筮辞占;余六十二卦,皆以所变得之变卦卦辞占。

为读者易领悟计,兹杜撰一例,以明朱子之法:

(1) 如筮得泰卦(䷊),上三阴爻皆为八,下三阳爻皆为七,则为六爻不变之例,应以泰卦辞"小往大来,吉,亨。"为断。

(2) 如筮得泰卦,仅初爻为九,余五爻均相应为七、八,是一变爻之例,应以泰初九爻辞:"拔茅茹,以其汇,征吉。"为占断。

(3) 倘筮得泰卦,初爻为九,上爻为六,余四爻相应为七、八,是二变爻之例,应以泰初九、上六二爻辞合占,但上六居上位,故应以其爻辞:"城复于隍,勿用师,自邑告命,贞吝"为主要之占断依据。

(4) 倘筮得泰卦初、二、三这三阳爻为九,而余三阴爻皆为八,是三变爻之例,其变卦为坤(☷)。(遇泰之坤),当以泰卦辞及坤卦辞"元亨,利牝马之贞……"为断。

(5) 倘筮得泰卦初、二、三、四这四爻变,其变卦为豫(☷),应以豫卦中六五、上六二未变爻之爻辞为占断。但以居下位之六五爻辞"贞疾,恒不死"为主。

(6) 倘筮得泰卦,仅上六一阴爻为八不变,余五爻皆变,其变卦为萃(☷),则应以萃上六爻辞"赍咨涕洟,无咎"为占断。

(7) 倘筮得泰卦,六爻皆变,其变卦为否(☷),则应以否卦辞"否之匪人,不利君子贞。大往小来"为占断。

朱子之法,颇为后人非议,盖其用未变爻占,与易例相违太甚。如明黄黎洲云:"周公爻辞本为九、六之变者设,非为七、八之不变者设。周易不用七、八,岂有七、八而冒用九、六之辞哉?"李安溪云:"《启蒙》卦变之法……审若此则卦辞之用有所有不周矣。又审若此,则爻之用,半用九六而半用七八矣。且考之《春秋》内外传诸书,不论动静及变爻之多少,皆先论卦之体象及其辞以立说,意此其本法也。"此等诘难,即宗仰朱子家法者亦无以辩之。盖朱子之言,本无根据,所谓"经传无文,今以例推之当如此",不过想当然而已。

三、宜变之爻

批评成说易,自发新意难,故朱子之法虽为后人不满,却别无新见以代之。至高亨先生《周易古经通说》一书出,始提出"宜变之爻"以试图解决变占法之疑案。

其说略谓,凡筮得二变爻以上者,应用另法求其"宜变之爻"(其法下述),倘宜变之爻与某变爻相值,即用此变爻爻辞占;倘宜变之爻与各变爻均不相值,则用本卦卦辞或变卦卦辞占。说本诸启蒙,而稍加变通,更能避去用未变爻占之弊,固善法也,未可因其于古无据而忽之。唯其求"宜变之爻"之法,却见牵强,难得圆通。兹举例以说其法。

(1)如筮得姤卦(☰☴),初爻及五爻变,依高氏应记为

以各数相加,其和为四十三。而天地数和五十五(何谓天地数当于后文及之),减四十三,得十二。于是由初爻向上数,至上爻止,又复由上爻折向下数,至初爻而至十二,乃定初爻为宜变之爻。因宜变之爻与变爻值,故乃变爻之阴为阳而得乾(☰)。而置五爻之九不顾,以姤卦初六爻辞"姤,女壮,勿用取女"占之。

(2)如筮得困卦

二、五两爻变,各数相加为四十九,与天地数和五十五较,得差数六,由初向上数,而上爻六数尽,故定上爻为宜变之爻。但上爻非变爻,故应不顾变爻,而径以困卦辞"困,亨。贞大人吉,无咎。有言不信"为占。

此求宜变爻法,其弊有三。

如第一例,卦应变为大有(☰☲),而依高氏竟变为乾卦,弃五爻不顾,则占得姤之大有,与占得姤之乾者,必至相混,其弊一也。

将求得之数反复上下而数,设想未免牵强。且如此法,初爻、上爻为宜变之爻者,机会大于余四爻,恐难征信,其弊二也。

如第二例,本应得变卦豫(☷☳),今因变爻与宜变之爻不相值,遂至困仍为困,不得为困之豫,与古筮事之纪文恐不相合,其弊三也。

余意以为,高氏求"宜变之爻"法,与古未必相合。古人自有另法以

处理二变爻以上之占。唯高氏变占定例，确优于朱子《启蒙》。因复覃思另法，以图融会朱子、高氏二家之说。

四、河洛与天地数

有关周易筮法之最古文献，厥为〈系辞传〉，朱子《启蒙》成卦之法，即据此而考得。然其中"天一、地二……"一节，以错简而误窜下文，故学人乃以为此节与筮法无关。高亨氏据《汉书·律历志》引文移正，并据此而悟其求"宜变之爻"之法。移正后之〈系辞传〉，应如下文：

> 大衍之数五十，其用四十有九。分而为二以象两，挂一以象三，揲之以四以象四时，归奇于扐以象闰。五岁再闰，故再扐而后卦。天一、地二、天三、地四、天五、地六、天七、地八、天九、地十。天数五，地数五，五位相得而各有合。天数二十有五，地数三十，凡天地之数五十有五，此所以成变化而行鬼神也。……

一、三、五、七、九为奇数，称为天数，二、四、六、八、十为偶数，称为地数，五奇数和为二十五，五偶数和为三十。故〈系辞传〉上曰："天数二十有五，地数三十"。而天地数和为五十五，自可得而知。此等普通数字，竟有何神秘之处，得以"成变化而行鬼神"？则当与河洛之数有关。

河洛数与周易，本有血缘。一、二、三、四、五等五数，河图称为生数；六、七、八、九、十等五数，河图称为成数。一六居北、二七居南、三八居东、四九居西、五十居中。此即所谓"天以一生水、地以六成之……"之类。故五方均为一生数与一成数之组合，亦为一天数与一地数之组合。〈系辞传〉上曰："五位相得而各有合"，即指此而言。

清儒江永曰："浑然之中，未始有数也。物生而后有象，象而后有滋，滋而后有数。数必于一。一不能独立，必有二以为之配。有一二则成三。一加三；二倍二则成四，以后渐加渐倍，至于无穷。五为小成，十为大成。"盖以居四方之一、二、三、四，与居中央之五加合，则各成六、七、八、九，故一六、二七、三八、四九各为配合。其实亦可反其道而行，以四方之天数与地数相较,其差亦必为五,此殆数学中之简单还原关系。古人论数,重五及其倍数(故"五为小成,十为大成";洛书纵横相加必得十五;天数之和为二十五;地数之和为三十;大衍之数为五十。凡此皆五之倍数也),盖五居中宫,俨然有君主之象。今河图中各方天地数差而得五,则天地差数,必为一大关键,持此似可得一更有根据之法,以求所谓"宜变之爻"。

今先引一例以述鄙见,而于后文再加引证:

晋公子重耳筮国,得"贞屯悔豫皆八"(贞即筮得之本卦;悔即变得之变卦),筮史以为不吉,而司空季子独以为吉,并引屯卦辞"元亨利贞,勿用有攸往,利建侯"及豫卦辞"利建侯行师"为占,后重耳果返晋国。其所筮得之屯卦,当为初、四、五这三爻皆变,其记法应为:

将本、变二卦各天数相加,得"天数和"为二十七(3×9=27);复将两卦之地数相加,得"地数和"为六十六(6×8+3×6=66),则天地差数当为三十九(66-27=39)。由初爻向上六六数之,至第三爻而三十九止,其宜变之爻为第三爻。因第三爻为不变之阴爻,其数记为八,故曰"贞屯悔豫皆八"。

然,余定此法,虽据〈系辞传〉上及河洛之数悟出,证据究嫌薄弱,因持此法以校《左传》、《国语》所记之筮事,皆若合符节。如上重耳筮国一事,前人释"贞屯悔豫皆八",均难有定见,而余法似可释诸疑。余诸筮事,亦当于后文具引,以为例证之一佐。

舍此而外,"礼失而求诸野",余亦尝取坊间卜筮诸书读之,初觉其与周易了不相关,但飞伏、世应、爻辰、纳甲诸法,犹可见汉学之孑遗。

后读皮锡瑞《经学通论》，因知以钱代蓍之法，其源亦古——其初，犹用揲蓍，但布钱于地以代九八七六之记数，其后直掷钱得卦，法益简易矣。而以钱代蓍之筮书《火珠林》，其筮法依据，直可追溯至京房之学。乃觉其求世爻之法，适与余求"宜变之爻"之法相通，是更增益余自信矣。而河洛与周易之肤亲，亦由是得一旁证。

五、《火珠林》之世爻

世爻，为今筮易者所最重。盖以其为一卦之主。然欲明世爻求法，应先明八宫。

《火珠林》以六十四卦分为八宫，每宫各统八卦，而以乾(☰)、坎(☵)、艮(☶)、震(☳)、巽(☴)、离(☲)、坤(☷)、兑(☱)八卦为每宫之首。每宫之八卦，次序不能改易，兹将乾宫八卦变列，以明其余。

（一）首卦乾(☰)。

（二）变乾之初爻，得姤(☴)，为第二卦。

（三）变乾之初、二爻，得遯(☶)，为第三卦。

（四）变乾之初、二、三爻，得否(☷)，为第四卦。

（五）变乾之初、二、三、四爻，得观(☴)，为第五卦。

（六）变乾之初、二、三、四、五爻，得剥(☶)，为第六卦。

（七）卦变至此，已不能再进而复变，否则将与别宫相犯，故乃以第六卦退下一爻，为第四爻变，得晋(☲)，即本宫第七卦。此卦别名为游魂。

（八）将第七卦内卦三爻全变，于是内卦回复本宫，得大有(☲)，为本宫第八卦。此卦别名为归魂。按，宫中二至七卦，皆逐爻变出，唯此卦乃由第七卦骤变三爻而成，此点颇堪注意。

既明乾宫八卦之变例，则他宫八卦亦可依此推出。而世爻位置，即可据此而定，亦仅以乾宫卦例，加"·"号注明世爻，余宫各卦乃可例推矣。

乾

（各宫首卦，以上爻为世爻）

姤

（第二卦，以初爻为世爻）

遯

（第三卦，以二爻为世爻）

否

（第四卦，以三爻为世爻）

观

（第五卦，以四爻为世爻）

剥

（第六卦，以五爻为世爻）

晋

（第七卦游魂，以四爻为世爻）

大有

（第八卦归魂，以三爻为世爻）

今试用余求宜变爻之法，检校宫中各卦之世爻。

（一）乾卦之世爻

依系数之法，筮得乾卦六爻不变，记法当为：

以无变卦故，天地差数与天数和等（因可定地数和为零），其数为四十二,六六由初爻上数,宜变爻应在上爻,即《火珠林》之世爻。

（二）由乾卦求姤卦之世爻

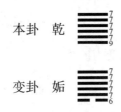

天数和为七十九,地数和为六,天地差数为七十三,依例由初爻上数,至初爻而数尽,故乾之姤,以初爻为宜变之爻,亦即《火珠林》之世爻。

（三）由乾卦求遯、否、观、剥、晋等五卦宜变爻之法,可由上例类推,皆与世爻位置相值,兹不复赘。

（四）由晋卦求大有之世爻

宫中二至七卦,皆一爻渐变而成,独第八归魂,三爻骤变,故求世爻法,亦不与前相类,可由乾卦直接变出,而应由前一卦求得:

天数和为五十五,地数和为三十四,其差为二十一,依次由初爻起递数,第三爻应为宜变之爻,亦即例定世爻之位。

由上四例,《火珠林》例定之世爻,皆可用天地数推算而得,因更可信余之求宜变爻法,非徒臆想,尤有进者,八宫八卦之排列,可视为古筮法蜕变,一如以钱代蓍,法由繁趋简,倘熟读八宫,世爻亦自屈指可得,盖亦趋简之一端也。虽然,八宫推法,只可由首卦推出余宫七卦,而用天地数算,则可由一卦推出余六十三变,则由八宫定世应,盖不过示人以例而已。古术数书,固未有以全豹示人者也。

六、"之八"与"皆八"

春秋筮事,每有云筮遇"某卦之八"者,《晋语》记秦伯纳重耳,董因迎之于河,重耳问云:"吾其济乎?"董对曰:"臣筮之,得泰之八,是谓天地配。亨,小往大来。今及之矣,何不济之有?"后重耳卒能济河至秦。

又,《左传》记穆姜废居东宫,尝往筮得艮之八。史曰:"是谓艮之随,随其出也,君必速出。"姜曰:"亡是。于《周易》曰:随,元亨利贞,无咎。……今我妇人,而与于乱,固在下位而有不仁,不可谓元;不靖国家,不可谓亨;作而害身,不可谓利;弃位而姣,不可谓贞。有四德者,随而无咎。我皆无之,岂随也哉?我则取恶,能无咎乎?必死于此,弗得出矣!"后果薨于东宫。

以上二事,皆为筮遇某之八。前贤释"之八"二字,每多纷纭。

一云,卦数有八,故筮遇之八,犹言筮遇某卦,以八数表卦,犹以六、七、八、九以记爻。此说甚陋。盖倘如其说,则何不径言筮遇泰,筮遇艮,更为简明。抑且,遇艮之八即遇艮之随,显系艮卦中初、三、四、五、上五爻皆变而成,何得于此处以为遇艮而已?

一云,八为阴爻不变者之系数,筮遇"之八",盖云筮得某卦,而以其不变之阴爻为占也。然则遍翻《春秋》内外传,何以不见有筮遇某卦之七者?七固阳爻不变者之系数,岂筮者屡遇阴八,而独不遇阳七与?

"之八"一辞终无确解,非前贤之不智也。盖重耳筮国,得贞屯悔豫"皆八"一事有以乱之。余于前文,已释其义,以天地差数算,第三爻宜变,而三爻为阴八故称皆八。唯"之八"云云,当非此类,八厥为何?余以为乃指八宫中第八归魂卦也。

归魂卦有八:大有、师、渐、随、蛊、同人、比、归妹。此八卦变例特殊已如前述。故凡筮得某卦,其变卦为任一归魂卦者,可称遇某之八。董因筮得泰之八,当为泰卦爻变而成归魂卦中某卦;穆姜筮得艮之八,占史谓是艮之随,当系艮爻变而成随。此处幸占史明言,故尚有蛛丝马迹可寻。如董因筮,终不知泰卦变为何归魂卦也。但其言不及变卦卦辞,意所变必不出大有、师、蛊、归妹四卦,因泰得二变爻,即能变得此四卦;而变随、渐、比、同人等四归魂卦,则需得四变爻。按诸筮例,筮得本卦未变爻多于变爻者,可忽变卦不视;倘变爻多于未变爻,可忽本卦不视;倘变爻与未变爻相等(即各皆三爻),即需以本卦及变卦合占。此所以穆姜之筮,得五变爻,占史及穆姜皆独引其变卦随以解之,终不及本卦艮也。

七、变占法例

上文喋喋而言,不觉哓舌,虽云铺叙紊乱,但其中均所不能不言者。今复略加董理,为读者述变占法例如下图,一鄙之见,非云超越前贤,不过刍荛之献而已,尚待读者修正。倘周易筮法由是而明,固余之所愿也。

八宫八卦世爻定位计算表

宫	之 卦	阳策	阴策	差数	世位	备注
乾	乾之 姤	79	6	73	1	
	之 遯	74	12	62	2	
	之 否	69	18	51	3	
	之 观	64	24	40	4	
	之 剥	59	30	29	5	
	之 晋	64	24	40	4	游魂
	晋之大有	55	34	21	3	归魂
坎	坎之 节	37	54	13	1	
	之 屯	32	60	2	2	
	之既济	41	50	21	3	
	之 革	50	40	10	4	
	之 丰	45	46	29	5	
	之明夷	36	56	10	4	游魂
	明夷之 师	27	66	21	3	归魂
艮	艮之 贲	37	54	13	1	

续 表

宫	之卦	阳策	阴策	差数	世位	备注
	之大畜	46	44	2	2	
	之损	41	50	21	3	
	之睽	50	40	10	4	
	之履	59	30	29	5	
	之中孚	36	56	10	4	游魂
	中孚之渐	55	34	21	3	归魂
震	震之豫	23	70	13	1	
	之解	32	60	2	2	
	之恒	41	50	21	3	
	之升	36	56	10	4	
	之井	45	46	29	5	
	之大过	50	40	10	4	游魂
	大过之随	55	34	21	3	归魂
巽	巽之小畜	65	22	43	1	
	之家人	60	28	32	2	
	之益	55	34	21	3	
	之无妄	64	24	40	4	
	之噬嗑	59	30	29	5	
	之颐	50	40	10	4	游魂
	颐之蛊	41	50	21	3	归魂
离	离之旅	51	38	13	1	
	之鼎	60	28	32	2	
	之未济	55	34	21	3	
	之蒙	50	40	10	4	
	之涣	59	30	29	5	
	之讼	64	24	40	4	游魂
	讼之同人	69	18	51	3	归魂
坤	坤之复	9	86	13	1	

续 表

宫	之卦	阳策	阴策	差数	世位	备注
	之临	18	76	2	2	
	之泰	27	66	21	3	
	之大壮	36	56	10	4	
	之夬	45	46	29	5	
	之需	36	56	10	4	游魂
	需之比	41	50	21	3	归魂
兑	兑之困	51	38	13	1	
	之萃	46	44	2	2	
	之咸	55	34	21	3	
	之蹇	50	40	10	4	
	之谦	45	46	29	5	
	之小过	50	40	10	4	游魂
	小过之归妹	41	50	21	3	归魂

本表说明：
(1) 阳策一栏，系将本卦及变卦(之卦)各阳爻策数相加而得。
(2) 阴策一栏，系将本卦及变卦各阴爻策数相加而得。
(3) 差数求法，细别有二：
甲，如阳策大于阴策，直接相减即得。如乾之姤，为 $79-6=73$。
乙，如阴策大于阳策，需先将阴策减30(或减60)，使其数小于阳策，然后相减。如坎之节，阳策37，阴策54，则：$54-30=24$；再 $37-24=13$(差数)。其所以减30者，以30为阴数之和——〈系辞传〉曰"地数三十"。
(4) 世位求法，为将差数以6除之，所余之数，即世爻所在之爻位。如乾之姤，差73，则：$73\div6=12\cdots\cdots$余1(故世爻在姤之初爻)。

(一) 筮得某卦，而六筮皆不变，当以本卦卦辞为主占。

《左传》昭七年，孔成子占立公子元，得屯卦，史朝占曰："元亨"。此殆引屯卦辞"屯，元亨利贞，勿用有攸往，利建侯"为占，公子元之名，与元亨之元巧合，殆亦一趣事也，故史朝但云"元亨"，亦欲值此巧合以立公子元耳。

《左传》僖十五年，秦伯伐晋，卜徒父筮之吉，既而秦师败，诘之。对曰"乃大吉也。三败必获晋君。其卦遇蛊，曰'千乘三去，三去之余，获其雄狐。'夫狐蛊,必其君也。……"后果三败,既而战于韩原俘晋侯以归。

"千乘"云云,殆非用《周易》筮辞,而另用古筮书占,唯其卦名、筮法与《周易》同,亦可为一佐证。

(二)筮得某卦,仅一变爻,则径用此爻辞为主占,不需复求其宜变爻。

按:春秋筮事属此类者甚多,引不胜引,兹略举数例以见一斑。

《左传》哀九年,赵鞅卜伐宋救郑,卜兆不吉,阳虎以《周易》筮之,遇泰之需(泰五爻变),曰:"宋方吉,不可伐也。微子启,帝乙之元子也。宋郑,甥舅也。祉,禄也。若帝乙之元子归妹而有吉禄,我安得吉。"此盖用泰六五爻辞占。辞云:"帝乙归妹,以祉元吉。"

《左传》僖二十五年,秦伯师于河上,将纳襄王,卜兆过吉,不敢可否。狐偃筮之,遇大有之睽(大有三爻变)。狐偃引大有九三爻辞"公用亨于天子"为占。秦伯遂纳襄王。

《左传》襄二十五年,崔杼筮娶棠姜,得困之大过(困三爻变),占史皆曰吉(此盖欲媚崔子耳,当时占史必隐筮辞不言,但以卦象搪塞,故陈文子引卦象驳之)。崔子示陈文子,文子曰:"夫从风,风陨妻,不可娶也。且其繇曰:困于石,据于蒺藜,入于其宫,不见其妻,凶。……"(此困六三爻辞)然崔子以棠姜美,乃以为彼寡妇也,其凶,彼先夫已当之矣,遂取棠姜,卒倾家自缢死。

(三)筮得某卦,遇二变爻或以上者,应先求其宜变爻。倘宜变爻与某变爻相值,即引此变爻爻辞占;倘不相值,则视变爻多寡,以本卦卦辞,或变卦卦辞主占,或以二卦卦辞合占。

唐沈七筮王诸入解,遇乾之观(乾初、二、三、四爻变)曰,己及宾王,而大人未见。后果因安禄山乱而还。

以天地差数求之,宜变爻在四爻。因变爻多于未变爻,故用变卦观之六四爻辞"观国于光,利用于宾王"为占。此宜变爻与某爻值,用变爻辞之例也。

魏赵辅和为人筮父病,得乾之晋(乾初、二、三、五爻变)曰:"父为游魂,能无死乎!"

乾之晋,宜变爻在四爻,与四变爻皆不相值,故以变卦晋占。辅和不用卦辞,然其占重在用变卦,可以具见。

前引晋公子重耳筮得"贞屯豫皆八"亦属此例。以宜变爻不与变爻值,而变与未变爻皆三,故司空季子并引屯卦与豫卦之卦象及卦辞占之。

《国语·周语》,晋公子黑臀自周归晋,晋欲立之,筮得乾之否(乾初、二、三爻变),曰:"配而不终,君三出焉!"以天地差数求之,宜变爻在三爻,为变爻,应以乾九三及否六三爻辞合占(因变爻与未变爻相等也)。乾九三:"君子终日乾乾,夕惕若,厉,无咎。"否六三:"包羞"。象曰:"包羞,不当位也。"故有君出之象。《国语》引略而未言筮辞。

(四)如上例,有多变爻者,倘变得归魂,筮法特异,亦不复求其宜变之爻。其占也,视变爻多寡,或用本卦卦辞占,或用变卦卦辞占,或兼用二卦。终不用变爻爻辞也。(唯仅一变爻者非此例,仍用本卦变爻爻辞。)

前引董因之筮,遇泰之八,用泰卦辞占。穆姜筮遇艮之八,占史明言即艮之随,因变爻多,故用随卦辞占。皆此类之例也。

复可引一旁证:顾士群筮母病,得归妹之随(归妹二、五爻变),郭景纯谓其秋必亡。案此筮盖因变出归魂,故用本卦占。倘论变爻,宜变之爻在二,与归妹九二值,其辞曰:"眇能视,利幽人之贞。"亦不见凶。正唯用归妹,杂卦曰:"归妹,女之终也。"阴终坤癸,故景纯云云。

变得归魂而仅一爻变者,则如南蒯之占。《左传》昭十二年,南蒯将叛,筮遇坤之比(坤五爻变),坤六五爻辞:"黄裳元吉。"以为大吉,以示子服惠伯。惠伯以为不吉。其用坤六五爻占,例可见也。

(五)筮得六爻变者,经传乏例可引。今仍从朱子,乾坤占二用,余卦占变卦。

宋筮金主亮入寇,得蛊之随(蛊六爻皆变),筮曰:"我有震威,外当毁折。艮上变柔,巽初变刚,彼头坠地矣。"盖以随之卦象为主占。(随䷐,外卦为兑,故曰毁折;内卦为震,故曰震威。初阳爻由巽阴爻变出,上阴爻为艮阳爻变出,故曰艮上变柔,巽初变刚。)此例或可作六爻皆变之筮例,然亦可归入上类,盖其变卦亦归魂也。

虽然,"偻句成欺,黄裳亦误",筮之验不验,谁何敢必?要之,筮用卦爻辞,亦不过筮法之一端耳。按诸古筮事,占史断卦多以卦象为主,盖卦象意深,筮辞义浅。甚且有以卦名为占,互体为断,则其参差错综之处,固难以划一。则本文云云,未免好事之讥。然目的所在,亦仅欲明古占史征引筮辞之例则耳。今日去古已远,欲尽明筮法,岂易事哉。

初刊于 1970 年台湾《易学》二周年纪念特刊

图书在版编目(CIP)数据

周易象数例解/王亭之著. —上海：复旦大学出版社，2013.3(2024.5重印)
(斗数玄空系列)
ISBN 978-7-309-08459-7

Ⅰ. 周… Ⅱ. 王… Ⅲ. ①周易-研究②象数之学-研究 Ⅳ. B221.5

中国版本图书馆 CIP 数据核字(2011)第 189807 号

周易象数例解
王亭之　著
责任编辑/陈　军

复旦大学出版社有限公司出版发行
上海市国权路 579 号　邮编：200433
网址：fupnet@fudanpress.com　http://www.fudanpress.com
门市零售：86-21-65102580　团体订购：86-21-65104505
出版部电话：86-21-65642845
上海崇明裕安印刷厂

开本 890 毫米×1240 毫米　1/32　印张 8　字数 204 千字
2013 年 3 月第 1 版
2024 年 5 月第 1 版第 15 次印刷

ISBN 978-7-309-08459-7/B·410
定价：35.00 元

如有印装质量问题，请向复旦大学出版社有限公司出版部调换。
版权所有　侵权必究